司書名鑑

図書館を
アップデートする人々

岡本 真●編著

青弓社

司書名鑑

図書館をアップデートする人々

目次

※名前のあとにある所属や肩書は、連載当時のもの。

はじめに　岡本 真 ―― 13

司書名鑑 No.1
井上昌彦［関西学院　聖和短期大学図書館］―― 18
司書を目指したわけ／図書館での仕事／二度の転機／ミッションを遂行する、広める／エッセー　九年間で最大のチャレンジ

司書名鑑 No.2
谷合佳代子［大阪社会運動協会／大阪産業労働資料館エル・ライブラリー］―― 25
図書館員になったのは偶然／資料室から図書館へ／図書館廃止、そしてエル・ライブラリーへ／図書館での仕事／未来への思い／エッセー　働く人々のいまを支え、歴史を未来に伝える

司書名鑑 No.3
谷 一文子［海老名市立中央図書館／図書館流通センター］―― 34
図書館員になる前に／図書館員から図書館を支援する民間企業へ／司書へ伝えたいこと／地域のアイデンティティを大切にする図書館／エッセー　進化する図書館には進化する人がいる

司書名鑑 No.4
嶋田 学［瀬戸内市新図書館開設準備室］―― 45
司書を目指したきっかけ／永源寺町立図書館への転職／住民との協働について／そして瀬戸内市へ／図書館に対する思い／図書館員の勉強／エッセー　「現場《ここ》」を支えるための勉強

司書名鑑 No.5
大向一輝［国立情報学研究所］ 58
ウェブが人々の生活を変える／NIIに就職して研究者の立場から現場に関わる／サービスをつくる難しさ／「CiNii」に関わって見えてきたこと／個人としての将来／エッセー　秩序をもたらすライブラリアンの力

司書名鑑 No.6
磯谷奈緒子［海士町中央図書館］ 66
海士町の図書館に辿り着くまで／突破口は学校図書館／図書館を通じてまちづくり／今後について／新しい図書館のかたち／エッセー　みんなと育んだ〝島まるごと図書館〟のこれから

司書名鑑 No.7
柳 与志夫［東京文化資源会議事務局長］ 75
ライフワークは「文化情報資源」／転機になった勉強会「LOTOS（ロトス）」の立ち上げ／公共図書館は行政サービスの一つ／知的サービス研究会から知的資源イニシアティブ、そして千代田区立図書館へ／広がるライフワーク／エッセー　変わらないこと

司書名鑑 No.8
是住久美子［京都府立図書館］ 84
きっかけは「オープンデータ京都勉強会」／「オープンデータ」から次のステップへ／「Wikipedia」と図書館は、もっといい関係になる／京都府立図書館に至るまで／資料さえあればどこでも司書になれる／エッセー　外に飛び出したことで道が開いた

司書名鑑 No.9
平賀研也［県立長野図書館長］ 93
図書館長になるまで／伊那市立図書館長から県立長野図書館長へ／エッセー　地域社会の「知のコモンズ」を目指そう

司書名鑑 No.10
佐藤 潔［図書館総合展運営委員長］ 105
本との関わり／図書館総合展とは／図書館総合展の重要施策／図書館に関わるみなさんへ／エッセー 「小説家 瀬戸内寂聴」の出発点

司書名鑑 No.11
山崎博樹［前・秋田県立図書館副館長］ 114
行政職員から図書館職員へ／誰も見たことがない、新しい図書館の仕組みづくりに挑戦／プロジェクトを成功に導くために必要なこと／学校図書館の面白さ／図書館員は常に新しいステージに挑戦すべき／三つのこと／本当の学びとは／エッセー 立場は変わっても視点と学びを大切に

司書名鑑 No.12
小嶋智美［インディペンデント・ライブラリアン］ 125
「見えない図書館」にいる司書と私たち――病院司書を例に／インディペンデント・ライブラリアンになるまで／知りたければ、現場に行って人に会う。行動すると、必ず「師」が現れる／「ミッション」の先の「ビジョン」。そして「いま」「ここで」何をするのか／インディペンデント・ライブラリアン――「個」を軸に「個」に寄り添う／エッセー 「伝える」を「伝わる」に

司書名鑑 No.13
小林隆志［鳥取県立図書館支援課長］ 138
司書になるまで／県立図書館としてできること／好きなこと／最近の仕事／エッセー 「プレーヤー」と「マネジャー」

司書名鑑 No.14
関 乃里子［ブレインテック］ 145
好きなことを仕事にしていく／会社の経営危機という転機、意識の変化／会社のあゆみと図書館システムの動向／いま開発すべき図書館システムとは／図書館全体を底上げするための取り組み／顧客の要望の背景にある問題を一緒に探る／エ

ッセー　五年後の現在地

司書名鑑 No.15
宮澤優子［飯田市立川路小学校・三穂小学校司書］157
目指していたわけではなかった学校司書／司書について／学校司書の働き方／教員や子どもに寄り添う学校司書でありたい／これからの学校司書のあり方／エッセー　ジャイアンは諦めなかった

司書名鑑 No.16
手塚美希［岩手県紫波町図書館主任司書］170
図書館への思いと出合うまで／村に図書館をつくりたい／育ててもらった浦安市立図書館／浦安市立図書館から秋田へ／紫波町図書館へ／自分ができることは何か／エッセー　五年後も見えない世界で、変わらないこと

司書名鑑 No.17
岡部晋典［博士（図書館情報学）］183
科学少年、哲学青年、図書館情報学へ／研究の面白さとの出合い／構築された常識を健全に疑う／図書館をつくることに関わる／批判的継承について／エッセー　リロンとゲンバの変形的往復運動？

司書名鑑 No.18
有山裕美子［工学院大学附属中学校・高等学校国語科教諭・司書教諭］195
夢は小学校の教員、念願の道へ／子育てとキャリアデザイン／学校図書館という願ってもない職場との出合い／学校図書館に教育学からのアプローチを／アイデアをかたちにする場としての図書館／夢は、センダック文庫をつくること／いくつになってもチャンスをデザインする／エッセー　あれから四年、「司書名鑑」のあの言葉が現実に

司書名鑑 No.19
伊藤　遊［京都精華大学国際マンガ研究センター／京都国際マンガミュージアム研究員］204
自分一人の世界でマンガを楽しんだ子ども時代／マンガ研究の水脈が流れる筑波学派／民俗学を入り口にしてマンガ研究

へ／マンガミュージアムの開館まで／模索し続けたミュージアム・展示スタイル／マンガっぽさを反映した文化施設／マンガのアーカイブ施設としての公共図書館／エッセー　その後のマンガ／アーカイブ

司書名鑑 No.20
Asturio Cantabrio ［ウィキペディアン］ 214
「Wikipedia」にハマる／ウィキペディアタウンとの出合い／図書館で開催するウィキペディアタウン／まち歩きの面白さ／継続開催の難しさ／図書館と「Wikipedia」の関係／ウィキペディアンの視点から／エッセー　アフターコロナのウィキペディアタウン

司書名鑑 No.21
内田麻理香 ［サイエンスライター／サイエンスコミュニケーター］ 224
理系と文系の間で悩んだキャリアパス／暮らしのなかに潜んでいた「見えない科学」との出合い／サイエンスコミュニケーターとしてさまざまな試行錯誤／自分の意義を見つめ直す機会になった震災／現在の仕事／研究者としてのこれから／エッセー　理論と実践の架け橋を目指して

司書名鑑 No.22
清田陽司 ［LIFULL AI 戦略室主席研究員／博士（情報学）］ 233
小学校から高校時代の図書館体験／大学での図書館体験／研究対象としての図書館／図書館情報ナビゲーションシステムで起業／不動産業界での本業と並行して、図書館情報分野でも活動／図書館の可能性、新しいマーケットを自らつくっていく／エッセー　人生の残り時間の使い方を考える

司書名鑑 No.23
茂原 暢 ［渋沢栄一記念財団情報資源センター／センター長、専門司書］ 241
音楽図書館の司書から情報資源センターへ／グッドデザイン賞とライブラリー・オブ・ザ・イヤー優秀賞を受賞／二〇一九年、デジタルアーカイブ学会第一回学会賞実践賞受賞／『渋沢栄一伝記資料』デジタル化プロジェクト／デジタルアーカイブを継続するために／渋沢栄一の根本にあるものをどのように使ってもらうのか／エッセー　情報資源センターの発

足二十年を目前として

司書名鑑 No.24
福島幸宏［東京大学情報学環］ 250
岡山や関西で地域資料にふれる／京都府立総合資料館でアーキビストに／アジア歴史資料センターから受けたインパクト／公文書管理法施行時に感じていたアーカイブズの課題／アイデアは座談から生まれ発言でつながり実現していく／公務員を辞めて新しい道へ進むことはチャレンジなのか／日本の文化資源、地域資源をきっちり残せる社会／エッセー　立ち位置を変えながら「正しく食べる」

司書名鑑 No.25
佐藤 翔［同志社大学免許資格課程センター准教授］ 258
司書を目指して筑波大学へ／「かたつむり」ブログの始まり／「逸村研究室」という大きな選択／理論研究よりもデータ実証が好き／大学図書館変革期の面白さ／基礎的データの収集／頼れる図書館情報学者／新しい図書館像のための学術的指標と評価／エッセー　意外と（?）有言実行に研究遂行中

司書名鑑 No.26
相宗大督［大阪市立図書館／日本図書館協会認定司書］ 266
百科事典が好きだった子ども時代／司書を目指す／公共図書館から市会事務局の図書室へ／いまにつながる考えが固まった港図書館時代／実行に移しはじめた住吉図書館・住之江図書館／「思い出のこし」の原点、レファレンス回答での悩み／遠隔地の人にも届けたい思い出／まずはやってみる／本や資料、図書館を通したつながりをつくっていきたい／エッセー　図書館とは何かと考え続けてしまっている

司書名鑑 No.27
岡崎朋子［須賀川市中央図書館司書］ 277
図書館好きになった小学校時代／仕事として司書を意識する／須賀川市図書館へ／東日本大震災／図書館再開作業／須賀川市民交流センター tette ／変化する図書館の潮流を知り tette に生かす／居心地がいい図書館像／コミュニケーションの

なかからの気づき／チームだからできること／今後の夢／エッセー　tette開館五周年に向けて

司書名鑑 No.28
真野理佳［西ノ島町コミュニティ図書館いかあ屋司書］ 287
始まりは本の倉庫から／島のみんなが集まる場所へ／人と人をつなぐレファレンス／まちの基幹産業との連携／広がる連携の輪／いかあ屋とコロナ禍／相互的な情報発信拠点を目指して／まちの活性化へ、変わらない思い／エッセー　西ノ島町コミュニティ図書館のいま

司書名鑑 No.29
盛 泰子［伊万里市議会議員］ 296
日本史を学びに奈良へ／子ども時代の本に関する記憶／歴史学は社会科学／結婚を機に伊万里市へ／図書館づくりの市民活動から伊万里市議会議員へ／歴史学の基本が市議会議員の信条へ／図書館を支える市民グループ「図書館フレンズいまり」／活動資金は自分たちで「稼ぐ」／代表任期を決めて交代制で理解者を増やす／伊万里市民図書館設置条例／フレンズでの役割／議員として／エッセー　伊万里市民図書館　順調に育っています♪

司書名鑑 No.30
額賀順子［特定非営利活動法人男木島図書館理事長］ 308
本を読むのが好きだった子ども時代／読むだけではなく、書くことも好き／芝居の脚本執筆にはまる／好きなことと仕事は別／ウェブデザインの仕事／言葉ではない表現方法としての写真／イギリスの図書館で福島の写真を展示／男木島への転居／離島が抱えるシビアな現実／子どもたちのための図書館をつくる／二年かけて図書館をオープン／移住したい人のよりどころ／誰のための図書館か／オープンソースコミュニティー／オープンソースと図書館との親和性／エッセー　男木島図書館がここに「あり続ける」ということ

司書名鑑 No.31
乾 聴一郎［奈良県立図書情報館図書・公文書課課長］ 319
大阪生まれ、京阪奈《けいはんな》暮らし／やりたくないことは、やらなくてもいい／我流で通した教員時代／新館準備室からそのまま

図書館へ／奈良県立図書「情報」館の名前に込められたもの／司書資格をもたない図書館職員／戦略的な情報発信の必要性／新たな情報発信の取り組み／イベントは、続けることが目的ではない／部活で「ゆるく、ゆっくり、長く」やる／マルジナリア的な存在としての図書館／エッセー　振り返り、いま考えていること

「司書名鑑」を読み解く――AIテキスト処理から　岡本 真　330
ＡＩテキスト処理という試み／ワードクラウドが示すもの／単語出現頻度に見る肯定姿勢／意図しない集合から見えてくること

おわりに　岡本 真　337

装丁・本文デザイン――山田信也［ヤマダデザイン室］

凡例

［1］本書は、「ライブラリー・リソース・ガイド」の連載を一冊にまとめ、連載を受けて現在の思いをまとめるエッセーを各回の末尾に所収している。なお、連載当時の文章に適宜、加筆・修正をおこなった。

［2］各回の名前のあとにある所属や肩書は、連載当時のものである。

［3］略歴は最新のものに差し替えている場合と、連載当時のままの場合の両方がある。

［4］注や図版のキャプションにあるウェブサイトのＵＲＬは、連載当時にアクセスできていたものである。

はじめに

岡本 真

「司書名鑑」は、図書館専門雑誌「ライブラリー・リソース・ガイド」（アカデミック・リソース・ガイド）のインタビュー記事です。二〇一三年十二月の第五号に第一回を掲載し、以降多少の断続を挟みながらも二一年八月の第三十六号まで、計三十一回の連載になりました。登場した方々は表1のように実に三十一人に及びます。

さて、そもそも「司書名鑑」はどんな構想で始まったものでしょうか。最初の企画書をひもといてみます。

この企画書は二〇一三年十月十二日付ですが、二カ月ほど先立つ八月二十一日に起案した企画書の第一稿も残っています。ただ、いまみるとまだ走り書き程度の内容で、夏から秋に向かう二カ月の間に編集部内で企画の骨子が定まっていったようです。

図書館の状況を「ライブラリアン」という切り口から明らかにする

◆目的

図書館業界の状況を「ライブラリアン」という切り口から明らかにすることを目的にする。それは、どのような人がこの業界で活躍しているか、そこに焦点をあてたいからである。

どのような人が活躍しているのか、それは、どのように活躍しているのか。どのような思いでこの業界に入り、どんな思いを持って仕事にあたっているのか。

それを明らかにすることで、図書館業界で活躍している人を明らかにしていく。そして、それをほかの人へのロールモデルとしてほしい。

◆対象

現場で活躍する若手ライブラリアンを中心に紹介する。ロールモデルを必要としている人にとって、年の近いライブラリアンは身近な存在であり、共感が得られやすい。

また、若手はこれからさらなる活躍が期待される存在であり、後押しをする意味もある。

一方、若手ではないが、若手のロールモデルとして人物像に迫りたい人も、取り上げる。よき先輩の活躍を、紹介していきたい。

図1　2013年10月12日付の「司書名鑑」企画書

表1 「司書名鑑」一覧

回数	登場人物	登場時の所属・肩書	掲載号数	掲載年月	収録文字数
第1回	井上昌彦	関西学院　聖和短期大学図書館	第5号	2013年12月	4,807
第2回	谷合佳代子	大阪社会運動協会／大阪産業労働資料館エル・ライブラリー	第6号	2014年2月	5,796
第3回	谷一文子	海老名市立中央図書館／図書館流通センター	第7号	2014年7月	9,809
第4回	嶋田 学	瀬戸内市新図書館開設準備室	第8号	2014年9月	6,140
第5回	大向一輝	国立情報学研究所	第9号	2014年12月	5,718
第6回	磯谷奈緒子	海士町中央図書館	第10号	2015年3月	4,665
第7回	柳 与志夫	東京文化資源会議事務局長	第11号	2015年6月	6,830
第8回	是住久美子	京都府立図書館	第12号	2015年9月	5,873
第9回	平賀研也	県立長野図書館長	第13号	2015年12月	8,135
第10回	佐藤 潔	図書館総合展運営委員長	第14号	2016年2月	6,159
第11回	山崎博樹	前・秋田県立図書館副館長	第15号	2016年6月	7,260
第12回	小嶋智美	インディペンデント・ライブラリアン	第16号	2016年9月	9,023
第13回	小林隆志	鳥取県立図書館支援課長	第17号	2016年11月	5,074
第14回	関 乃里子	ブレインテック	第19号	2017年6月	8,533
第15回	宮澤優子	飯田市立川路小学校・三穂小学校司書	第20号	2017年10月	8,933
第16回	手塚美希	岩手県紫波町図書館主任司書	第21号	2018年1月	8,621
第17回	岡部晋典	博士（図書館情報学）	第22号	2018年3月	9,654
第18回	有山裕美子	工学院大学附属中学校・高等学校国語科教諭・司書教諭	第23号	2018年6月	6,089
第19回	伊藤 遊	京都精華大学国際マンガ研究センター／京都国際マンガミュージアム研究員	第24号	2018年9月	7,658
第20回	Asturio Cantabrio	ウィキペディアン	第25号	2019年1月	6,965
第21回	内田麻理香	サイエンスライター／サイエンスコミュニケーター	第26号	2019年3月	6,313
第22回	清田陽司	LIFULL　AI戦略室主席研究員／博士（情報学）	第27号	2019年6月	5,630
第23回	茂原 暢	渋沢栄一記念財団情報資源センター／センター長、専門司書	第28号	2019年9月	4,685
第24回	福島幸宏	東京大学情報学環	第29号	2019年12月	5,416
第25回	佐藤 翔	同志社大学免許資格課程センター准教授	第30号	2020年3月	5,692
第26回	相宗大督	大阪市立図書館／日本図書館協会認定司書	第31号	2020年6月	6,288
第27回	岡崎朋子	須賀川市中央図書館司書	第32号	2020年9月	5,801
第28回	真野理佳	西ノ島町コミュニティ図書館いかあ屋司書	第33号	2020年12月	5,833
第29回	盛 泰子	伊万里市議会議員	第34号	2021年3月	7,086
第30回	額賀順子	特定非営利活動法人男木島図書館理事長	第35号	2021年5月	6,200
第31回	乾 聰一郎	奈良県立図書情報館図書・公文書課課長	第36号	2021年8月	6,365

なかでも重要なのは、「司書名鑑」と連載タイトルを謳いながらも、「ライブラリアン」という呼称にこだわっていること、そして「ロールモデル」に迫ることを重視している点でしょう。「功成り名遂げる」という観点で誰もが知っている方に取材するのではなく、「司書名鑑」に登場していただくことで、広く知られるきっかけをつくりたいという意気込みがあったように思います（ですので、福田康夫・元総理や長尾真・元国立国会図書館長へのインタビューは「司書名鑑」にはカウントしていないのです）。

いま振り返ると、この思いは思いで、登場していただくみなさんには失礼であり不遜極まりないのですが、連載を始めた当初の熱気・熱意を思うと納得もします。ちなみに「司書名鑑」の第一回を掲載したのは、「ライブラリー・リソース・ガイド」の創刊二年目の第五号でした。「図書館の未来がわかる、新しいライブラリーマガジン！」を惹句にした雑誌としては、勢い「司書名鑑」の企画に肩の力が入ったのでしょう。

さて、本書は過去三十一回の「司書名鑑」を再編して一冊にまとめたものですが、「ライブラリー・リソース・ガイド」での「司書名鑑」の今後についてふれておきましょう。実は「司書名鑑」は連載を終了したのではありません。あくまで当面の間、掲載休止という扱いです。主たる理由はシンプルです。編集部としては取材したいと思える範囲をある程度は充足したと考えているからです。言い換えると、もう少し取材対象者を開拓できた段階で再開したいと考えています。

最初の企画書にある「現場で活躍する若手ライブラリアン」という言葉を思い出してください。端的に言えば、「ライブラリー・リソース・ガイド」編集部として若手の開拓ができていないということです。二〇二二年秋で「ライブラリー・リソース・ガイド」は創刊十周年を迎えます。創刊以来編集長を務める私も三十代後半から四十代後半になりました。人はその視野の広がりの度合いで、どうあっても自分の視界という制約を受けがちです。わかりやすく言えば、自分と同世代を軸に前後十歳程度までが視界に入る限界になりやすいのです。実際、登場した三十一人はすべてこの条件にあてはまります。このまま、これまでと同じ目線で「司書名鑑」を続ければ、残念ながら若い読者には届かない言葉を紡ぐことになりかねません。この危機感が「司書名鑑」をいっ

図2　「司書名鑑」を掲載した「ライブラリー・リソース・ガイド」各号の表紙

たん休止させたのです。

若い世代のロールモデルとなる、同様に若い世代にどうやってアプローチをしていけばいいでしょうか。そして、そのときのメディアは何がいいのでしょうか。実は間をつなぐ媒体自体が変化することも必要なのかもしれませんし、そうであっても全然不思議ではありません。そんなことをつらつらと考えるなかでの一時休止の判断は私たち編集部に一度立ち止まって考え行動する時間を生んでくれています。紹介すべき人は必ずいます。ただ、「ライブラリー・リソース・ガイド」編集部がその方々に出会えていないだけでしょう。では、まだ見ぬ魅力的な方々とどうやって出会い、どうやってつながっていけるでしょうか。いまはその試行錯誤の時間です。きっと、いずれ時が満ちて、新たな「司書名鑑」が始まります。そのときをしばらくお待ちいただければと思います。

そして、それまでの間、これまで三十一回の「司書名鑑」で紡がれた二十万字をあらためて見返してみてはいかがでしょう。そのための最良の一冊がここにあります。登場した方々のその後も追っています。過ぎた年月が生んだ変化こそ、最大の醍醐味でしょう。ぜひ、ご堪能ください。

司書名鑑

No. 1

井上昌彦

［関西学院　聖和短期大学図書館］

略歴

井上昌彦（いのうえ まさひこ）

現在は関西学院大学図書館所属。ブログ「空手家図書館員の奮戦記」（https://karatekalibrarian.blogspot.com/）には、マイ・ミッション、人とのつながり、星になった娘のことなど。二百万アクセスも視野に入り、すべての読者に感謝する日々。

司書を目指したわけ

——まず、プロフィルからうかがいます。井上さんは、なぜ司書を目指そうと考えたのですか？

進路を決めた高校生のころ、本とコンピューターが好きだった、ということが理由です。大学進学の際、その両方が勉強できる、図書館情報大学（現・筑波大学）があることを知り、入学しました。勉強しているうちにご縁があり、いまの職場に就職しました。

——井上さんが高校生のころというと、一九八〇年代ですよね。まだまだコンピューターが一般に普及していない時代だと思うのですが、当時、コンピューターが好きというのは、かなり珍しいのでは？

そうですね。当時ちょうどＮＥＣ製のパソコンPC-8801が家庭に入ってきたころです。フロッピーディスクが五インチの時代ですね。家庭にパソコンが普及してきたというよりは、一部の家庭にも入ってきた、という状態です。それより前に、最初のパソコンが家に入ったのは一九八〇年ごろで、コンピューターがあるというだけでまだ驚かれる時代でした。インターネットはまだなく、BASIC（プログラミング言語）を使ってプログラムをつくったりして、楽しんでいました。この経験は、現在につながっています。

本も好きだったので、コンピューターに傾倒した流れで、本とコンピューターの両方を学べる、図書館情報大学に入学しました。いまみたいにウェブサイトがなかったので、大学の教育理念が見えづらい時代だったのですが、学校案内などに「図書館大学」ではなく、「情報」という言葉が入っていたことに、新しい価値を感じました。

図書館での仕事

――図書館外での活躍も目覚ましい井上さんですが、普段は図書館でどのようなお仕事をされているのでしょうか。

私が勤務している短期大学図書館は、キャンパスにある唯一の図書館です。短大だけでなく、四年制の学部も同じキャンパス内にあります。短大生は保育士になる勉強を、また大学生の多くは、小学校教員になるための勉強をしています。そういう学生たちにサービスをしています。

保育や教育が主体になるため、実務者養成学校としての傾向が強い大学・短期大学で、私はここで業務委託を含めた十人のスタッフをとりまとめる、統括的な立場です。

小さな図書館なので、私自身もわりとオールマイティーになんでもやっています。窓口のスタッフで解決できないレファレンスから、トイレの故障といった館内のインフラ雑務まであらゆることに自分は関わっています。

通常の業務は、各スタッフがそれぞれ担当していて、私は現場のとりまとめ役として、またあるときは相談役として、日々、業務を務めています。また当館は通常の学習図書館とも少し違い、実務家養成傾向が強い大学・

短期大学のキャンパスにある図書館なので、このキャンパス唯一の図書館に求められている役割を考え、追求していくことも重要な任務です。

関西学院は百二十年以上の歴史を有し、聖和キャンパスでは保育・教育の分野での伝統と実績をもっています。その伝統や実績を受け継ぎながら、いま私たちの図書館が関西学院のために、ひいては社会のために何ができるか、それを日々考えています。

二度の転機

——井上さんは「図書館員のセルフブランディング」や「自分だけのミッションをつくる」ことの大切さをいろいろなところで説かれていますが、なぜそのようなことを考え、行動するようになったのでしょうか。

私には、ミッションを考えるきっかけになった人生の転機が二度ありました。まず、一度目の転機というのは、前に所属していた大学図書館から知財部門に異動になったことです。図書館を出る前には、いまのようには外に出て勉強するなどの活動はあまりしていませんでした。知財部門には四年間いましたが、その四年間は忙しくて、図書館のことを考えたり、わずかにいた他館に勤める友人や知人に連絡したりする余裕もありませんでした。その後、現在の図書館に戻ってきたのですが、その間に彼らの多くは退職していたり異動していたりで、つながりが途切れてしまっていることに気づいたのです。それではダメだと、再びつながり直すために、同じフィールドで働く図書館員に自分を知ってもらうことから始めました。このときに、自分をブランディングすることの重要さを考えたのです。

二度目の転機は、愛娘のことです。娘は、二〇一一年六月に小児脳腫瘍を発症し、一年近くの闘病ののちに星になりました。とても悲しい出来事ですが、このときに、情報がもつ力や自分自身が果たしていくミッションについて考えることになりました。

——それは、どのようなことでしょうか。

「情報」というのは、なにも文献やデータだけではありません。家族が同じ病気で苦しんでいる方にとって、治療方法や入院体験などの「情報」が直接役に立つこともあるでしょう。でも、それだけではなく、日常のなかのささいな事柄、伝え合うお互いの気持ちでさえも「情報」だと思うのです。娘を応援してくれる方々から寄せられる何げない一言や、描いて送ってくださった絵や手づくりのぬいぐるみなど、ほんのちょっとした励ましや気遣い、それらすべてが「情報」なんだと思いました。そこには発信する人の気持ち、「情報」を送ってくれる人の気持ちが必ず添えられています。「情報」は血肉をもっているのです。こうした気持ちに支えられ、一家で闘病の日々を過ごすなかで、「情報」がもつ力を意識するようになりました。その気持ちをまとめたものが「情報の力で、世界をもっと幸せにする！」という私自身のミッションです。

娘の闘病中、私たち一家は闘病に関する「情報」を発信してきましたが、それ以上に、多くの方からさまざまな「情報」をいただきました。それを力に頑張ることができましたし、その経験がいまのミッションを生み出すことになりました。

ミッションを遂行する、広める

――「情報の力で、世界をもっと幸せにする！」というミッションに従って、いまは行動されているのですね。

まさにそのとおりです。自分の日々の仕事でも、そうです。このキャンパスを、関西学院をよくしたいという思いは当然、強くもっています。私たちの図書館は関西学院のためだけに存在するのではなく、素晴らしい学生たちを育て社会に送り出すことで、社会に貢献していると考えています。図書館を含め、いろいろなかたちで本学で学び育ったさまざまな人材を送り出すことが、社会の豊かさにもつながります。図書館で学んだ人の力で、情報の力で世界がもっと幸せになる、という思いで働いています。

こうした情報の力を利用者にもっと知ってもらって、図書館をもっともっと使ってもらいたいと思います。図書館にある情報には、こんなに力があるんだと。情報があることで、学校が、社会が幸せになれる。それはいま

写真1　館内写真（写真提供：井上昌彦）

すぐではないかもしれないけど、情報を積み上げることで、必ず将来的に役立ちます。図書館はそんな情報の宝庫です。

――図書館で得られる情報が、世界を幸せにする、自分を幸せにする。それってとても、図書館員にとって心強いことですね。

　図書館で働いている人たちにも、これは意識してほしいと思っています。たとえ、貸出という単純な仕事であっても、自分たちが手渡しているのは、情報なんだと。図書館にある世界を幸せにできるたくさんの情報を、伝えていくのが仕事なんだと。そう思えば、単純な貸出でさえも、大きな意味があることに気づくでしょう。

　また、心がけているのは、笑顔で挨拶をすることです。学生たちが来館したときに笑顔で挨拶することをスタッフ全員で徹底しました。一人の例外もなく、全員の利用者に、です。もちろん挨拶だけが大事なのではありませんが、まずはウェルカムな雰囲気を出そう、気軽に訪れてリラックスしていい場所であることを示そうと思いました。そんな姿勢がいろいろな新サービスと相まって、自分が図書館に赴任してからの三年間で、入館者数が二・二倍になりました。挨拶をすることで、学生たちの図書館に対するイメージが変わってきたのではないかと思っています。

また、そうした明るい雰囲気を通じて、職員みんなが楽しく働ける環境をつくっていきたいと思っています。

——情報がもつ力というのは、本当に世界を幸せにするものだと思います。そのような思いで仕事をし、また、図書館員をつないでいく井上さんの活動は多くの図書館員にとって励みになり、勇気を与えるものだと思います。ありがとうございました。

（インタビュアー：嶋田綾子）

エッセー

九年間で最大のチャレンジ

青天の霹靂——。私にとって、「司書名鑑」第一号にご指名いただいたことは、まさにそんな衝撃でした。緊張ぎみに受けた一時間あまりのインタビューから、もう丸九年になります。

九年の間には、大学図書館に戻ったり、管理職になったり、下の娘が生まれたりしました（上の娘の闘病を経て、これまで以上に家庭を大切にするようになりました）。ですが、この九年間で、一図書館員としての最大のチャレンジを挙げるなら、自分のミッションを改めたことでしょう。

ミッションとしていた「情報の力で、世界をもっと幸せにする！」をビジョンに位置づけ直し、それを実現するための方策として、新ミッション「人をつないで図書館を、明るく楽しく前向きに！」を定めました。

新しいビジョン、ミッションを旗印として掲げることで、自分は多くの人と出会い、より前向きになれました。ポジティブ心理学実践インストラクターや「ほめる達人」になるなど、自分なりのチャレンジも続けられました。

これからもミッションを自分の旗印に、「明るく楽しく前向きに」頑張ります。みなさん、いつかどこかで、ご一緒しましょう！

空手家図書館員の奮戦記「【一大決心】マイ・ミッションを変えてみる」(https://karatekalibrarian.blogspot.com/2018/12/blog-post.html)

司書名鑑

No.2

谷合佳代子

［大阪社会運動協会／大阪産業労働資料館エル・ライブラリー］

略歴

谷合佳代子（たにあい かよこ）

現在は大阪社会運動協会エル・ライブラリー（大阪産業労働資料館）館長、大阪大谷大学ほか七大学の非常勤講師、大阪公立大学人権問題研究センター特別研究員など。共著に『大学的大阪ガイド』（昭和堂）、『大阪の社会運動史と労働者の自由』（関西大学経済・政治研究所）、『ささえあう図書館』（勉誠出版）、『大阪の都市化・近代化と労働者の権利』（関西大学経済・政治研究所）、インタビューに「運動史とは何か」（大野光明／小杉亮子／松井隆志編『社会運動史研究』第一巻所収、新曜社）、「大阪・中央区 エル・ライブラリー 労働の歴史、明日への鍵に 蔵書12万冊など保存／大阪」（「毎日新聞」〔大阪本社版〕二〇二一年五月十七日付）、「よくぞ10年「橋下行革の焚書許さず」」（「47NEWS」二〇一八年十二月二十一日〔https://www.47news.jp/3100909.html〕）。ウェブブログ「吟遊旅人のシネマな日々」（https://ginyu.hatenablog.com/）。

図書館員になったのは偶然

——図書館員になった経緯からお聞きしてよろしいでしょうか。

図書館員になったのは、偶然なんです。もともと司書を目指して勉強していたわけではなく、京都大学文学部で現代史学を専攻し、明治以降の歴史について学んでいました。大学を卒業したあと、大学院に進むことにしたのですが、試験に落ちてしまい、院浪することになってその間、生活費を稼ぐために始めたアルバイトが、大阪社会運動協会の資料収集のアルバイトだったんです。

当時は『大阪社会労働運動史』（大阪社会労働運動史編集委員会編、大阪社会運動協会、一九八六―二〇〇六年）の編纂が始まったばかりで、私は明治時代から昭和戦前期の新聞を読んで、記事をコピーして索引をつくるという仕事をしていました。歴史の勉強にもなり、学びと実益を兼ねるバイトでしたね。

――大学院を受験するまでのアルバイトのつもりが、そのままそこに居ついてしまったんですね。

そのとおりです。バイトを始めたのが一九八二年ですが、八五年には資料室の責任者になりました。私が二十七歳のときです。

もともと資料室は非公開で、図書館という趣ではありません。労働運動史の執筆者だけが閲覧する資料室です。図書館で扱うにはややこしい資料を扱っていました。これらは、いまでこそアーカイブズ資料といわれますが、いわゆる原資料です。そういった資料を扱って、見よう見まねで仕事をしていました。

責任者の仕事に就くことになったいきさつはこうです。

前任の責任者が退職することになったのですが、後任がおらず、私が引き継ぐことになりました。新聞記事を収集するバイトを続けて早三年、周りからは「谷合さんなら、仕事がわかってるはず」と思われていたようですが、バイトでする仕事とはまったく違いました。司書資格をもっていなかったので、そもそも目録の取り方もわかりませんでした。

――途中で司書資格を取られていますが、そのきっかけはどのようなことだったのでしょうか。

私は図書館学の体系を知らないので、日々の業務をしていても「木を見て森を見ず」という状態で、自分の仕事のやり方が本当に正しいのか非常に不安でした。だから、司書資格を取って学びたいと思ったのです。それに、将来きっとなにかの役に立つ、とも思っていました。それに大学でもう一度学びたいという思いもありました。そこで、バイトから正職員になっていましたが、またバイトにしてもらって出勤日数を減らしてもらい、自費で資格を取りにいきました。
一年で資格を取る予定だったのですが、途中で妊娠が発覚して、つわりがひどく、立ち上がれないようになり、仕事も夜間の講習も行ける状態ではなくなってしまいました。一年目はそのような状態で、二年目で挽回しようと思ったのですが、赤ちゃんを抱えた状態での受講は大変でした。ベビーカーに赤ちゃんを乗せて講習に連れていったこともあるし、義母に赤ちゃんを預けて受講したこともあります。実習中に授乳したり、書庫のなかで搾乳していました。三年目には二人目の子どもができて、文字どおり這うように受講して、資格を取りましたね。

――大変な状況のなかで資格を取得されたんですね。

ええ。でも、三年がかりで取った司書の講習は本当によかったです。自分が図書館員になるという自覚ができました。広くて深い図書館の世界を初めて知りましたね。これがもし、学生時代に単位のためだけに授業に出ていたら、身につかなかったと思います。すべての講義が面白かったので、非常に熱心に受講しましたし、これまでの自己流でやっていた仕事を、あらためて学び直すことができました。
さらに幸福だったのは、司書の講習を受けたあと、専門図書館協議会（専図協）に入ったのがきっかけになって仲間ができたことです。孤独なワンパーソンライブラリーが、そこでやっと横の世界を知りました。だから、専図協にはすごく恩義を感じています。いま、私が十年以上も専図協関西地区協議会で委員長をやっているのは、恩返しのつもりなんです。ただし今年度（二〇一四年度）いっぱいで辞めることに決めました。長く同じ人がやっているというのは問題があると思うし、若い方にやってもらいたい。こちらも仕事を減らさないと、頭も体ももちませんしね（笑）。

資料室から図書館へ

――司書資格を取得してからの活動を教えていただけますか？

二〇〇〇年に大阪社会運動協会資料室は大阪府労働情報総合プラザと統合し、公開型の図書館になりました（名称は大阪府労働情報総合プラザ）。それまでは非公開の資料室だったので、一般的な意味での「利用者」という存在がいなかったんです。図書館の運営というものを知ったのは、実質的にはこのときからです。戸惑うことが多かったです。たとえば、情報提供した結果に対していやがらせを受けたり、図書館とは別のフロアでトラブルがあったりしました。でもやりがいも感じましたね。レファンレスを担当した利用者の方が覚えていてくださって、次のときにも指名をしていただいたりしました。

二〇〇〇年から大阪府労働情報総合プラザが廃止されるまでの八年間に図書館の利用者を四倍にできたのは、インターネットを活用したことが要因の一つでしょう。〇〇年というと、ちょうどインターネットが爆発的なブームになったころですが、情報プラザにはまだ図書館サイトがなかったのです。いまだにウェブサイトを公開していない図書館もありますね。図書館サイトは私が一日でつくったんですよ。朝、ウェブ制作ソフトを買ってきて、一日中マニュアルを読んで、夕方には公開しました。ブログも同様です。ちなみに専門図書館で最初にブログをつくったのは当館です。専図協で開催された岡本真さん（アカデミック・リソース・ガイド代表取締役／プロデューサー）のセミナーを聞いて、帰ってきた次の日からすぐに始めました。電子化の波に乗れたと思います。ネットを積極的に活用して、思いついたらすぐに実行するフットワークの軽さを大切にしました。また、重要なのは宣伝なんです。ネットのおかげで、館内外での宣伝を積極的におこなうことができました。

図書館廃止、そしてエル・ライブラリーへ

――二〇〇八年、府の財政再建策で廃館した大阪府労働情報総合プラザを、エル・ライブラリーとして立ち上げ、軌道に乗せるまで、いろいろなご苦労があったんじゃないですか？

二〇〇八年七月にプラザが廃止されて、〇八年十月にエル・ライブラリーを立ち上げるめまぐるしい動きのなかで、とにかく前向きに、さまざまな試行錯誤をしたことは確かです。もともとの性格というのもあるけど……

へこたれないんです。図書館が廃止になったとき、もう一人の職員である千本沢子さんに、お給料を出せないかもしれないよと言ってもついてきてくれました。赤本忠司理事長（当時）も私財をはたいて、頑張ろうと。

ありがたかったのは、エル・ライブラリー立ち上げのときにボランティアで助けてくれる方たちがすぐに現れたことですね。その方たちは開館間もなくからずっと私たちを助けてくれています。百何十人の労働研究者たちのお世話もさせていただいてきたので、その方たちも助けてくれました。そういったスタッフやボランティアの力が、すごく大きいと思います。図書館というのは一人ではできません。仲間の力が本当に大切です。そして、私たちが仲間の力で頑張れば、支援者も増えます。そして支援者が増えるとますます頑張ろうと思えますし、相乗効果ですよね。

――辞めてしまうという選択肢もあったかと思いますが、その選択をしなかったのはなぜでしょうか。

貴重な資料というのは何十年もかけて集めていますが、諦めて捨てたら一晩でなくってしまいます。そこまでの何十年分かの努力は全部水の泡。それに「この図書館にお願いすれば、永久に資料を保存してくれる」と信じて持ってきてくださった方の資料を守って次の世代に渡すのは、私たちの責任だと思っているんです。ここで諦めたらその責任を果たせませんから。ここ五、六年間、私は責任を果たすために図書館を続けています。

でも、正直、エル・ライブラリーの運営にお金がいくらかかるかわかりませんでしたから、とても悩みました。資金を集められなければ、給料はゼロです。とはいえ、ともかく家賃さえ払えれば、図書館は残せます。その場合は非公開にして書庫だけ残す。そして資料を散逸させないために、引き取ってくれる大学図書館などをとにかく探せばいい。私たちは三年は我慢しようと思いました。三年間我慢したら、次の大阪府知事選挙などもあり、様子が変わるかもしれない、そういう話し合いを重ねました。

なんとか図書館は開けられましたが、閲覧席も五分の一程度に、来館者数は閉館前の十五分の一になってしまいました。新聞購読をやめたことや館内スペースが狭くなったことで、新聞を見にきたり、時間調整のために来たりする方たちの来館がなくなったんですね。絶対にここの資料じゃないと困る、という方たちだけが来館するようになったんです。そういった意味では、専門性が高まったともいえます。また、以前の図書館は大阪府の委託事業だったので、府民以外には貸し出せないなどの制限があったのですが、委託から外れたのを契機に、郵送貸出などの遠隔地サービスを始めたんです。来館しなくても利用できるようになったことも、来館者数が減った原因でもあるでしょう。

図書館での仕事

——普段のお仕事をお聞きしてもよろしいでしょうか。

細かい事務のほかにイベントの企画を考えたり、見学の受け入れ準備をしたり、同時に資金調達もおこなっています。図書館を開けているだけでは、お金は入ってきませんから。また、私は法人の常務理事でもあるので、理事会を招集したり、議案書を書いたり、予算や決算の仕事などもしています。一般の図書館などでは、図書館員は経理などあまり考えないと思いますが、そういったこともやらなければなりません。経理のほとんどの部分は館長補佐の千本さんがやってくれていますし、顧問税理士もいますが、これらのことをすべてこなしていかなければならないので、頭がグルグル状態です。個人としては、原稿の締め切りに追われる毎日です。常に原稿依頼があります。そのほかにも講演の準備や、専図協などでの企画の立案もしています。でも、やらなければならないんです。やれているかどうかはわかりませんが……。

図書館業務は、私を含め職員二人、週二回のアルバイトスタッフが一人と、大学から派遣されてくるアルバイトで回しています。ほかに定期的に来てくれるボランティアが三人、不定期のボランティアが三人くらいいらっしゃって、すごく助かっています。そういった方たちに支えられて、なんとか切り盛りしています。

未来への思い

——エル・ライブラリーの今後と、図書館の未来について思うことをお聞かせください。

はつきません（笑）。

エル・ライブラリーの今後ということであれば、悩み

いちばん大きな悩みは、若い方を雇えないことです。五年以内に新しいスタッフを雇えないと、考えないといけません。次の世代の職員を雇えないことには、未来につなげることができないのですから。五年くらいが勝負だと思っています。どうすれば財政面をしっかりさせられるか、これも重要な課題です。

エル・ライブラリーとしては、「資料を次の世代に伝える」というのが最大の使命なので、それを達成するためになにが最適な方法なのか、いまはいろいろ迷っています。「資料を次の世代に伝える」という使命さえ果たせれば、組織としての法人を守らなくても、資料をたとえばどこかの大学に渡してもいいのですから。いろいろな選択肢を考えます。

図書館の未来ということであれば、業界全体の底上げを図っていかなければならないと思っています。恩返しだと思って務めてきた専図協の委員長は、今年度いっぱいで辞めることに決めました。若い方にやってもらいたいんです。委員長を辞めたからといって、専図協を辞めるわけではないし、後輩たちも陰で支えていきます。一

写真1　エル・ライブラリー館内（写真提供：エル・ライブラリー）

方で、最近、日本図書館協会（日図協）に復帰しました。年齢的にも後輩を育てる立場にあると思うので、いろいろなところで、自分ができることを企画する立場に入らないと、と思っています。

根性とか気合いとかは必要だと思っていますが、それだけでは前に進まないし、実際のネットワーク面に生かそうと思ったら、技術が必要なんです。また、人と人とを結ぶいろいろな工夫というのは、仕掛けがあります。そういう技術や仕掛けを伝えていかなければならないと思っています。

これまで、空手家図書館員の井上昌彦さん（「司書名鑑」No.1で紹介）のような強力な助っ人にたくさん助けられてきました。いろいろな立場の方がそれぞれのやり方で手伝ってくれます。それがすごくありがたいです。多くの方々の助けを借りながら、資料を残していくこと、人を育てていくことを考えながら日々の業務に励んでいます。

――偶然から始まった図書館員人生から、二〇〇八年の閉館の危機を乗り越えて、いまなお走り続けている谷合館長。「資料を残すことが私たちの責任です」という言葉が胸に重く響きます。いまを見据え、将来を見据えて、資料を残すこと、そのために人と人とのつながり、人を育てていくことを真剣に考えていらっしゃる姿が印象的でした。

（インタビュアー：嶋田綾子）

エッセー

働く人々のいまを支え、歴史を未来に伝える

この当時でさえ忙しいとぼやいている記事を読み返し、「甘いよ、将来もっとえらいことになってるから」とタイムマシンに乗って七年前の私に忠告しにいきたいと思いました。このあと、二〇一六年にはライ

ブラリー・オブ・ザ・イヤー優秀賞をいただき、一三年の図書館サポートフォーラム賞に続くご褒美が面はゆくもうれしいことでした。しかし、「五年以内に新しいスタッフを雇えないと」危機的状況ということを述べているのに、七年たっても雇えていません。財政難は相変わらずですし、仕事は何種類も増えるばかり。

とはいえ、二〇二〇年には法人設立以来の大事業の大阪社会運動顕彰塔の建て替えを終え、いまは二四年発行の『大阪社会労働運動史』第十巻の編纂に追われています。支えてくれる人々や組織があってこそ、なんとかここまで辿り着けました。二一年三月には同志社大学から修士号を授与され、初めての科研費申請で見事採択されました。

できていないことを数えるよりも、できたことを誇りに思い、これからも前を向いて精進を続けます。タイトルに書いたスローガンは開館以来のもので、その思いは変わりません。若者よ来たれ、エル・ライブラリーに。一緒に苦労しませんか？

司書名鑑

No.3

谷一文子

［海老名市立中央図書館／図書館流通センター］

略歴

谷一文子（たにいちあやこ）

上智大学心理学科卒業後、倉敷中央病院で臨床心理士。その後、岡山市立中央図書館司書。一九九一年、図書館流通センター入社。二〇〇六年—一三年、同社代表取締役社長。一三年—一九年、代表取締役会長。二〇二〇年から代表取締役社長。現在は慶應義塾大学大学院文学研究科図書館・情報学専攻情報資源管理分野在学中。

図書館員になる前に

——経歴を拝見すると、図書館員になる前には、臨床心理士をされていたんですね。

もともと心理学を勉強していて、大学を出てからすぐ、臨床心理士として倉敷中央病院の精神科に入りました。実際には大学四年生から働いていていて、そのまま就職しています。臨床心理士の仕事で食べていくつもりだったのですが、私がついていた先生がお辞めになり、病院の経営方針が変わって、私も居づらくなってしまったので、三年で退職しました。当時、臨床心理士以外に司書資格ももっていたので、退職直後に募集があった倉敷市と岡山市の採用試験を受けました。司書資格は手に職をと思い、大学で取っていました。本当は、司書か学芸員のどちらかを取ろうと思ったんですが、当時付き合っていた学芸員の彼（現在の夫）から「学芸員は採用がない」と言われ、また、司書の勉強はレポートなど文献を調べることに役立つので、自分の仕事にも活用できると考え、司書資格を取りました。結局、倉敷市は落ちて、岡山市にある母校の中学校で学校司書に採用され、そこから図書館員としての生活が始まりました。

――学校図書館ではどのようなお仕事を？

学校図書館では、問題を抱えている子どもの話を聞いたり、古くなったり汚れたりしている本をきれいにしたり、お薦めの本を紹介する便りをつくってみたり、ということをしていました。

当時の岡山市は、市内の全校に学校司書を配置し、現在は就実大学で先生をされている永井悦重さんや宇原郁世さん（故人）など、司書のトップランナー的な方々が活動されていました。「ブックトークやります」とか、「授業の空き時間があったら、図書館の時間にしましょう！」とか、そういう活動をたくさん教えてもらいました。私はブックトークなどを知らなくて、永井先生のブックトークを見て、「すごい！」なんて感激して。実際に、私もいろいろと経験させてもらって、学校司書を二年続けました。

――学校図書館のあとに、岡山市立中央図書館へ移られたんですよね？

岡山市立中央図書館へ正規職員として採用され、整理係に配属されました。中央図書館は前年に新館ができ、学校司書も拡充の時期と、ちょうどいい時期に図書館に入ることができました。そのころの上司・田井郁久雄さんにはとても鍛えられました。分類はこうするとか、選書はこうするとか。当時は目録カードも書いて、ばっちり鍛えられました。ぶつかったり、ケンカもしたりしたけれども、図書館の生き字引のような田井さんに教えてもらえたのが、すごくよかったと思います。あの出会いがなかったら、公務員でタラタラッとやっていたんじゃないでしょうか。整理係として働くと、「本とはなにか」がとてもよくわかるんです。その時期は、いろいろなことを吸収しました。もちろん土・日とか忙しい時期は、カウンターにも出ていたので、ひととおり学んだという感じです。逆にカウンターに配属された方たちは、整理関係の仕事をしていないので、「整理のことはわからない」という感じでした。この環境は本当によかったです。

当時の館長はもともと図書館司書だったのですが、市長公室長にもなり、市役所の市長に近いポジションで仕事をされた優秀な方でした。中央図書館の新館ができたときに図書館に戻ってきて館長を務められたのですが、行政に強い司書でした。まさに理想の館長です。もちろん現場が大好きなので、郷土資料にも詳しく、フットワークも軽くて、その姿にとても影響を受けました。この時期に、この二人に巡り合えたというのが、私にとって非常にいい経験だったと思います。

しかし、仕事も四年目五年目になって、もっと上を目指したくなってきたころ、女性は昇進しづらいとか、年功序列で昇進するなど、公務員の不合理さが見えてきたんです。もういいかなあと思っていたところへ、夫が東京の大学に移ることになって、辞めるちょうどいいタイミングだと思いました。

図書館員から図書館を支援する民間企業へ

――東京に出るのに合わせて、転職されたんですね。

東京でも働きたいと思って、何社か履歴書を出しましたが採用されなかったんです。そこで、ＴＲＣ（図書館流通センター）の営業がたまたま大学の先輩だったので、相談したらＴＲＣの新卒採用を紹介されて、受けたんです。バブル時代で、運よく採用されました。十歳も年下の新卒の方たちと一緒に研修を受けて、データ部に配属されました。

――データ部ではどのようなお仕事を？

まだ作業にコンピューターが導入されていない時期なので、目録も一枚のシートに書くというような仕事をしていました。本を分類するのも仕事の一つで、当時は、本の数もいまと比べると少なくて、一日百五十冊くらいが入ってくるのですが、その半分くらいを毎日分類していました。

データ部は、どの図書館員よりも多く目録を取っています。膨大な数をこなしているからこそ、優秀なんだと思います。そういう経験をさせてもらえたことが、すごくよかった。それがあとに生きています。

私がデータ部にいたころ、「週刊新刊全点案内」（図書館流通センター、一九七六年―）に作家のインタビュー記事を載せていました。上司の国岡さんが、自分で目利きした作家に直撃インタビューするんです。現在の有名作家がまだそれほど有名でなかった時期に、「これから売れるぞ」という方にインタビューをしていました。私もインタビューを振られたのですが、私が選んだ人は採用されなかった（いまも活躍中の有名作家です）。それがきっかけというわけではないですけど、なぜか新刊の担当から遡及のほうに移りました。

遡及というのは、行政資料とか展覧会の図録だとかそういう資料のデータを取る仕事です。それもまたすごく面白い仕事でした。どう取ったらいいのかわからない難しい資料や面白い資料じゃないですか、レアものでもあるし。ちょうど愛知芸術文化センターの展覧会図録が大量に入っていた時期で。こういういい経験をしばらくさせてもらいました。

そのあと、今度は特注という班に移りました。そこでは、新規に大学の目録作成の仕事に進出しよう、という会社の方針がありました。しかし、大学の目録をやるには、学術情報センター（学情。現・国立情報学研究所）のNACSISのデータが扱えなければならないのですが、当時は民間に一切公開していなかったのです。仕事をするにも、ＩＤが発行されないので、その大学で派遣として仕事をしなければならない。だけど、やり方もわからない、洋書もやらなければならない。そのような状況だったので、当時取り引きがあった関西学院大学に二カ月間お世話になって、「データの取り方を覚えて会社に戻ってこい」と言われました。自分の仕事なので、これを持って帰らないとだめだと思って、本当に必死でしたね。でも、関西学院大学のみなさんはすごくいい方たちで、一人の新人が入ったのと同じように扱ってくれて、仕様書の読み方も、目録の取り方も、花文字の読み方なども、全部丁寧に教えてくれました。私はそういうことを全然知らなかったので、まず洋書目録の取り方から覚えて、それから学情のシステムの仕組みを教えてもらいました。ただ、目録はもともと取れたので、洋書の目録の取り方も意外と簡単でした。二カ月で取得して持ち帰ることができました。

持ち帰って、すぐに仕事があるかというと、ありました。ちょうど私学が所蔵資料の目録をデータ化して登録するということがよくおこなわれていた時期だったので、仕事のニーズはたくさんありました。

いちばん思い出深いのは、東京大学文学部図書館の資料二万冊を二週間ですべて登録するという仕事です。オウム真理教の地下鉄サリン事件（一九九五年）があったころです。

本当に困って、ありとあらゆる手段を使って、機械も人も動員して、夫にも、夫の学生にも手伝ってもらって、人海戦術で二万冊を仕上げました。その納期で仕上げられたことは担当の職員からすごくびっくりされました。でも、それが自信につながりました。お仕事だから、絶対納期は守る。完璧ではないかもしれないけど、「お客には迷惑をかけない仕事をするぞ」というのはそのときに思いましたし、自信としてもあるので、それは絶対やるべきことだと思っています。そこからあとは、その仕事をずっと拡大していったのですが、後任も育ってきたので、営業デスクに異動になりました。

――データ部内での異動から、会社全体を見る仕事へと変わられたんですね。

営業デスクというのは、社長の秘書のような、営業マンのまとめ役のような仕事です。それは、社内で起こっていることがすべて見えるポジションです。社の数字もわかります。社の一部署だと、その部署のことしかわかりませんが、営業デスクというのは、物流もあるし、仕入部もあるし、データ部もあるし、発送部もあるし、といろいろな部門が会社のなかでどのようにつながっているのか、あるいは外部のお客や取次、出版社などとも、どのようにつながっているのかということもそのとき初めてわかったので、とても貴重な経験をさせてもらったと思っています。

江東区立図書館や墨田区立図書館が業務委託を始めた二〇〇二年に、ＴＲＣでは子会社を立ち上げました。ＴＲＣサポート＆サービスという会社です。「谷一は図書館員やっていたから、わかるだろう」と社内で言われて、〇四年四月にその部署に移されました。移ったその日に高山へ行けと言われて。高山市の図書館は四月の中旬くらいに全面委託で開館したのですが、以前の図書館は職員が一人だけで、新しい図書館ではスタッフが何もわからなくて、みんな泣きそうになっていて、エリアマネージャーや統括責任者と一緒に、みんなで開館準備して、オープンしました。図書館の現場の仕事に再び就いたのは、そのときです。コンピューター化もされていて、私がいたころとはかなり違っていたので、私がやろうとすると、手伝いに来ていたチーフに「谷一さん、違います」とか「カウンターに出ないでください」とか言われてしまいました。

そのあと桑名市立中央図書館が二〇〇四年十月にオープンするので、最初は研修をするためにおこなったのですが、急遽、統括責任者を務めることになりました。PFI（プライベート・ファイナンス・イニシアチブ）なので、いろいろ書類もあって大変だったし、スタッフもまだ素人《しろうと》同然でしたが、頑張ってくれました。お客さまには幸いにも非常に喜んでいただけて、これも本当にいい経験でした。

そのあと、TRCサポート&サービスの社長になりました。当時、売り上げ八億円くらいの事業だったんですが、これが大赤字です。損益分岐点というのがあって、計算すると十億円以上の売り上げがないとだめでした。スタッフの数を増やさずに、本社も少数精鋭でやるっていうことを真剣に考えました。ちょうど委託業務がどんどん増えていく時期で、桑名市と高山市は二〇〇四年オープン、〇五年が北九州市の指定管理が始まるというところで、すごいタイミングだったんですね。そこから、ほぼ倍々で受託館を増やしてきました。

でも、そのときに「司書の人たちが勉強する機会がすごく少ないなあ」と思ったんです。技術的な部分はいいのですが、たとえば選書やレファレンスなどをやらせてもらってないように思いました。ほとんどが臨時職員だったので、いちばんいい仕事をやらせてもらってないので、「ここ、弱いなあ」と感じる部分がありました。ですから、研修には力を入れたいとずっと思っていて、eラーニングなども導入しました。人材育成こそ、この仕事でやらなければいけないことですね。

あとは、制度的にも人事の制度を整えました。人事の担当者は社会保険労務士の資格をもった方を何人も入れたりとかして。制度も整えながら、スタッフたちにプラスアルファしていくということを、この十年でやったかと思います。

また十年で、いろんな図書館を見る機会をいただきました。業務拡大と同時に、挨拶や研修で、私は全部の図書館に行かないとならないじゃないですか。もともと地方の図書館と都会の図書館は絶対違うし、地方の図書館でも非常に豊かなところもあれば、疲弊している図書館もあります。そういういろいろな図書館を見せてもらえたのも、十年の収穫でしたね。

仕組みを整えるといえば、社内のグループウエアの仕組みもつくりました。もう何もしなくてもみんなが情報をアップしてくれたり、地域ごとの情報交換にも使ってくれていたり、面白がって使ってくれて。私も実は参考にさせてもらっていて、「教えて」って言えば、みんなすぐ教えてくれるんですよ。「これも、この十年やってきたおかげかな」って思っていますね。

私自身はスキルが全然ないので、目録ぐらいはわかるけど、それ以上のことはできないし、いまの人たちは十年選手がいっぱいいて、非常に力もあるので、教えられることばっかりです。海老名市の現場にきて、ものすごく楽しいですね。「そうだった、そうだった」って感じで、書庫なんか入ると、もうワクワクします。

司書へ伝えたいこと

――現場を見てきて、なにか伝えたいことはありますか？

ちょっとだけ言いたいのは、司書が「これだけでいいや」とか、「偉くならなくていい」と思っていることに対してです。よくある「専門家でいればいい」とか。私、それは違うと思うんです。やっぱり管理職になってもらいたい。トップを目指してほしいと思っているんですよ。それは、一握りかもしれないけれども、「館長をやって、次の後進を育てるぞ」とかね、そういう気概をもっていかないといけないと思うし、仮に公務員制度のなかでやっている方も、やっぱり本庁にいくのがいやだとか、いろいろ思っている人いるじゃないですか。そんなことはないと思うんですよ。すべて、次の仕事につながるんです。税務課にいったって、「そこで人脈を広げて、次は図書館の応援団つくれるんだ」と思えばいいのではないでしょうか。偉くならないまま、司書のままでいく方たちもいるけど、それは世界をすごく狭めていると思う。もっとチャレンジしていいんじゃないかなと思っています。

みんなチャレンジしないじゃないですか。うちのスタッフなんかも、「いい仕事やろうよ」と言うとすごく尻込みするのね。リスクをすごく言う。なんでリスクばっかり言うんだろう。もっと柔軟に、失敗したっていいじゃないですか。臨床やっていたからわかるんですけど、臨床心理の現場だと、昨日まで元気だった患者が突然、首つりしちゃった、みたいなことが何回もあったわけね。図書館は、そういう人が死ぬっていう現場ではないんです。図書館にきたとき、何がいちばんよかったかって、「明るい世界だなあ」と思ったのよ。ダークな世界じゃない。だから、いろいろなことをやっても全然OKで、チャレンジしたほうがいいと思います。いま、ちょうど潮時というか、変わり目じゃないですか。だから、いろんなやり方でいいんじゃないかなと。今度、プラネタリウムでコンサートするんだけど、やってみたら意外と音がいいのよ。こうドームになっているから、薄暗い雰囲気もいいですね。そんなのも、みんなからのアイデアなんだけど。既成概念にとらわれてダメだと思うとできないです。でも、やればいい。これは、とても言いたい。

――いろんな偶然が重なって、でもそれを大切にしながら、生かしていけることはすごいことだと思います。

いつも思っているのですが、過去のことを大切にしないと、将来に結び付かないと思います。過去に起こったことが、すべて、結局、いまに生きています。だから、そのときそのときを大事にしてきたことがよかったと思っているし、関学とのお付き合いにしても、その当時の方々はみんな偉くなっていて、いまでもお声をかけてくださるので、非常にありがたいと思っています。もしあのときないがしろに仕事をしていたら、いま声をかけていただけるようなことは絶対になかったと思っていますし、「TRCなんか」って言われたと思うんです。

そう思ってみんなが一つひとつの仕事を大切にしてくれれば、きっとすごくいい将来が見えてくると思いますね。

地域のアイデンティティを大切にする図書館

——最近の図書館について、なにか思うところはありますか？

『つながる図書館——コミュニティの核をめざす試み』（猪谷千香、〔ちくま新書〕、筑摩書房、二〇一四年）じゃないですけど、やっぱり図書館って地域にあるものじゃないですか、地域密着ですし。そこへ人が来て、図書館という場もあるし、資料もあるし、人間同士のつながりもあって、いろいろミックスされて新しいものが出てくるような場だと思っているのです。だから、そこのミックスさせる部分をもっとうまく仕掛ければ、いい成果が出ると思うんですよ。それにはもちろん、いろいろなパワーもいると思うし、いろいろな方の力が必要だと思うんだけども、だからそうなったときに、この図書館の価値が発揮されると思うんですよ。

私は「地域のアイデンティティってあるな」って、すごく感じているんです。海老名市の国分寺にしても、市民はどこかでアイデンティティにしていると思います。そこを大事にしないといけない。そのためには、資料収集もしなければならないし、発信もしなければならないし、教えていくこともあるかと思います。そういうことはすごく大事です。それは、どの図書館でもあることですよね。「うちには何もない」という図書館員も多いけど、そんなことはない。その地域を変えていく原動力になっていくような図書館になってもらいたいと思っています。私は図書館にカフェがあってもいいと思うし、ちょっとぐらいは本が買えてもいいと思っています。それは時代が求めていることだから、時代に合わせてやればいいんですよ。

スウェーデンのとある図書館に行ったときに、サイレントルームというのがあったんです。最近流行してきているそうですが、「静かに読書をしたい人は、ここの部屋をご利用ください」っていう。棲み分けられればいいと思います。図書館にも、にぎやかな空間がいまは求められているように思うんです。昔はシーンとした図書館がイメージされたし、いまもそうかもしれないけど、時代とともに変わっていくのを敏感に察知しないとって思います。

ここの図書館、インターネット機能がないんですよ。「世の中の人が当たり前みたいに使っているのに、なんでそれに図書館が対応できないのかなあ」と思って。Wi-Fiくらいあったって当然だし、外国の図書館では、どこでもあるじゃない？

首長が決め事としてやるのであれば、現場も上へのアピールが必要ですよね。教育委員会だけでは難しい部分もあるのかもしれないし、指定管理のようなやり方だと、企画課とかまちづくり政策課とかから予算がついて、バーッと動くじゃないですか。スピードが全然違うんですよ。そういうところに認知されると大きく動くんです。そういうポイントみたいなのを、もっと司書の人たちがよく学ばないと。だから、公務員だったら役所の人と付き合う、民間だったら館長がことあるごとに役所へ挨拶に行く。ちょっとでもアピールすることによって、「あー、頑張っているんだな」って認知されて、図書館が思っているのと違うところから予算がついたり、「図書館って役に立つ」と思われる事業ができるようになる。図書館の事業というのは、道路をつくるよりはるかに少ないお金でできますし、費用対効果が高いですからね。そのためにも教育委員会だけじゃなくて、広い世界を考えたほうがいい。

指定管理になったことで、管轄が教育委員会から市長部局へ移る図書館も最近、多くなってきて、そのほうがいいなあとも思っています。ただし忘れてはいけないのは、やはり教育機関だということ。ベースは絶対に崩してはいけないと思っています。だから、アメリカに行ったときに「あ、この人たちって当たり前のことをやっている」とすごく思ったのね。「当たり前」にサービスが加味されているわけです。そこを押さえながら、図書館をつくっていきたいと思っています。それには自分一人ではできなくて、いまいる図書館のスタッフとともにつくっていきたいと思っています。

――臨床心理士から図書館員へ、図書館員から民間企業へと転身を重ねてきた谷一さん。それは、ある意味偶然がもたらした転身なのですが、その一つひとつの機会を大切にし、過去を生かして次へとつなげていくその姿が非常に印象的でした。

（インタビュアー：嶋田綾子）

進化する図書館には進化する人がいる

私のインタビューが掲載された二〇一四年は、海老名市立中央図書館館長に赴任した直後なので鮮明な記憶があります。話題になった武雄図書館を手がけたカルチャー・コンビニエンス・クラブがリニューアルに参画、その年の十二月までは図書館流通センターが運営の中心になる予定でした。企業の現役会長が図書館長に、と二重に話題になっていたようです。裏事情としては、リニューアルしなくとも図書館を運営で変えることができる可能性へのチャレンジでもありました。そういう意味では、公共図書館司書としての力量発揮前の意気込みだけのインタビューではありましたが、読み返すと、いまとはぶれていない、ということがわかってホッとしています。そして、その後のことを『これからの図書館――まちとひとが豊かになるしかけ』（平凡社、二〇一九年）にまとめることができました。さらに現在、慶應義塾大学大学院文学研究科図書館・情報学専攻で研究中であり、私自身が学び直すことになりました。図書館の司書が進化するから図書館が進化する、のが現在の持論です。

司書名鑑

No. 4

嶋田 学

【瀬戸内市新図書館開設準備室】

略歴

嶋田 学（しまだ まなぶ）

現在は京都橘大学教授（司書課程）。著書に『図書館・まち育て・デモクラシー』（青弓社）、共著に『市民とつくる図書館』（勉誠出版）、『地域でつくる・地域をつくる』（大月書店）。

司書を目指したきっかけ

――まずは、図書館に勤めるようになったきっかけを教えてください。

高校の国語の教師になって、吹奏楽部の顧問になるというライフプランを描いて、大学に進学したんです。でも試験に失敗して、結果的にはその道を挫折したのですが、その過程で、私学などで図書館のお世話をしながら就職活動をすれば教員の採用にも有利ではないかと思って、桃山学院大学の司書講習を取りにいったんです。

司書講習には、図書館で働いている人が、働きながら資格を取りにきていました。そのころ、図書館という存在がどんどん面白くなっていたんですが、私はアルバイトなんかをいろいろやっていたので彼らがうらやましかったですね。一九八六年に司書資格を取得し、翌年には試験に合格し、豊中市（大阪府）の図書館に採用されました。

採用されて九カ月後には、現在の野畑《のばたけ》図書館になる図書館の開設準備室へ異動になりました。タイミングとしては、開館に向けた仕上げの段階。その後、岡町図書館の改修も担当しました。野畑、岡町の開館、改修をきっかけとした全館の電算化にも関わりましたね。いま考えると、いい経験を積ませてもらっています。

永源寺町立図書館への転職

――豊中市から永源寺町に移ったのはどのような経緯ですか？

永源寺町の図書館準備室が経験者を対象に職員の募集をしていて、それをある先輩が「こんなのあるよ」と教えてくれたんです。当時、豊中市立図書館での勤務が十一年目に入っていて、もう少しいろいろな仕事をやってみたいと思っていたんです。それに、新しい図書館を立ち上げるのは面白そうだなと思いました。とりあえずどんな町なのか見にいって、願書をもらいました。その帰り、とてもいい出会いがあったんですよ。

とても暑い日だったんですが、バスを待っていると、おいしそうに麦茶を飲む小学生の男の子がいたんです。私が「おいしい？」と思わず聞いたら、彼が気を使って飲ませてくれたんです。なかなかそういうことはできないと思うんですけど。そのことで、もう一気に「よし、この町に図書館をつくる仕事をしよう」と思い立って応募しました。試験に通していただいて、一九九八年の十月一日から永源寺図書館準備室に勤務することになりました。

永源寺図書館は、私が赴任してから二年、準備室としては三年の準備期間を経て、二〇〇〇年十月二十八日に開館しました。

永源寺町は六千五百人のとても小さな町ですが、百八十平方キロメートルと町域が広く、山間部もあるので、移動図書館でサービスするのが不可欠です。サービスを効率的に届けるには悪条件が多いところだったので、最初は「そんなところに図書館を建てて、人が来るのか?」と町の人たちにも言われて、私たちも気持ちがめげましたね。でも、貸出数がいちばん多いときで住民一人あたり十四冊になり、条件が悪くても、セオリーどおり、信じてしっかりやればある程度、結果が出るということを、身をもって体験しました。

住民のみなさんからも「図書館が面白そうだ」「あそこに行けばヒントが出てくる」と言われるようになって、「地域のお祭りなどで面白いことやろう」となったときに、「誰かいい人を知りませんか?」とか、「図書館で企画をやらせてくれませんか?」といった相談を行政や市民のみなさんからたくさん持ち込んでいただくまでになったんです。まちづくりのなかで図書館ができるという手応えを感じたのは、そのときでしたね。

隣町の八日市図書館では、一九九五年から「人と自然を考える会」と市民協働でいろいろやっていました。そこで永源寺図書館でも、市町村合併する前年の二〇〇四年に、文部科学省の「社会教育活性化21世紀プラン」という四百八十万円くらいの助成金を取って「食と農で創るまちづくり協議会」として、「ほんものにであう『食と農』フェスタ」というイベントをやったんです。

イベント企画当初は、図書館で私たちが耳にした情報、たとえば保健師の「子どもたちに朝食調査をやると、どうも食が乱れている」だとか、行政担当の職員の「耕作放棄地が永源寺にも増えている」というような話題から、地域の課題をテーマにして図書館で情報提供をしたり、問題意識をもっている人と人が集まれるような仕組みができないかなどといろいろと考えていました。話題を提供してくれた方に参加してもらって実行委員会も立ち上げたのですが、委員会のメンバーから、先進的な課題を解決するキーパーソンを呼んでも、市民はなかなか聞きにこないのではないか。もっと、「地域のいまの課題」がわかるようなイベントや勉強の機会をつくらないと、先進事例にいきなり興味をもってくれるということはないだろうと言われました。「じゃあ、みなさんアイデアください」ということで、みなさんからいろいろな意見を取り入れてつくったイベントになったんですね。

二〇〇五年に東近江市になってからも、八日市の「人と自然を考える会」を母体にしながら、永源寺の食と農を考えるみなさんとか、地元密着で活動をしていた能登川図書館の方たち、また行政職員も含めて、文科省の同じ助成金を取って事業をするということが二年ほど続きました。二年目のイベントは「東近江を循環・共生の大地に」というタイトルで、当時、知事になりたての嘉田由紀子さんにも来ていただきました。

住民との協働について

――開館後、早い時期から住民との協働が起こっていたようですが、そのきっかけはどのようなことだったのでしょうか。

公民館活動が活発ではなかったので、図書館の活動を知ってもらうことを意識して、ジャズライブとか落語会とか講演会などを催しているうちに、学校の先生や医者など、文化的な活動が好きな人たちが図書館に集まってきてくれました。そのうちに「図書館というのは、困っていることを解決したり、わくわくしながら学べるところなんだな」と、市民の方たちが気づきだしました。そして「図書館を使って、自分たちもやりたいことをちょっとやろうか」、というような動きになったんです。

たとえば、永源寺には画家や陶芸、木工の方など、アトリエを構えている方が何人かいるのですが、そのような方たちが、図書館が写真や絵本や絵画を展示するのを見て始めた「ものづくり展」も、毎年やるようになって十年くらいになります。

――市民と図書館の関係づくりの秘訣はありますか？

図書館に入った当時、永源寺図書館の館長の巽照子さんから学びました。巽さんはまちづくりなどに関心があって、その町に生きる人たちの生活や思考がどのようにして図書館の存在につながるのか、ということをいろいろな人と屈託なく話せる方でした。巽さんはとにかく私がやりたいと思ったことを何でもやらせてくれたので、私は自分の関心を、関心がある人たちと話をしながら追求してきたという感じです。図書館で市民の方と立ち話をしながら、関係ができていったということがあります。隣町に八日市図書館があったというのも大きいですね。この図書館で映画会や講演会がおこなわれるのを見て、市民と図書館の関係について自然と考えることができたように思います。

市町村の合併で東近江市になってから、八日市図書館に二年間と、能登川図書館に一年間と異動して、その後また永源寺図書館に戻りました。その経験からわかったのは、先進的といわれる滋賀県の図書館でさえも、自治体の統計をほとんど調べていなかったことです。つまり、周辺にどういう人たちが住んでいるのかをデータとしては把握していない。

私が異動してまずやったのが、NDC三百番台の本の回転率を調べることでした。そうしたら、工業系の本が動いているのに、蔵書が少ないんです。町の産業別就業者統計を調べてみたら、工業系の仕事に就く方が相当多く住んでいることがわかりました。ほかの職員にも統計を見せて、半年くらい統計に沿った重点選書をしました。そうしたら、半年で工業系の本の貸出が一一パーセント伸びたんですね。蔵書が増えれば、貸出も当然伸びるということはあるのですが、ニーズがマッチしなければ、一一パーセントも伸びることはないだろうということで、地域に潜むニーズの存在にそのとき気づきました。蔵書とか貸出の統計とかは見ているかもしれないですが、蔵書回転率や行政統計は観察していなかったんです。自分たちの町がどういう町なのか、それに対応する資料が図書館にあるのに、それさえ見ていなかった。

滋賀県の図書館は非常に活発な活動をしているし、貸出の実績も維持し続けているのですが、「貸出の内容と利用者ニーズがどの程度マッチしているか」という分析が十分にできていたとはいえません。それは、もしかすると貸出が多いがために、活動を振り返るという契機を見逃していたのではないかと思います。これを私は「できている感」と称して自戒していました。図書館のシンポジウムなどで講演をするときは、「自分の町のことをどの程度把握していますか？」という話からするんです。東近江で貴重な経験をしたのは、よその図書館に異動させてもらって、現場の仕事を観察し、改善すべき点を伝えてこられたこと。これは、私としてはいい経験でした。

そして瀬戸内市へ

――東近江市から今度は瀬戸内市に転職されたのは、どうしてですか？

新館準備室の公募があり、瀬戸内市に行くことになりました。

ものすごく悩みました。東近江もこれから世代交代という時期で、私もその一翼を担うはずだったので。館長に相談したところ、「滋賀はよそから館長を引っ張ってきてここまできた。そろそろここで育った人間が外に出ていって、今度はよその図書館づくりをお手伝いしないといけないのでは？」と言ってくれて、気持ちよく送り出してくれました。

瀬戸内市立図書館では、移動図書館から始めました。幼稚園と保育園をすべて回ろうと、最初は五百冊の絵本を軽自動車に積んで、その後、石川県七尾市から移動図書館車を譲ってもらって、本格的に運行を始めました。これが図書館の認知に役立ちました。移動図書館車がきてからは、公募で「せとうちまーる号」と名前

写真1　瀬戸内海を見渡す風景（撮影：岡本 真）

写真2　瀬戸内市立図書館の移動図書館車せとうちまーる号（撮影：嶋田 学）

をつけてもらったり、デザインも地元高校の美術部にしてもらったりと、とにかく市民に参加してもらいました。市民が参加できるものはないかと、何をするにしてもずっとチャンネルを探っていました。それもあって、図書館がみんなに一気に知れ渡って、特に子どもをもつ家庭にとって身近な存在になりました。子どもに絵本を貸し出す際は、毎月発行する保護者向けにお便りをつけています。このお便りでは、本を紹介したり、行事を紹介しているのですが、毎回書いていたのは「お子さんが一生懸命、本を選んできたことを褒めてあげてください」ということ。あと「ぜひ、本を読んであげてください。お子さんと一緒に本を楽しんでください」というメッセージを伝えてきました。そうした活動をしながら、準備をしてきたんですね。

　私が瀬戸内市に行った年には、すでに前年（二〇一〇年）の十月に発足した「新図書館整備プロジェクト」というのがありました。当時の副市長が総括で、企画や総務、建設や教育委員会など全庁的にプロジェクトに参加していて、私はそこに入らせていただきました。基本構想の下地はできていたのですが、「嶋田さんがやりたいと思うことは書き換えてくれてけっこうです」と言っていただきました。

私が最初に配属されたのは、教育委員会ではなくて、市長部局の企画系の政策調整課でした。ここは全市的な町の課題や政策の進捗が自然と見える部署で、そういうのを見ながら、まちづくりに役立つ図書館づくりを考えました。

書き換えていいといわれた基本構想は、「持ち寄り・見つけ・分け合う広場」というコンセプトにしました。それが五月末で、六月からは基本計画づくりに入っています。このときは、基本構想をベースにして市民のみなさんの意見をいただく「としょかん未来ミーティング」というのをやりながら、基本計画をつくっていったんです。基本計画ができた次の年からは教育委員会の社会教育課のなかで、図書館準備室をつくっているんですが、そのときには、全市を見渡す業務の下地ができていました。

同じく二年目（二〇一二年）には、さらに実施計画というのをつくったんですね。三年目（二〇一三年）にはようやく設計の予算が取れたので、設計者を選んで八カ月くらいで実施設計を完了させて、三年目が過ぎました。

四年目（二〇一四年）には六月に設計ができたので、工事入札をしたのですが、資材や人件費の高騰が私たちの想定を超えてしまい、残念ながら入札不調に終わりました。いま、予算の増額が九月議会で認められれば、再入札という運びになっています。二〇一五年十二月くらいには建物ができて、一六年四月にグランドオープンという修正案になっています。

図書館に対する思い

――図書館の役割について、思うところをお聞かせください。

やはり、みなさんに自由に生きてほしいと思っています。自由というのは、端的にいうと、他者や社会との関係をうまく保つなかで、「自分が生きたいように生きる」ということだと思うんです。そのために必要な情報や資源、思想、関係性など、社会的な知恵全般をいちばん効率的かつ楽しく提供できるところが図書館じゃないかと思います。しかも唯脳的にではなく、身体的に提供できる。それこそインターネットで情報が得られる現在では、逆説的に価値が高まると私は思うんです。やはり本を手に取ってパラパラと見るという行為、あるいはほかの人が読んで楽しかった本を間接的に知るとか、図書館職員という他者とサービスを受けるというかたちで接するとか、いろいろなかたちで身体性というのがそこにはあります。人間が生き物として生きていくうえで幸せや自由を追求していくときに、ギリギリここは手放してはダメだろう、というのが身体性だと思います。それは人との交流も含む、物理的に本をもっているという図書館のリアルな部分を含めて、すごく重要だと思います。

もう一つは、人間は一人で生きているのではないので、なにかしら社会に貢献しなければいけない。回り回って自分のためなんです。私は「当事者性」や「オーナーシップ」という言葉

写真3　新館準備室と同じ建物内にある牛窓町公民館図書室（撮影：嶋田 学）

をよく使いますが、図書館の存在だけでなく、移動図書館や図書館がおこなっている情報発信などの図書館の仕組みが、社会や目の前の地域コミュニティーに対して当事者思考をもつのに必要な情報を得たり、当事者志向をもつきっかけや気づきになればいいなと思っています。

新図書館のコンセプトは「持ち寄り・見つけ・分け合う広場」です。いろいろな人の気づきや生活上の疑問、仕事上の問題を解決していくある種の切実さを、住民たちが地域の図書館で見せることで「分け合う」、共有していくというのも、一つの面白さだろうと思います。一方で、地域では課題として出ていなくても、ほかの地域で疑問になっているようなことを情報提供し、共有していくことも、図書館ならではの「分け合う」であり、それも含めていろいろな可能性があると思います。

図書館員の勉強

――大学院ではどのようなことを学ばれたのでしょうか。

合併する前、政策形成研修に参加したんです。この研修では、同志社大学法学部（現・政策学部）の政策系の先生の話をうかがうほかに、違う自治体の方と新しい町を仮想したときに政策のプランをつくって市長プレゼンするというワークショップがあったんです。そのときに、地域の人たちと合意形成するために必要なテクニックをもっていないことを実感しました。これまで、図書館はまちづくりに図書館が役立つといっても、単にいろいろな主題の本を用意したり、届けたりして、利用者が来るのを待っていることしかしていなかったのです。もっとニーズの掘り起こしのために動かないといけないし、こういう本が役立つということを届けるために地域に出なければいけない。行政職員が取り組むいろいろな政策の背景を知ることで、どういう場面でどういう情報が必要か、地域の人たちがどんなことで悩んでいるか、そこに関わっていくためには、単に必要な情報を出すだけではだめなんですね。ですから、ファシリテーションやワークショップの手法で、いろいろな人のさまざまな意見をまんべんなく引き出すことなど、そういうことを含めて学びました。

私は政策を勉強したいと思ったんですね。特に公共政策に関心をもちました。図書館は教育や文化系施設としてとても重要な機能があるのですが、そういう分野でお話をされる図書館員が当時はあまりいなかったんです。専修大学で公共政策の研究をされていた荻原幸子先生くらいでしょうか。そこで出合ったのがソーシャルキャピタルという概念です。図書館がソーシャルキャピタルの醸成に寄与できるというテーマで、「図書館評論」(図書館問題研究会編、第四十九号、図書館問題研究会、二〇〇八年)に書きました。二〇一二年には「現代の図書館」(日本図書館協会現代の図書館編集委員会編、第五十巻第一号、日本図書館協会)で特集があったんですよ。図書館は地域の社会づくりというか、あるいは行政の政策形成などにも役に立ちます。図書館のなかにいる人が、図書館の多様な使われ方に目覚めて情報発信しないとジリ貧だろう、そういう危機感はあったんです。大学院に在籍していた二年間、私にとってはいろいろな本を読まざるをえなくなって勉強になりましたが、社会人できている人たちとの出会いのなかで、図書館がどう見られているかというのも、すごく参考になりました。

卒業後には指導教官から声をかけていただいて、政策を学ぶ学生に教えることになりました。「住民自治と公共図書館」というようなテーマで、公共図書館の活動が住民自治を支える地盤になりえるという話をしました。フィールドワークもあったので、図書館を拠点に活動している人たちに学生を会わせて、「なぜ図書館で活動するのか」「図書館はどう役立つのか」について話を聞いてきています。ごく普通に図書館でそのような活動がおこなわれているということに、学生たちはすごく刺激になったみたいですね。

現役の図書館員も、「学ぶ・教える」という体験をしてほしいです。図書館経営論などは、現場だからこそわかることもあります。四、五十代の仕事でいろいろなことが差配できるようになってくる手前くらいに、そういう学びがあるといいのかなと思います。ただ、なかなかそういう年齢で学びに出るというのは難しくなってきています。そういったときに、たとえば私も運営委員になっているタマシイ塾という活動があります。タマシイ塾では、図書館のことだけじゃなくて、コミュニケーション論とか学び方とか、働き方とか、多様で現代的なテーマを学べます。また、逆に参加者が研修のつくり手になるというようなこともやっています。学ぶ機会の確保が難しくなってくるなかで、こういう活動がこれからキーになるかもしれません。

図書館に限らず、公共経営の行き先は非常に情勢が不透明です。いろいろな状況のなかで、望ましいものを粘り強く求める必要があります。図書館が社会のなかで役に立つと思っている人たちと連携するというか一緒につくっていくべきだと思っているんですね。図書館経営や図書館行政など、図書館を取り巻く問題の解決は簡単ではありません。少なくとも、いま、現役の公務員で司書をやれている人たちは問題を理解して、「このやり方がいいんだ」という図書館を少しでも実現していくということに、とにかく全力を尽くしてほしいと思いますし、私は尽くしているつもりです。

――いくつもの図書館を立ち上げてきた嶋田学さん。住民の方々とともにつくっていく図書館の実践が印象的です。実践のなかで思い、また大学院での学びのなかで深めた公共政策としての図書館の重要性が伝わってきます。

（インタビュアー：嶋田綾子）

エッセー

「現場《ここ》」を支えるための勉強

二〇一九年度から司書課程の教員に転職し、二一年度からは博士後期課程で図書館情報学の院生として学んでいます。現場を離れてつくづく思うのは、「現場《そこ》」で試行錯誤しながらベストを尽くすことの尊さです。住民、行政組織、議会といったステークホルダーとの関係性を前提に、対面する同時代の問題や地域課題に向き合う住民におこなうサービスは、当該自治体の図書館行政として現れ、それが図書館という仕事のすべてです。その「現れ」から逃れることなく、「現場《ここ》」で踏ん張っているすべての図書館人に深い敬意を感じます。

三十二年間に及んだ図書館員という時間から離れたのは、一義的には事業承継のうえでベストタイミングだったということと、少し距離をおいて図書館について考えてみたかったからでした。現場で対峙しながらも十分に考え尽くせなかったいくつかの問題を、自分なりに勉強したいと思っています。ただ、立場が変われば見方が変わるか、というとそれほど簡単なことではなく、学びのテーマに対してはつい「自分ならこうする」という思考が先走ってしまいます。

司書名鑑 No. 5

大向一輝

［国立情報学研究所］

略歴

大向一輝（おおむかい いっき）

二〇〇五年に総合研究大学院大学博士後期課程修了、博士（情報学）。同年に国立情報学研究所助手、〇七年に同助教、〇九年に同准教授を経て、一九年から東京大学大学院人文社会系研究科准教授。ウェブ情報学、人文情報学、学術コミュニケーションの研究教育に取り組む。著書に『ウェブがわかる本』（岩波書店）、『ウェブらしさを考える本』（丸善出版）がある。

ウェブが人々の生活を変える

僕は京都の出身です。同志社大学の工学部でコンピューターサイエンスを研究するところに入って、修士までいました。そのあと国立情報学研究所（ＮＩＩ）に博士課程（総合研究大学院大学・情報学専攻）ができたばかりのタイミングで進学しました。

学部四年生のときはアルゴリズムの研究をしていました。コンピューター上に擬似的な生物を発生させ、競争して勝ち残ったものを掛け合わせるというような進化論に基づいて数学的な問題を解く研究をしていたのですが、どうも自分の性には合わない。一点を突き詰めていくようなことが自分に向いていないと思ったんです。それよりも、新しい仕掛けをつくって人を巻き込んで世の中を元気にするのがどうも好きなことがだんだんわかってきました。そこで修士になるときに、日常生活のなかでどういう情報を与えると、その人がいい行動ができるかというテーマに思い切って変えました。これは博士での最初のテーマとしても継続しています。

博士課程にいたのは二〇〇二年から〇五年ですが、そのころはまさにウェブが大きく変化してきた時期です。初期の「GREE」や「mixi」のようなソーシャルネットワークが出てきたり、ウェブ上で情報を共有しあったり、コミュニケーションしたりするのが一般的になりはじめたときだったので、ブログやSNS（交流サイト）などの道具をうまく使うことによって、どうすれば情報を簡単に集めたり、発信しやすくするのかといったことを考えたくなったんです。

博士の二年目くらいにそういうテーマに絞ろうと考えました。それはウェブサービスやソフトウエアありきのコミュニケーションなので、実際にものをつくれないといけない。そこで経済産業省が募集していた未踏ソフトウエア創造事業に応募して、開発資金をもらって友人とプロジェクトを立ち上げました。ブログ全盛の時代に合っていたのか、つくったRSSリーダーはたくさん使ってもらいました。自分たちのテクノロジーが、人々のコミュニケーションを変えるということが現実にわかってきたこともあり、その結果を論文にまとめて博士号を取りました。またプロジェクトの成果をもとに会社を立ち上げ、それは現在も続いています。

NIIに就職して研究者の立場から現場に関わる

博士三年目で就職活動を始めたころ、最初に公募が出たNIIを受けました。NIIは年に若干名の採用なので受かる気もしなかったのですが、ウェブの研究をしていたり、会社をつくって実際にビジネスをしていたことなどの経歴が気に入られたのか、採用されました。

就職しても、それまでと同じくブログやSNSの研究を続けることに変わりはないし、いまでもオープンデータの仕事などは、その延長線上にあります。一方で、僕が就職した二〇〇五年は、「CiNii」が正式版になった年です。正直にいうと、そのときはまだ「CiNii」についてほとんど知りませんでした。就職して、会議に出るようになってはじめてＮＩＩの研究面ではない、サービス面を知るようになったんですが、ふと思ったのは、外の人はウェブの研究をしている僕がＮＩＩにいるのだから、当然サービスにも関わっていると思うはずだろう。でもそのわりには、ＮＩＩのウェブサービスはあまり格好よく見えないのではないかと。いまなら、その意図もわからなくはないですが、たとえば検索ボックスがいくつも並んでいるなんて、周りのウェブサービスが急速に洗練されているなかでユーザーに受け入れられないのではと思っていました。

僕はウェブの研究もしているし、ビジネスもしているので、どうすればいまのユーザーの行動に合わせることができるのか、常々考えています。そこでシステムとか、デザインについてもトレンドを伝えるなどして、何かと口を挟んでいたら、実際に手を入れる仕事を頼まれました。ちょうどそのころ、GoogleがＮＩＩのサービスを検索対象にしたいといってきていて、それに対してどういう方針を取るのかというのが議論になっていました。二〇〇五、〇六年当時のGoogleというのは破竹の勢いでしたから、へんに取り込まれたくないといった意見から、保守的な対応を取ろうとまとまりかけていました。でも、僕はそれはいくらなんでも違うだろうと思いました。コンテンツをつくっているのは図書館やＮＩＩだし、Googleと関わったからといって、そうしたコンテンツの一切が消え去るわけではありません。逆にいえば、せっかくつくってきたデータをいろいろな人に見せるためのいいきっかけなのではないかと思ったんです。開かれたウェブに向き合わないのはおかしい、Googleとはきちんと連携していくべきだというような内容の檄文を書いたところ、それを受けて方針が決まり、Googleを検索すれば「CiNii」がヒットするような状況になりました。これが〇七年四月からです。

その結果、アクセス数がものすごく増えて、システムが耐えられず、平日の昼二時くらいになると重くなってアクセスできないということが一、二年続きました。そのころはまだシステムの内部には関わっていなくて、サービスとはこうあるべきだ、というような理念の部分に関わっていたのですが、現場の人たちから見ればとんでもないという状態だったんじゃないでしょうか。うまくいけばいったなりに苦しいことがありますね。使われることは正しいのですが、それを裏付けるシステムづくりと併せて足並みがそろわないと、絵に描いた餅になってしまいます。そこで、二〇〇九年のシステム入れ替えに向け、一から「CiNii」をつくり直す仕事を任されるようになりました。つくるほうの仕事に関わるようになって、限られた予算のなかで大量のアクセスに耐えられるシステムの設計、デザインの一新、データをたくさん使ってもらうためのAPIなど、だいたい三本柱くらいで考えて、〇九年四月に新しい「CiNii」をリリースしました。

よくよく考えると、二〇〇五年に最初の「CiNii」から四年でつくり直したとか、あまりない話ですね。それなりにリスクがある仕事だったのは確かです。それをウェブの研究者ではあるけれど、大きなシステムをつくった実績がない人に任せたのは偉いな、といまでも思います。

紙の論文を電子化してウェブで提供するという「CiNii」のコンセプトは、僕が考えたのではありません。それは当然のことながらこれまでの図書館の人々、NIIの人々が考えてきたことです。僕は単にその考えを引き継いただけで、何か大きなイノベーションを起こしたわけではなく、「提供の仕方」を変えたにすぎません。だけど、ユーザーが要求するものが時とともに変わっていくなかで、その提供の仕方がサービスの良し悪しを決めてしまうのもまた確かです。特に二〇〇〇年代半ばから後半は人々のウェブに対する考えがガラッと変わり、ウェブなしには生活できないといったように変わってきた時期です。そうした時期に、自分が考えていたことや研究してきたことをサービスにきちんと投入できたら何が起こるのか、個人としても興味がありました。実世界に影響を与えるサービスをつくる難しさと面白さを知ることができましたね。

サービスをつくる難しさ

難しさというのは、あらゆる分野の文献があると、研究を始めたばかりの学生からその分野のプロまで、多種多様なユーザーが使うということです。しかし、基本的にはウェブサービスのインターフェイスは一つしかもてないので、ユーザーごとの柔軟な対応はできません。機能を細かくしはじめると初心者ユーザーがわからないとか、初心者ユーザーにばかり目を向けていると研究の現場で使えないと言われてしまうわけです。そこのバランスを最終的には一つの画面にまとめ上げなければなりません。ソフトウエアなので選択肢は無限にあるのですが、「こういう考えのもとに、この画面を提供しています」ということはきちんと答えられなければならない。

ウェブサービスというのは、実際に使っているユーザーの姿を見ることはできません。ユーザーが何に困っているのか、アクセスログから想像したり、「Twitter」の意見を観察しながら、できるだけ潜在的なニーズにも応えたいと思っています。相異なる要求があるなかで、できるだけシンプルに、データを多くの人が活用できる自由度を担保する方向性でサービスを提供しようという方針を決めています。もちろんいまはその方向性が正しかったとしても、時代とともに変わってくるかもしれません。ただ、世の中に受け入れられているものをきちんと受け止めながら、先回りしたり、寄り添ったりしていけば、提供するものは支持され続けるはずだとは思っています。

「CiNii」に対してはとても楽しく、やりがいをもって関わっていますが、その過程でサービスに必要なデータをどうやってつくるのかといったところに図書館の神髄を見た思いがします。「図書館のウェブサービスはなっていない」とよく言われますが、そのサービスを提供するためのデータは誰がつくっているかというと、やはり図書館の人たちが長い年月をかけてつくりあげてきたものです。これからの僕の仕事として、表には出てこないデータづくりの仕組みに、どうやってウェブとかＩＴとかの成果をきちんと入れて物事をよくしていくかというところまでやらないと、表側の楽しいところだけやってさよならというのは無責任すぎるなと思うわけです。それはまさに二〇〇九年に「CiNii」を出したあとの話として、自分のなかで答えが全然出せていないけれど、テーマにしていることです。

「CiNii」に関わって見えてきたこと

大前提として、データをきれいにしたり、集めたりという仕事は決してなくなることはありません。ただ「誰が」「どのように」担うのか、というのはすごい勢いで変わっていくはずだと思います。これまでは図書館がそれを一手に引き受けて、人力でやっていましたが、それを自動化していく。自動化の不備をユーザーが指摘して直すような仕組みをつくる。あるいは、出版社などが出版の段階からきれいなデータをつくっていく、ということも増えていきます。図書館員だけがやってきたことが、その点では崩されているようにも見えますが、俯瞰してみれば、複雑化して、なおかつ中身もリッチになる状況で、しかもユーザーに対しては一定以上のクオリティーを担保しなければならないときに、それぞれの役割をもっている人たちを、図書館員は指揮者のように束ねて結果を出す、というように仕事自体が変わってくるのだと思います。

情報産業というのは、これから数十年単位で成長する分野のはずで、図書館としては追い風だと思って取り組まなければならないと思います。情報に関わる人は今後減るはずがないのだから、リーダーシップを取ったり、知識を深めたりということが必要なんじゃないかと思います。そういう意味では、図書館員の未来は明るいと思いますよ。これまでの図書館がそのまま残り続けるのかというところはよくわからないですが、本が実体を伴っている間はそれを提供する場所は必要だし、そういう意味では図書館はあり続けるのでしょう。一方で、本だけではなく、音楽、動画、ウェブのソーシャルな情報などを広くとらえることができる人がいたとしたら、多くの人は信頼を寄せるだろうと思います。

これまでは知識を伝えていくのに最も効率がいい手段が本だったし、今後も有力な手段の一つではあると思いますが、これからの社会で、本以外にも専門的な知識があらゆるかたちで生まれてくるのならば、それらをとらえていく仕事があると思います。本以外の媒体から知識が出てくるときに、それらを積極的に集めていかなければならないし、ファシリテーター役として、多様な専門家コミュニティーを引き合わせる能力というのも必要になるのではないでしょうか。もちろん、全員がそのスキルをもつ必要はないけれど、ライブラリアン全体のスキルセットとしては、情報を整理する能力とか、コミュニティーを引き合わせる能力、新しく出てきた大事そうだけどよくわからないものを考えていく能力など、そういういろいろなスキルをもった人が寄り集まって、「私たちはライブラリアンである」と社会に示していくことに対しては、リスペクトが得られるだろうと思います。

個人としての将来

ウェブのおかげで人生の方向が決まった感があり、ウェブに感謝してもしきれないので、その感謝の気持ちをどう表すかというときに、自分が関わる対象を「ウェブっぽくする」ということをいろいろなところでやっていきたいと思います。いまだと、図書館とかライブラリーをウェブ風にするということですが、政府や自治体をオープンデータでウェブ風にするとか。実際にかたちにして伝えながら、「それはいいね」と言ってもらうように活動していきたい。研究活動そのものがもっとウェブっぽくならないかというのも重要です。「ウェブの研究をすること」と「研究がウェブっぽい」のは違う話で、たとえば人文科学だってもっとウェブっぽいやり方はあると思います。関わったものすべてをウェブっぽくするのが僕のライフワークであって、ウェブのおかげでいいことがあったと実感してもらえるようにしていきたいな、と思っています。

——図書館の根幹をなすシステムを支える仕事・研究をされている大向さん。情報産業を支えるライブラリアンの未来は明るいと、力強い言葉をありがとうございました。

（インタビュアー：嶋田綾子）

エッセー

秩序をもたらすライブラリアンの力

今回、八年前の考えを振り返るいい機会になりました。言っている内容はあまり変わらないなあと感じる一方で、その自分が大学の文学部で研究教育に携わることになろうとは当時は想像もしていませんでした。学術情報の提供側からユーザーへと立場が百八十度変わったわけですが、近頃のデジタルアーカイブへの注目やオープンサイエンスの潮流のなかで、研究者自らが情報を管理し、共有する主体でなければならないという意識が強まっています。こういった変化に対して、図書館がもつ知見や経験を伝え、二人三脚のパートナーとして活躍できる土壌をつくりたいと考えています。一九九九年にGoogleの技術基盤について初めて書かれた論文のタイトルは「Bringing Order to the Web（ウェブに秩序をもたらす）」でした。秩序がないところに秩序をもたらす、情報の指揮者としてのライブラリアンの力はこれまで以上に期待されていると思います。

司書名鑑

No. 6

磯谷奈緒子

［海士町中央図書館］

略歴

磯谷奈緒子（いそたに なおこ）

現在は海士町中央図書館館長。ホテル勤務を経て二〇〇〇年に海士町へIターンし、町役場で商品開発研修生として環境教育に取り組む。〇七年の「島まるごと図書館構想」立ち上げから関わり現在に至る。一四年に海士町中央図書館がライブラリー・オブ・ザ・イヤー優秀賞受賞。

海士町の図書館に辿り着くまで

もともとすごい読書家だったわけではないのですが、昔から本のある空間が好きで図書館をよく利用していました。図書館の仕事に就くとは夢にも思いませんでしたが、学生時代に資格だけ取っていたんです。短大卒業後は京都のホテルに就職したんですけど、三年目ぐらいから環境問題やまちづくりに興味をもつようになって、それでホテルを辞めると屋久島に移住し、島で飲食店や民宿でアルバイトをしながら農業や漁業のお手伝い、自然のなかでの暮らし体験をしながら、人間らしい生き方を模索していました。そうしているうちに海士町役場が「島の宝探しをしませんか？」という呼び込みで商品開発研修生の仕事を募集していることを知り、これだと思い応募しました。これはひと味違う町だな、と思いましたね。思いがあれば経験者でなくともまちづくりに関わらせてくれるという、柔軟性が。

それで、海士町へIターンしました。そのころ、海士町では図書館の取り組みはゼロの状態で、無人の図書室しかありませんでした。最初は研修生として自然・環境問題をテーマに映画の上映会を通して啓発活動をおこなったり、学校に行って環境教育の手伝いをしたり、そういうことをしていたんです。それから結婚、出産のため研修生の仕事を退職し、育児が一段落したので、今度は町が所有する施設を借りてカフェを始めたのですが、そこには自分の好きな本を置いて貸出もしていました。そうこうしながら海士町に来て七年がたったときに、図書館職員募集のお知らせが町内放送で流れてきて、またもや未経験の職種でしたが思い切って応募しました。

突破口は学校図書館

海士町の図書館事業は、二〇〇七年から始まりました。司書としての勤務経験もなく、わからないことばかりだったので「あー、どうしよう」の連続。保育園、小学校、中学校、高校の図書室を日替わりで訪問して環境整備する日々でした。現場で学びながらやってきて、やっといま落ち着いたかな、といったところです。

島まるごと図書館構想でまず学校図書館整備に重点をおいたのは、島に公共図書館がなかったので、先陣を切るのは学校しかなかったというのと、大人たちの意識を変えるのは大変だけど、子どもには可能性があるという点からでした。子どもたちが本を読むようになると、その姿を見て保護者も本の存在を意識するようになるんですよ。「ゲームの代わりに本を買ってといわれた」と教えてくれる保護者もいました。図書館が温かく、楽しい雰囲気になると、子どもがどんどんやってくるようになりました。図書館がにぎわうと先生も注目してくれるようになり、さらに利用が増えるといういい循環が生まれます。堅苦しい場所だと思われていた図書館の景色が変わっていったのが大事だったのだろうと思います。

子どもたちの本との向き合い方も、深まってきました。前も「こんな本が読みたい」という声は出ていたのですが、そのときはケータイ小説や軽い本が多くて、もう少し本の豊かさを知ってほしいなと思っていました。保育園から連携してやっているので、子どもたちの読む力も高まり、いまではしっかりした文学作品にも手を出すようになり、ノンフィクションや知識が得られる本にも興味をもってくれています。これは積み重ねですね。学校図書館を通じて新しいことを知る楽しさを体験してもらい、子どもたちの知的好奇心を刺激する本や心を耕してくれる本を置き、一人ひとりにそっと手渡していくのが学校司書の仕事かなと思います。

もちろんのんびり過ごす場所にもなっていますが、学校図書館を通じて学ぶことの原点ともいえる「新しいことを知る楽しさ」を体験してもらえたらいいなと思っています。

「知りたいことがあったら、何かあったら、まず学校図書館へ」というのが定着してきて、それがうれしいです。学校図書館の使い方をしっかり身につけ、卒業して大人になっても図書館が使えるように、その土台づくりができればと

写真1　えほんコーナー（写真提供：海士町中央図書館）

写真2　館内の様子（写真提供：海士町中央図書館）

思いますね。その力は島を出ていっても、子どもたちを守り支えてくれると信じています。自分自身もIターンという立場で海士町に来て、子育てもした経験から思うのですが、島の子は社会と接する機会が少ないと思っています。そうした離島のハンディを、「図書館」や「本」は情報という面で助けてくれます。図書館が子どもたちの世界を広げ、可能性を与えてくれる、そういうような場所になったらって、本当に切実にそう思います。

図書館を通じてまちづくり

二〇一〇年に図書館が開館するまでは、図書館事業がずっと継続されていくのか実際のところ見えない状態でした。子ども、親、学校、行政の意識が少しずつ変わり、「図書館はあったほうがいい」と認められてきたので図書館ができて、いまも予算がつきつづけているのではないかと思っています。移動図書館や分館での貸出サービスを町内各所でおこなうなど、本を身近に手にする環境が整ったことで、図書館の利用が年々増えてきています。

島というのは閉ざされていて、どこに行っても知り合いがいたり、娯楽施設が少なかったりして行き詰まりがちなんです。最近だと、Ｉターンや子育て世代の方々に「図書館があってよかった」とすごく言っていただいていて、そういう声が役場の耳にも入るようになってきました。憩いや交流の場としての図書館、そして本や情報は、Ｉターン政策の魅力の一つだという認識が広まりつつありますが、まだ不十分でありもっと発信していく必要があると感じています。

私のなかでは、地方の図書館は高度な情報提供をするだけではなくて、暮らしのさまざまなニーズに呼応するものだと思っているんです。もはや何屋かわからなくなるときもありますが、小さな町の図書館ってそんなものじゃないでしょうか。都市部の図書館のように難しいレファレンスがきたり専門書を求めてくる人は少ないので、スタートからぜんぜん違うんでしょうね。やっぱり図書館を軸にしてまちづくりをしている感覚がありまず。図書館が本を貸すだけにとどまっていては、図書館の可能性は狭まると思います。だから、そこはどんどん柔軟に変えていけたらと思います。

カフェをやっていたころも、みなさんがくつろいだり、リフレッシュできる場所をつくりたいと思っていたのですが、いまは公共施設でもっと大仕掛けに、本を軸にした場づくりをしているような気がします。図書館とまちづくり、両方交えてやらせてもらっているからこそ、刺激的で充実した毎日を送ることができているので、この仕事と巡り合えたことに本当に感謝しています。

今後について

今後やりたいことは、図書館運営や図書館活動をさらに広げ深めていくということです。これまで、島民と一緒にピアノコンサートや映画上映会、図書館づくりのワークショップ、若者の会議スペースとして場を提供するなどさまざまな活動をおこなってきました。ヨーロッパで広まりつつありますが、一過性のイベント開催だけでなく、まちづくりとか文化とか、いろいろな分野について自由に語り合い、そこから活動が生まれていく「フューチャーセンター」のような存在に図書館がなったら面白いと思っています。本がある空間ってインスピレーシ

写真3　田んぼの眺めが楽しめる窓際席（写真提供：海士町中央図書館）

ョンが湧く場だと思うので、その魅力を最大限発揮できるのではないかとわくわくしています。

海士町も三千冊しかない無人の図書室からスタートしました。学校や地区公民館など本を置けそうな場所を見つけることから始まった。それは、人一人雇えばできること。どの地域でもできなくはないことで、やる気があるかどうかどうか。海士町でもやれること、やりたいことはまだまだたくさんあります。まずは増築したい。お茶を飲みながら語り合える交流スペースと、静かに読書ができる図書館スペースをきちんと分けて、誰もが気軽に訪れることができる環境をつくりたいと思います。島では交流が娯楽ですからね。本を充実するためクラウドファンディングで費用を募りましたが、増築費用でも利用できないものかと仲間と話しています。仲間とつくっていく、そういうつながりやプロセスを大切にしていきたい。みんなのための施設ですから、それをよりよくしていくためにはみなさんの声を聞くことが大事ではないかと思います。多様なアイデアが出て楽しいですし、活動を通じて自分たちの図書館という思いをもってもらえたらうれしいです。

新しい図書館のかたち

図書館はもうちょっと冒険してもいい気がしています。図書館サービスという言葉があるわりにはサービスへの意識がちょっと薄い気がしています。図書館を静かでまじめなだけの場所にするのは惜しいし、楽しそうな場所に人は行きたくなるものではないでしょうか。一部の本好きの人しか集まらない場所にするのはもったいない。より魅力的な図書館サービスを提供するためには、お金をかけるんじゃなくて、スタッフが利用者とどう向き合い、どのように運営していくか、気持ちを変えるだけですぐに変われる部分はあるんじゃないかと思います。日本の公共施設全般に言えるような気もしますが、居心地のよさとか、そういうことってあんまり考えないじゃないですか。地方の小さな図書館だから特にそう思うのでしょうが、資料提供にプラスαで地域に合ったサービス

写真4　昇降口前にある福井小学校図書館（写真提供：海士町中央図書館）

を足していけるといいのかなとは思います。海士町の図書館をいつも利用している方が本土のある大きな図書館を訪れたのですが、「本はたくさんあるんだけど、スタッフも温かく迎えてくれるという感じではなく、本を開く気にもならず、すぐ帰った」と言っていたんですね。本がそろっていても、それを手に取ってみたいと思えない図書空間ってどうなんだろう。もっと利用者の視点、サービス業としての視点をもってもいいのかなと思います。本当に住んでいるみなさんに広く利用してもらいたいと思うのならば、必要なことなのだと思います。

海士町は恵まれている、とよく言われるんですけど、潤沢に予算をつけてもらっているのでもありませんし、海士町だからといってとんとん拍子できているわけではありません。私自身も、なにかがすごく長けているわけではなく、普通の人だと思います。でも、図書館をよくしたい、町をよくしたいという思いは強くもっていますし、そのために外に出て営業もしています。図書館への思いや町への思いがあって頑張るかどうかだけです。思いがあるかどうか、やるかどうか、だけ。あとは物事に対して幅広く興味をもち、機動力があることも大切かなと思います。自分もそうですし、ほかのスタッフも、図書館だけじゃなく、いろいろな職種を経験してきて、いま図書館で働いています。それが新しい図書館のかたちへとつながっていけばと思います。

エッセー

みんなと育んだ〝島まるごと図書館〟のこれから

「島まるごと図書館」のスローガンを掲げてゼロから始まった取り組みは、本館・分館・学校図書館を合わせ二十八スポットまで増え、十五年かけて島全域に図書館ネットワークが広がりました。とはいえ、資料と機能を備えた中核施設があってはじめて本構想は結実すると考え、本館拡張の要望を上げ続けてきました。その声が届き二〇二五年に念願の拡張リニューアルが実現予定で、次の段階に向け新たなスタートを切ったところです。

　ある移住者の「図書館の理屈がつかないよりどころ的な安心感に、この図書館があれば大丈夫と思った」という声は、私が目指す図書館像と重なるものがあります。理屈ではない何かは、「小さな町の図書館に求められるものとは？」という問いを大切に、住民のみなさんと図書館運営、イベント活動、対話の場づくりをおこなってきたからこそ培われたのではないかと思います。これからも変わらず、小さく柔軟であることの利点を生かし、海士らしいチャレンジを続けていきたいと思います。

司書名鑑

No. 7

柳 与志夫

［東京文化資源会議事務局長］

略歴

柳 与志夫（やなぎ よしお）

現在は東京大学大学院情報学環特任教授、東京文化資源会議事務局長。著書に『デジタルアーカイブの理論と政策』（勁草書房）、『文化情報資源と図書館経営』（勁草書房）、『千代田図書館とは何か』（ポット出版）、『知識の経営と図書館』（勁草書房）ほか。

ライフワークは「文化情報資源」

この十年くらい私が明確に意識しているのが、「文化情報資源」ですね。図書館やミュージアムといった装置そのものよりも、その文化情報資源を使って公共的な知識基盤を国としてどうつくるか、そこにいまいちばんの関心があります。

ある分野に身を委ねると、どうしても業界発想になってしまって、その分野が大優先になりがちですが、そういうのはよくないと思っています。図書館業界にも、廃止もやむなしと思ってしまうような図書館はありますが、そういうところでも、図書館ということだけで、とにかく救おうと頑張る必要はないと思っています。そのかわり、別のいいものをつくる。それがたとえこれまでの図書館とは違うあり方だったとしても、図書館と名づけてしまっていいんです。いま、民間で「図書館的なもの」がたくさんできていますね。礒井純充さんが進めているマイクロライブラリーとか、コワーキングスペースみたいなものです。

最近よく民産官学と言われますが、この順番がいいと思っています。民、産、官、学。昔は民といったら、企業がその代表だったのですが、いまはNPOとか財団とか任意団体とか、民間のそういう公共的な役割が注目されています。こうした民をサポートしていくようにして産業、役所、大学や研究機関が付いていき、一緒にやっていくという流れがベストだと思っています。

今年（二〇一五年）一月に開催した「アーカイブサミット2015」も、そういう人たちが中心になって運営しました。「アーカイブサミット」は、最初の企画から実質四カ月で実施したのですが、これほどスピーディーにできたのは、やはり適材適所、意欲ある有志のメンバーが集ったことが大きかったと思います。

四月に立ち上げたばかりの東京文化資源会議で東京文化資源区（二〇二〇年までに東京を〝世界の文化首都〟にするべく、都心北部の文化資源を連携させ、一体整備する計画）を考えたきっかけは、東京オリンピックの文化プログラム（オリンピック憲章は、スポーツと文化と教育の融合をオリンピックの根本原則に謳っていて、オリンピック組織委員会は、複数の文化イベントからなる文化プログラムを計画しなければならないと規定している）です。

東京文化資源区を考えるにあたっては、ロンドンオリンピック（二〇一二年）のとき、ロンドンが四年間かけて文化プログラムに取り組んだものをモデルにしています。イベントだけで終わってはしょうがないので、あとに残って活動が続くような基盤をつくりたい。趣旨としては、東京都心北部の地域、湯島聖堂を中心として半径二キロ以内の地区の上野、谷根千、本郷、神保町、秋葉原などに世界的レベルの文化資源が集中していることに注目し、この周辺をきちっと連携させて活用できるようにすることで、建設的に文化活動あるいは産業活動、生活ができるような基盤をここにつくり、オリンピックの文化プログラムの一環として進めていこうというものです。

そこでは、たとえばプロジェクトスクールというものを考えています。神保町のような単位だったり、もっと

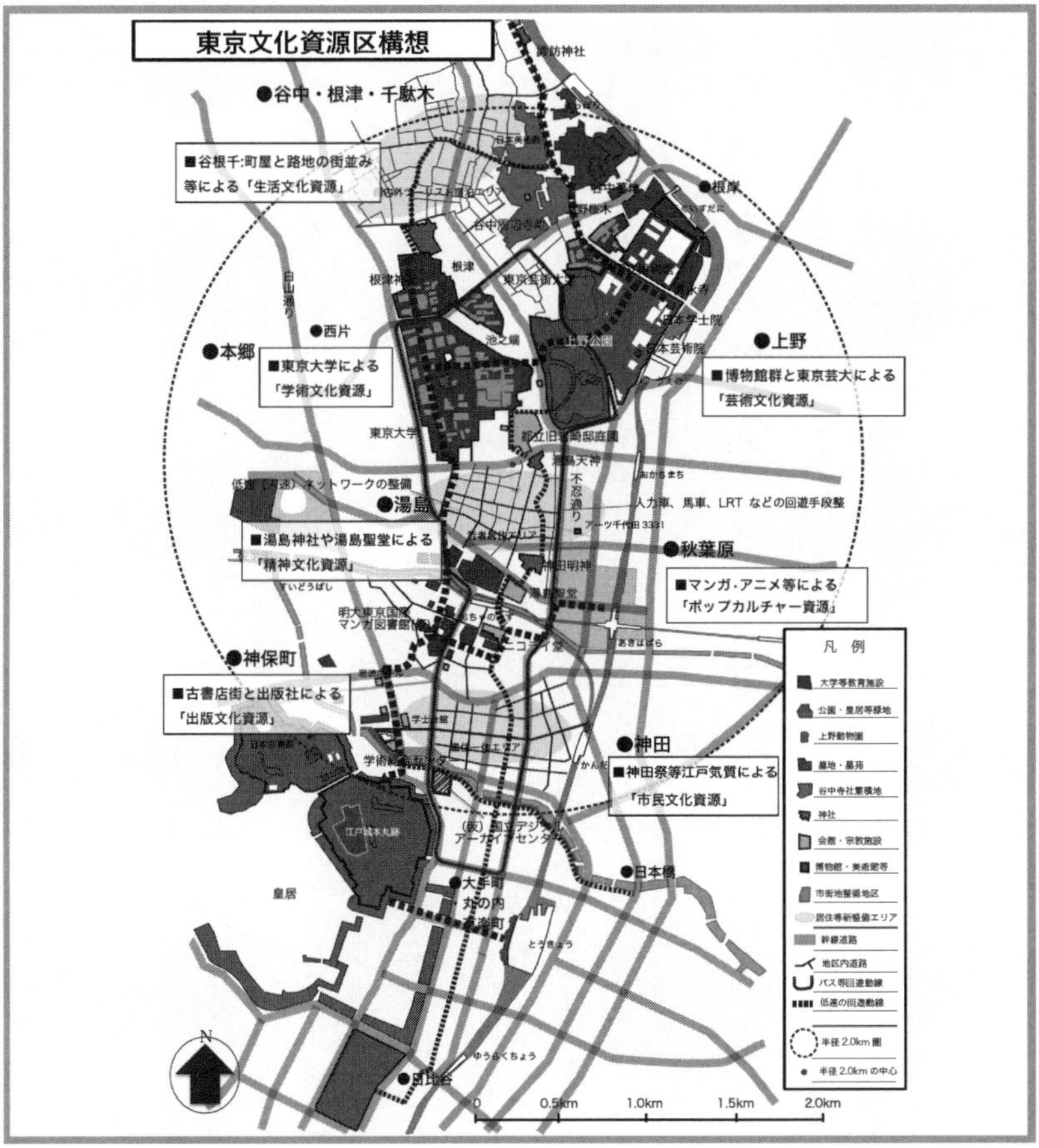

図1 「東京文化資源会議」概要

「1.「東京文化資源区」とは

「東京文化資源区」とは、東京の北東部の谷根千、根岸一帯にはじまり、上野、本郷、秋葉原、神田、神保町、湯島に至る地区の名称で、これらの地区はわずか半径2km の徒歩圏に集中的に立地しています。

この「東京文化資源区」には近世・近代・現代と、時代をまたぐ文化資源が集積しています。谷根千は町屋と路地の街並み等の「生活文化資源」、上野は博物館群と東京藝術大学の「芸術文化資源」、本郷は東京大学の「学術文化資源」、秋葉原はマンガ・アニメ等の「ポップカルチャー資源」、神保町は古書店街と出版社の「出版文化資源」、湯島は湯島天満宮や湯島聖堂等、神田は神田祭等江戸の伝統を引き継ぐ「精神文化資源」が集積しています。

「東京文化資源区」は高度成長期以降の大規模な開発から免れることで、東京における文化資源の宝庫としての価値を維持し続けており、文化、環境、観光等の様々な視点から街としての新たな可能性が注目されています」

小さい地域単位の場合もありますが、文化資源を活用して各地域の課題解決のための人材をつくっていくというものです。人材像としては、知識や情報資源を使って場をつくりあげ、そのなかで人が集まって問題解決していくことをサポートできる人です。それは、ライブラリアン、キュレーター、エディター、アーキビスト、ファシリテーター、コミュニケーターなど、いまいろんな切り口で呼ばれている専門家を横断したような新しい人材で、そのスクールもすでにある枠組みのなかでやるというのではなくて、本当の意味での学環をつくりたい。大学だけじゃなくてミュージアムも出版社も入っているし、地域の商店連合が入ってもいいかもしれない、そういうものを学びの場にして、うまく回る環《かん》をつくって、人を投入して、学んでもらいながら育てていく、というのを何年かかけてつくっていこうとしています。

　そのなかで、ライブラリアンも重要だと思っています。たぶん、図書館や博物館の人たちは、もともとがそういう公共的な知識基盤にいるので、少し発想を広げてもらえれば、そんなに違和感なくできるはずです。ただ自分がいる図書館をよくしようとか、目の前に来ている利用者のことしか考えない、ということでは今後立ち行かなくなると思うし、社会的使命としてそれはどうかなと思います。もう少し社会的使命を広く考えてもらえれば、図書館員もまだまだ発展の余地はあると思います。いまの私の立ち位置はそうした要素をつなぐオーガナイザーなのだと思っています。

転機になった勉強会「LOTOS（ロトス）」の立ち上げ

　いま、私がオーガナイザー的に動いているのは、国会図書館に就職して二、三年目くらいのときに、アフター5で図書館サービス改善のための自主的勉強会や職場公式の検討会で経験したことが大きいです。

　私が国会図書館に入職したころ、国会図書館は個人利用者レベルだけではなくて、図書館に対するサポートサービスをしていかないといけないという発想が新しく出てきました。国会図書館のなかに、そうした発想に応える改革をしていこうという人たちが企画課にいたこともあって、公式の検討会ができ、メンバーの一員になったんです。

あとは、職場の先輩の丸山泰通さんに触発されて、図書館に入ってきたばかりの若い人たちも交えて、「LOTOS（ロトス）」という自主勉強会をつくったことが大きかったです。その中心には、当時司書監だった丸山昭二郎さんがいてくださいました。当然ながら、国会図書館の問題に取り組むということは、国全体の図書館のあり方を考えることにつながっているので、じゃあ、公共図書館はどうだろうか?、大学図書館はどうだ?というふうに図書館全体のことに関心も広がり、実際に付き合う相手の幅も広がってきたというのが、ほぼ三十代くらいまでですね。いま振り返ると、ここが一つの転機だったのだろうと思います。

公共図書館は行政サービスの一つ

国会図書館では、閲覧部門の新聞雑誌課からスタートしましたが、その後、図書課を経て、支部図書館課を経験したのが、いちばん身になったと思っています。支部図書館というのは、最高裁判所と各府省にある図書館のことです。すべて国会図書館の支部図書館という扱いになっています。国会図書館が中央館で、中央図書館と支部図書館で国の図書館のシステムをつくるという制度設計を、戦後アメリカが主導してできたという経緯があります。これは画期的な制度で、世界中でもほとんど唯一です。その支部図書館のサポートをするのが、国会図書館の支部図書館課でした。三十以上ある府省を全部回って、行政の基本的なことを学ぶいい経験になりました。図書館の人がよく「行政は何をやっているのかわからない」とか「行政はおかしい」という言葉を口にしますが、それを初めて聞いたときは本当にびっくりしました。ただ、実際にそういう意識をもった人が多いということもわかりました。とはいえ、公立図書館というのは行政サービスの一つであり、行政の一環なのだから、母体である行政が何を考えているのかわからないといって切り捨ててしまうのは、発想が根本的に間違っていると思います。図書館の組織の位置づけ自体が末端の末端であることは事実ですので、そうなってしまうのも理解できます。僕自身も国会図書館に入ってから、閲覧部門とか書誌情報の部門といった実務だけの経験では、行政や財政について理解するのは、なかなか難しかったんじゃないかと、いまでは思います。

知的サービス研究会から知的資源イニシアティブ、そして千代田区立図書館へ

三十代くらいまでは、いろいろと輪を広げてほかの図書館の人とも付き合ったり、図書館協会の委員をやったりして、とても勉強になりました。ただ、図書館だけでは物足りないと思ったのが、四十代くらいからです。それで、このころつくったのが、知的サービス研究会（ISI）です。これもアフター5の研究会なのですが、図書館だとかミュージアムだとかという仕組みよりも、知識をどう扱うか、知識をどう提供していくかという、もっと横断的なところに注目して、サービスや知識の問題を考えようというものです。この流れのなかで、高山正也先生（慶應義塾大学教授：当時）に出会っていたので、高山先生をヘッドにして、この研究会をつくりました。この研究会には、情報サービス系の人や出版関係の人もいて、図書館という分野からは、はみ出ていました。その活動をより発展的にするためにNPOにしたのが知的資源イニシアティブ（IRI）です。IRIは、いまライブラリー・オブ・ザ・イヤーを主催していることで知られていますが、趣旨としては図書館だけではありません。そういう意味で関心も領域も、関わる人も広がってきたというのがありました。そういうことをしているときに話をいただいたのが、千代田区への出向です。それまで自分なりに研究を続けてきたところもあったのですが、その理論を実現するには、経営を実際にやらないとだめだという意識をもっていたので、千代田区役所から中央図書館（千代田図書館）のリニューアルをやるという話を聞き、理論を実際に移すちょうどいい機会だと考えたのが出向を受け入れた理由の一つですね。

また館長が公募だったのですが、わざわざ公募して外から館長を呼ぶというのは、従来の図書館ではないものをつくろうとしているというのが理解できました。いわゆる「貸出図書館」や「無料貸本屋」という批判については、根も葉もないわけではないというのも理解していたので、それに対して違うものを示したいという気持ち

もありました。

千代田図書館の館長というのは充て職で、教育委員会事務局の図書文化財課長というのが本来のポストで、その課長が本館の館長を兼ねるということも実は大きなポイントでした。単なる館長というポストでは何もできない、行政のラインのなかに入っている必要があると思っていましたので。

千代田図書館の改革についての詳細は割愛しますが、一応思ったことをかなり実行できたと思います。これが実行できた理由は、自分で言うのもなんですが、自分なりのフィロソフィーをもって、それまでの経験、特に図書館経営上の経験を生かすことができたということですね。たとえば、国会図書館の会計課の総括補佐を経験していたこともあり、基本的な行・財政制度はわかっていた。制度や仕組みがわからないと、区役所のなかとか議会とかはなかなか対応ができないですよね。自治体や国の行政が向かう大きな流れをつかんでいないと、図書館だけで変革していくのは難しいです。

広がるライフワーク

今後やりたいことの一つに、拠点になる施設をつくるということがあります。それはあくまで手段であって、目的ではないというのはありますが、「ナショナル・デジタル・アーカイブ」を整えるのは、特にここ五年くらいの大きな課題ととらえているので、そのための活動もしています。また「国立デザイン・ミュージアム」や、秋葉原に「国立ゲームアーカイブ」など、いくつかつくりたいものはありますね。これらは本気で保存しないと大変な状況になっています。

「ＬＯＴＯＳ」以来、いろんな勉強会や研究会を立ち上げてきましたが、使えるものは何でも利用して、動かなくなったら早く解散してしまうようにしているんです。なので一緒にやっている人たちからすると、ときどき自分はどこにいるんだ?、何をしているんだ?と混乱するみたいです。それは矛盾しているとか、それはどこに位置づけられるのかとか、いろいろと聞かれますが、キレイに位置づけたからといって物事が進むのかというと、進まないです。少し曖昧なほうが進むことがある。
もちろん、だからといってちゃんとした組織を否定するわけではないので、きちんと支えていくような仕組みが必要だとは思います。先日の東京文化資源会議シンポジウムでの吉見俊哉先生（東京大学教授）の報告にあったように、日本は明治維新から百五十年ということですから、やっぱりここが転換点かなというのはありますね。だから図書館も日本の近代に沿ってできてきたけれど、そろそろ転換するといいのではないかなと思います。つまり、時代にそぐわず、すでにガタガタになっているのに、無理やりその制度だけ残そうとするよりは、そこの地域の実態に合った何か違うものを考えたほうがいいんじゃないかということです。人材がいないというのが、最大の問題ですが……。
図書館にいる人も「図書館」という言葉に振り回されず、自分がやりたい本質は何なのかというのを見極めて、自治体のなかにあるセクションのなかで、図書館でやるのがいいということであれば、そこで頑張ればいいと思いますが、これは駄目だと思えば、別のことをやったらいいと思います。公立＝公共というのをいまだにかたくなに思い込んでいる人たちがいるけれども、そういう考えはそろそろ捨てて、新しい方向性を探っていったらいいと思っています。

（インタビュー＆テキスト：ふじたまさえ）

エッセー

変わらないこと

ちょうど国会図書館を退職したばかり、そしていまも続けているＮＰＯ東京文化資源会議を立ち上げたばかりのときのインタビューでした。その半年後に東京大学に職を得、いまも大学での研究開発と東京文化資源会議の二本立てで仕事を続けています。インタビューでは、国会図書館在職時と出向していた千代田区での図書館・資料館運営、あるいは同時にやっていた勉強会やNPO活動のことにも言及していて、それらを貫いている考え方には基本的に変わりがありません。考え方や活動は一貫していると思います。いまは図書館関係からはすっかり足を洗ってしまい、デジタルアーカイブ論を専門にしていますが、それも文化情報資源の活用を通じた普遍的知識の構築と普及という根本的なところでつながっていて、変わっていないと思います。

司書名鑑

No. 8

是住久美子

［京都府立図書館］

略歴

是住久美子（これずみ くみこ）

現在は田原市図書館館長。同志社大学大学院総合政策科学研究科修了（政策科学修士）。京都府立図書館などでの勤務を経て、二〇一九年から現職。二〇二〇年から愛知大学非常勤講師。日本図書館協会認定司書、地域公共政策士、日本評価学会認定評価士。共著に『市民とつくる図書館』（勉誠出版）など。

きっかけは「オープンデータ京都勉強会」

二〇一三年六月に、オープンデータとは関係がない文脈で、京都府立図書館のなかで自主学習会「ししょまろはん」を立ち上げることになりました。京都府の職員向けの自己学習活動支援事業で、自主的な学習グループには年に数万円の補助が受けられるものがあると聞き、チャンスだと思ったんです。以前から、学習会をやりたいという話は同僚との間でありましたが、話が進んでいなくて、その気持ちを無駄にしたくない、という思いがありました。

学習のテーマについて話し合いをしていたときに、京都市東山図書館で「東山区関連文学図書リスト」というのが公開されていたのを見つけました。これは京都市の東山区の地域が出てくる文学作品をリストアップし、それを地図上にマッピングして印刷し、手づくりの表紙をつけてきれいな冊子にして配布していたものです。

私たちは京都府の職員なので、これの府域版をつくってネット上で公開しようという話になりました。始めは、ブクログ（ウェブ上に仮想の本棚をつくり、感想を読み合ったり、新しい本に出合ったりできるブックレビューサイト）などのウェブサービスの利用を検討していたのですが、四月に参加した「オープンデータ京都勉強会」で聞きかじった「オープンデータ」のことを思い出して、「オープンデータで公開しよう」と提案しました。メンバーはもちろん「オープンデータ」なんて知らないので、ポカーンとしていました（笑）。

それで、「オープンデータ京都勉強会」でもお話を聞いたATR Creativeの高橋徹さんに講師として勉強会に来ていただいて、オープンデータの基礎から、OpenGLAMのことまで話していただきました。難しい部分もあり、わかったようなわからないような感じではありましたが、とりあえずデータの形式はなんでもいいからCSVでデータをためこんでいけば公開できると理解しました。そこでGoogleスプレッドシート上に、「京都が出てくる本のデータ」をみんなで集め始めました。

当初、データは三十件くらいしか事例が集まっていませんでしたが、二〇一四年の「International Open Data Day in Kyoto」（二月二十二日、京都リサーチパーク町家スタジオ）の翌日に、勢いに乗って公開してしまおうと進めていきました。「LinkData. org」（https://linkdata.org/）というサイトでは、単純な表形式のデータをオープンデータのRDF形式に変換してくれるだけでなく、それをそのまま公開できるという仕組みがありましたので、それを活用して公開しました。すると最初に、「はてなブックマークニュース」がこの話題を取り上げてくださって、図書館の方以外にも、たくさんの方が面白い取り組みだと受け取ってくれました。その反響が「Twitter」などにも広がって、メンバーはとても驚いていました。

さらに「ご当地なび」というスマホアプリをつくっている京都フラワーツーリズム推進協議会の方から「こういうデータを待ち望んでいたんです！」といううれしい言葉をいただき、「京都が出てくる本のデータ」をアプりに取り込んでくださいました。公開したデータのなかには、関連するスポットの緯度・経度も含まれていたので、アプリ上の地図から本の詳細を見たり、聖地巡礼のような感じでスポットを巡るルートが案内されたり、シンプルなデータがいろんなかたちで活用されていました。

「ししょまろはん」で最初に公開した「京都が出てくる本のデータ」は、京都のよさが最大限に発揮された事例の一つだと思いますが、どこの図書館でもあるはずのネタなんですよね。ですから、「○○が出てくる本のデータ」として、全国版もできてほしいと思っています。

大阪市立図書館の方が「ししょまろはん」のオープンデータに触発されて、戦国時代の小説のデータを一人で三百件くらい集めて、同じようにオープンデータで公開しました。それで「ご当地なび」の方から、このデータも使いたいから様式を統合してほしいと言われて、「京都が出てくる本」のデータと様式と合わせて公開し、アプリに搭載されました。

ぜひ全国各地でも整備して、全国版ができたらいいなと思っています。いろんな方に気軽に参加してもらう、取り組んでもらえるように「ししょまろはん」の公式サイト(http://libmaro.kyoto.jp/)ではこのとおりにやったらできますよ、というマニュアルを公開したいと思っています。

「オープンデータ」から次のステップへ

「ししょまろはん」のメンバーは十六人で、正職員と非常勤職員が半々くらい。それぞれ自分でできる範囲で、無理せず関わってくれています。

「ししょまろはん」で、いま公開しているのは「京都が出てくる本のデータ」と「図書館員が調べた京都のギモン〜京都レファレンスマップ〜」という二種類です。

「京都レファレンスマップ」は「レファレンス協同データベース」(以下、「レファ協」と略記)に登録してある事例のなかから、京都に関する質問をピックアップしてまとめています。「レファ協」のデータはオープンデータではないので、質問文の引用と「レファ協」のデータへのリンクと位置データ、建物の名前や地名に緯度・経度を紐付けて公開しています。特に、レファレンスに出てくる昔の建物などの場所（緯度・経度）については、「レファ協」のデータだけではわからないので、こちらで調査して情報を追加しています。

「オープンデータ」の取り組みの次のステップとしては、「ししょまろはん」から発展して庁内ベンチャー事業（職員が府政の課題を、地域の多様な主体と連携しながら、政策や業務改善の提案をおこなう。府民ニーズに即した政策提案能力をもつ人材を育成することを目的に二〇〇三年から実施）にも手を挙げて、京都府立総合資料館や文化博物館、郷土資料館の方たちと一緒に取り組みたいと思っています。内容としては、コラーニングやコワーキングに図書館に関するテーマになるのですが、ウィキペディアタウンのように、さまざまなバックグラウンドをもつ人たちが、お互いの知識を交換し、対話を通じて地域の新たな文化資源や観光資源を創り出す取り組みができる場が図書館や資料館にあって、司書や学芸員が活動を積極的に支援する。また、その活動の成果である知的生産物をアーカイブ化できるアマチュアのためのリポジトリシステムのようなものをつくって、文化関連施設で協同運営してみてはどうかと考えています。

「Wikipedia」と図書館は、もっといい関係になる

「International Open Data Day」なるものを最初に知ったのも、先ほどお話しした「オープンデータ京都勉強会」でした。オープンデータの活性化を目指して、日にちを合わせて全世界で一斉に開催されるイベントで、二〇一四年に京都で開催するので、図書館の人としてぜひ協力してくれないかと高橋徹さんから依頼されました。その時点では具体的に何をするのかわからなかったのですが、図書館の者が役に立つのであれば、という感じで協力しました。具体的には「まち歩きオープンデータソン」という企画で、京都の町を歩きながら地元のガイドから話を聞いて、その内容を「Wikipedia」に編集していく、というものでした。「Wikipedia」には「出典の明記」という約束事があるので、ガイドから聞いた話をそのまま「Wikipedia」に書くのではなく、裏付けになる

写真1　International Open Data Day 2015 in 京都@永運院での「Wikipedia」編集の様子（撮影：是住久美子）

ような文献をもとに編集することになります。そのための資料を提供すること、そして地域資料の調べ方についてレクチャーするというのが役目で、当日は必要になりそうな資料を用意して持っていきました。『京都大事典』（佐和隆研ほか編、淡交社、一九八四年）とか、『角川日本地名大辞典』（「角川日本地名大辞典」編纂委員会編、角川書店、一九七八―九〇年）など、初めてということもあってスーツケースに入るだけ資料を用意して持っていったのでとても重かったです。これが「Wikipedia」との最初のコラボです。

私が司書課程で勉強した二十年くらい前は、レファレンスに「Wikipedia」なんか使ってはいけません！と言われていたので、図書館の文献を使って「Wikipedia」を編集することと自体が、新たな発見でした。普段、図書館でレファレンスを受けて資料を提供しても、「その資料がどのように活用されているのか」というところまでは見えないので、一連の経緯を見ることができたのにはすごく感動しました。

International Open Data Dayのあとも、京都でオープンデータの取り組みとしてイベントを継続してやっていこうということになり、「オープンデータ京都実践会」が立ち上がりました。そこに私も参加して、これまでに六回、イベントを実施しました。そのうちの三回は京都府立図書館を会場に使えることになりました。図書館が会場だと、資料をスーツケースに入れて持っていく必要もないですし、突発的なレファレンスにも対応できるのでよかったです。

先日、精華町でウィキペディアタウンを開催した際、町をあげてこの取り組みを強力にバックアップしてくださって、町のキャラクターの「京町セイカ」をつくっている広報課の方や情報政策課の方もいらっしゃったんです。なによりも、町を案内している「ふるさと案内人」というシルバー人材センターの方々が午前中はまち歩きの案内人として参加し、午後も残って「Wikipedia」を編集してくださったことが印象に残っています。普段、自分たちが案内している町のことを「Wikipedia」に書いて世界に発信したぞ！と楽しんでいました。地域コミュニティーができているところでウィキペディアタウンをやると、ものすごい効果が実感できますね。精華町の場合は、特に広報誌などの町の資料も重点的に図書館で収集していることもあって、その資料が活用されていました。

京都府立図書館に至るまで

大学時代に司書の資格を取得していましたが、ものすごい倍率だったので諦めて民間企業に就職しました。でも二年半くらいで辞めてしまいました。そのとき、大阪府立中央図書館に図書館実習で受け入れていただいて、図書館のカウンター業務がとにかく楽しかったことを思い出しました。本を貸しただけで利用者から「ありがとう」と言ってもらえたり、人形劇のお手伝いをしたり、そういう体験をフッと思い出して、正規の司書になることにチャレンジしました。大学図書館の派遣社員や公共図書館の臨時職員をしながら、全国の図書館の採用試験を受け続け、運よく京都府に採用されることになりました。今年（二〇一五年）で勤続丸十一年になります。

京都府の司書の場合、京都府立総合資料館と京都府立図書館、京都府立大学附属図書館、京都府立医科大学附属図書館のなかで異動する可能性がありますが、私の場合は、最初に府立図書館に配属されてからずっとここにいる感じです。ただ、二年間だけ国立国会図書館に人事交流で出向させていただいていました。今年度から、図書館での係が変わって逐次刊行物の受け入れや、オンライン・データベースの提供をしているフロアのカウンターに入る係になりました。それから来年の春にシステムリプレースを控えているので、そのプロジェクトチームにもメンバーとして参加しています。

資料さえあればどこでも司書になれる

電子書籍元年といわれた年からずいぶんたちましたが、公共図書館ではまだ利用できるコンテンツが少なかったりして導入が進まない一方で、議会などで電子書籍があれば図書館なんていらないんじゃないの？というような話になることがあるかもしれないですよね。これからの図書館も、時代の展開によってはこれまでと同じようなカタチであり続けるとはかぎらないなと思うんですね。たとえ建物としてはなくなっても、図書館的機能や司書的な機能というのは残して活用していかないといけないと思っています。司書も図書館的機能をもって、場所に縛られずに、どこでも仕事ができるといいのかなって思っています。ウィキペディアタウンのとき、その現場に司書として資料を持っていって一緒に活動してみて、「図書館にいなくても、いま、図書館司書の仕事ができている！」と思いました。図書館という施設にこだわらなくても、いろんなところに入っていって、そういう機能を発揮できればいいんじゃないかなと思っています。

いろいろな技術やコーディネートができるいろんな人を知っているとか、特定の分野に詳しい大学の先生とのつながりを司書がもっていることも重要だと思っています。もっと主体的に司書が地域に出ていって、気楽に連絡をとりあえる関係をたくさんつくっておくのも、情報を必要としている利用者に適切な情報提供をするために必要ですよね。

個人的には、二〇一五年四月から新設された同志社大学大学院図書館情報学コースに合格したので、修士論文で取り組むテーマとしても考えています。まだ自分自身、研究ということがどういうものなのか、わかっていないという部分はありますが、いろんな先生の助言をいただいて高めていきたいと思っています。このコースは総合政策科学研究科という科のなかに入っていて、図書館情報学コース以外に公共政策コースとかソーシャル・イノベーションコースもあって授業を取ることができるので、その分野の先生ともつながっていきたいと思っています。やはり図書館やGLAM関係の課題だけではなくて、地方の課題についても図書館や資料館が解決策を提案できるんだというところの説得力をもたせたい。単に社会人大学院生になって研究するだけでなく、そこで学んだことを仕事に生かせなければ、意味がないと考えています。

京都府立図書館はいま、外部委員会から見直しが必要な施設として指摘されていてピンチに立たされていますが、私自身は、変化するチャンスだと思っています。新しい事業を打ち立てていく流れにはなっていると思うので、「ししょまろはん」での活動や庁内ベンチャーでの研究も、その提案の一つになる可能性があるものとして期待しています。図書館関連の研修会などで「ししょまろはん」の取り組みを紹介させていただいたあとには、「楽しそう」とか、「自分も何かやってみたいと思った」と言われることがあります。いろんなところに仲間がいるんだ、みんなで一緒に頑張ろう！という気持ちになっています。

（インタビュー&テキスト：ふじたまさえ）

エッセー

外に飛び出したことで道が開いた

今回、記事を読み直すことになり、どんなに恥ずかしいことが書いてあるかと思ったら、意外と、いまの自分と発言内容や考えていることは変わっていないなと感じました。

当時は、京都府立図書館に勤めて十三年目。司書としての長い停滞期を経て、職場の自主学習会「ししょまろはん」を結成してオープンデータを作成したり、ウィキペディアタウンをいろんな人と、いろんな地域で実施したりと、図書館の外に出て、たくさんの人やコミュニティーとつながり、がぜん、楽しくなってきたころでした。また、持続可能な地域づくりという課題に対する図書館がもつ可能性にも気づき、京都府の政策ベンチャーにチャレンジしたり、大学院に入学したりと、仕事と趣味と研究の境界がなくなり、忙しくも充実した日々を送っていました。

その後、ウィキペディアタウンの開催支援などで関わりがあった田原市に転籍し、館長という重責を担うことになりましたが、経験不足に加え、財政危機で職員数や資料費などの削減に直面し、苦しくつらい日もありました。流行しはじめのFIREを私もしようと、プライベートでは節約とお金の計算ばかりしていた時期も、実はあります。ですが、職員にも市民にも助けられるなかで、いまでは、田原市への愛とエネルギーがまた満ちてきている状態です。ウィキペディアタウンをはじめとしたオープンデータ関連の事業も継続して取り組んでいきたいと思います。

最後に、図書館を取り巻く状況はどんどん厳しくなってきていますが、当時の記事にあるように「いろんなところに仲間がいるんだ、みんなで一緒に頑張ろう！」という思いはいまも変わらず、より一層強くなっています。地域に図書館があることの価値を少しでも明らかにしていきたいと考えています。

司書名鑑

No. 9

平賀研也

［県立長野図書館長］

略歴

平賀研也（ひらが けんや）

法務・経営企画マネージャーとして企業に勤務。二〇〇二年、長野県伊那市に移住。公共政策シンクタンク研究広報誌編集主幹を経て、〇七年四月から一五年三月、公募によって伊那市立伊那図書館館長。一五年四月から二〇年三月、県立長野図書館長。現在は日本大学芸術学部・桃山学院大学非常勤講師（図書館制度・経営論）。

図書館長になるまで

●イノベーションの本質に気づいた三十代

司書じゃないんですけど、登場していいんですか（笑）。おまけに、いまは「一度本から離れよう」なんて図書館の人には言っているので、いいのかなあ。とはいえ、僕自身は「本」にはとてもこだわりがあるんですよ、あらかじめ確認しておくと（笑）。それこそ十八歳から大学を卒業するくらいまでは、毎日同じ本屋に通ってすべての本棚をチェックし、週末は神保町の古本屋を隅から隅まで、店の書棚全部を回るというのを日課にしていたくらいです。という本にこだわってきたバックグラウンドがあったうえで、いまは「あえて」本から離れて考えようと言っているのですけれどね。

学生時代には法律を、比較法的な視点で民法を学んでいました。僕の学生時代は一九八〇年代初頭のポストモダンの時代だったので、「公共とはなんぞや」の時代。この問題意識は僕にとっていまも重要であり続けています。

卒業するころは、社会科学のサイエンスコミュニケーターになりたい、出版社に入りたいと思っていたのですがダメで、輸入代理店の国際法務を担う職につきました。海外のモノを日本に輸入するための、海外メーカーとの交渉や契約を作成するのが仕事の中心でした。そのころは、バブル前の日本が世界で独り勝ち状態の時代だったので、海外から見ると日本のマーケットはとても魅力的で、海外企業は直接進出しはじめ、モノや情報の流れが変化しだした。メーカーがあって、輸入者（卸売者）がいて、小売店があってお客がいる、という流れが再編されたんです。まったく違ったプレイヤーが現れ、モノをつくり、お客さまに届けるまでの情報のつながり方が大きく変化しはじめたんですね。それと時を同じくして情報技術が飛躍的に進化しはじめ、メーカーもインポーターも小売店もお客さまも、誰でもたくさんの情報を扱えるようになりはじめました。

そんな社会環境でしたから、僕がいた会社も根本的に経営を変えないといけなくなり、経営改革にも携わるようになったのですが、そのころからモノ、コト、ヒト、情報のつながり方を変化させることがイノベーションの本質なんだということをずっと考えてきました。

こうした経験と思いが、実は、いま図書館でやっていることにつながっていると思います。情報とヒトのつながり方を社会の変化に合わせてどう変えていくかということが、これからのコミュニティーのあり方を決めていくと思うのです。情報と情報、情報と人、人と人のつながり方というのはいまの時代のとてもコアなテーマだと思っています。

●ＩＴの革新とともに変化した「情報」との関わり

ちょうど僕が就職したころ、ワードプロセッサーが登場して、それまでたくさんいた和文タイピストという職業があっという間になくなったんです。ほぼ同時にパソコンが普及しはじめ、技術の変化によって自分の仕事のやり方が幅も質も変化していくということを経験しました。たとえば社内報をつくるという仕事をしていたこともあったのですが、最初はレイアウト用紙に定規で線を引いて指定して写植へと分業していたものが、ＤＴＰによって全部、自分のパソコンの画面上でババッと組めるようになりました。自分で情報を集めて、編集したりデザインして表現するということはとても楽しくて、もっとやりたい、もっと知りたいと思いました。情報を編集するこうした経験と、古本屋巡りをしていろんな情報の世界の配置を俯瞰することの楽しさは僕のなかではシームレスにつながっています。

しばらくして、アップル社を追い出されたスティーブ・ジョブズが「ＤＴＰの次はコミュニケーションワークの時代だ」というプレゼンをしたのを見て感激したことを覚えています。そのジョブズが設立したNeXTを導入して、いまは普通にやっていることですが、ネットワーク上でプロセスを共有しながらグループワークを進めるなんてこともしました。みんなで一緒につくっていくこと、一緒に情報を扱っていくということは、本当にすごいなと思いました。とても楽く、スピード感があり、思いもしなかった情報にふれ、予期せぬ付加価値が生まれていくのですから。

「情報をどう扱うか」、人が何かを知り、共有し、編集し、表現して伝えることの大転換、いまにつながる情報革新のプロセスを僕は仕事のうえでリアルタイムで経験し、一緒に育ってきたと思うのです。

それから三十年がたちました。情報を調べ、知る場である図書館はどうでしょうか。多くの場合、旧態依然として本を読むところから一歩も出ていないんじゃないかといったら言い過ぎですか？　だけど、「読む」というのは何も「本」だけじゃなくて、情報をどう理解して、評価して、編集して、表現するかというもっと広い話、つまり「知る」ということでもあるはずだよね。そもそも「本」とはなんぞやということをいま、まじめに考えないと。

だから、理論とか理屈ではなく、一九八〇年代初めからの自分の経験に照らして「えっ、図書館ってまだここ？　僕が大学生のときのままじゃん」っていう思いがあります。三十年の間にもっとできることがあったんじゃないか？　いまからでも遅くない。

僕は会社から派遣されて二年間、アメリカのイリノイ大学に留学したことがあるんですが、そのときに向こうの大学図書館を見ておったまげたのね。一九九三年ごろです。僕が知っている日本の大学図書館は相変わらずカードシステムで閉架書庫式だったのだけれど、アメリカに行ったら全然違っていた。

イリノイ大学は、コンピューターサイエンスで有名で、大学図書館の検索システムがすごかった。自分が入力した検索ワードに合わせて画面にベン図が出てくるようになっていたんです。自分の検索したいことが、A and BなのかA or BなのかNot A or Bなのかみたいなことが画面上でどんどん絞り込める仕組みでした。それから、雑誌の検索をすると記事のサマリーが全部入っていて、どういう仕組みか聞いてみたら、研究者がすべてボランタリーに入力しているんだと言われて驚いたり。そんなに英語に強くなかった僕でも、そのサマリーで当たりをつけて必要な情報を探すことができて、すごく助かりました。それから、「インターネット」っていうものでよその大学に調査依頼かけてみろ、と十五センチくらいの厚さのURLアドレスのつづりを渡されたり。まさにブラウザが登場する一瞬前、AOLのサービスが始まろうとしていたころですね。「図書館といっても、いろいろありなんだ」という当時のそんな驚きもいまにつながっているかもしれない。

この三十年間、日本の図書館がまったく変わらなかったとは思いませんが、いまさらながら、僕らはもっと「知る」ということのいまに着目し、いろいろやれることがあるのではないでしょうか。

●初めての図書館勤務とその違和感

その後、日本に帰ってきて子どもが生まれました。やがて妻と「子どもを東京の学校に行かせたくないよね」

という話になりました。東京にいると八〇パーセント近くが大学に進学するので、とにかく受験のための勉強を小さいときから考えているでしょう？　そういう勉強はやらせたくなかった。

そんなときにたまたま伊那谷のある先生の教育実践を記録した本、『ひみつの山の子どもたち――自然と教育』（講談社、一九八四年）という富山和子さんの本を読んで、暮らしのなかで学ぶという学校があることにびっくりしました。時間割もありません、チャイムも鳴りません、成績表もありません、一日中外にいます、みたいな。で、歩きながら看板を見て漢字を覚え、歩きながらみんなで詩をつくり、音楽をつくり、行った先で秘密基地をつくりながら、算数や測量術みたいなことまでやったりだとか、「嘘でしょ？」と驚きながら、「知る」「学ぶ」って本当はこういう実感があるものなんだよな、普通の公立の学校でもできるんだ、というのでその先生に会いに初めて伊那谷に出かけました。

行ってみたら、本当に気持ちがいいところで、すてきな生き方をしている人たちがいて、さっき言った教育も特殊な例ではない。この町は基本的にそういう「学び」や「暮らし」を大切にしているんだなとわかる。一方で、うまく生かされていないハコモノや仕組みとかも見えてきて、これ、ミスマッチだよね、企業と同じ悩みだな「これ、つなぎ直したらすごいよなあ」と思いましたね。

それで、伊那に引っ越し、二年間は子どもと一緒に遊んで暮らしていたんですが、たまたま、政府系の公共政策シンクタンクの雑誌編集のリクルーティングがネットに出ていて、「これからの公共のあり方を軸にした特集主義でやりたい」と手を挙げたら、じゃあきてくれってことになって。それで、一年の半分は単身で東京に住み、月刊研究広報誌の刷新と企画編集をやりました。これもすごく勉強になりましたね。バックグラウンドがない世界の情報をどうやって探し、見極め、企画化するかという無謀なチャレンジ（笑）。冷や汗ものでしたが、デジタルのおかげで情報のありかに当たりをつけながら進められました。

三年後、伊那市で図書館長を公募することに。もともと僕の興味・関心の「パブリックな空間ってなんだろう？」というテーマと、地域が「いま、変わらなきゃいけない」っていうときにいちばん大事なのは、情報と情

写真1　伊那市創造館内の“昭和の図書館”（旧・上伊那図書館）（撮影：平賀研也）

報、情報と人、人と人のつながり方を変えることだという思いが当然ありましたから手を挙げました。地域の公共空間では、図書館こそそれができる場じゃないかなと思ったわけです。これこそ僕がやりたい仕事だと、当時は図書館の実態なんて知らなかったから、本気で思いましたね、「図書館、バッチリじゃん！」。で、図書館に入ったら、おお、こうきたか！と（笑）。

そこにあったのは、いま思えば典型的な「市民の図書館」。児童サービスがメインで、仕事のほとんどは、お客さまとの接点である貸出サービスに向いている。それも大切なんだけど、ウーン、っていうね。図書館を取り巻く町の人たちも、本当にそれまで献身的に素晴らしい図書館を育ててきたのだけれど、一九八〇年代半ばからの活動は世代交代もままならず、同じ方法論と言ってもいい。それを享受している人たちの思いは変わってしまった。統計情報をとにかく分析しまくってみて、これは「知の消費」なんじゃないかとも思いました。この消費の先に、地域コミュニティーにとって有意な何かがつくりだされることがはたしてあるんだろうか？とさえ考えました。

僕が考えていたような、もっとたくさんの人がいまの時代ならではの「知る」ことのワクワクするような体験ができる情報の拠点、情報のハブ、情報のチカラを感じられる場所を目指さずに、本当にこのままでいいんだろうか？と。もっとたくさん、もっといろいろ、もっと便利に、もっと心地よくという個人の満足の追求しかないのかなあ、これが「公共」図書館なのかなあと。図書館長になった最初のころは、こういった現実を目の当たりにして、自分の意識とのギャップに戸惑いました。

伊那市立図書館長から県立長野図書館長へ

●これからの図書館を目指して試行錯誤

それでも、潜在的な必要や意味や楽しさなんて試してみなけりゃわからない、というわけでいろいろ始めました。古い図書館の明治以来の資料を再編してそれを見て触れられる空間を整備したり、図書館を使い倒す講座なんていって情報リテラシー向上を支援しようとしたり、本と図書館地域通貨を媒体に町と人をつなげてみたり、座学はやめて表現することをメインにしたワークショップに転換したり……。なかでも、急速に失われていっている明治以降の地域の写真や日記や書籍や資料をなんとか救うためにデジタルアーカイブをつくりたい、という思いが募りました。

地域の「知の共有地」、デジタルコモンズをつくろうといろんな方と話しました。世界の入り口としての郷土の資料を保存提供するというのは地域図書館の本質ですよね。その情報を自由に二次利用できるようにし、ともに知り、ともに創造する体験や場を埋め込み、創造した成果を蓄積し発信してみんなと共有する。そんな地域の知の循環をつくれたらいい、と。

しかし、アーカイブをつくって蓄積し、検索できますということだけでは、情報の活用にはならないし、ともに知り、ともに創造するとか知る楽しさというのはないよなあ、と考えていたのが二〇一〇年の初めごろです。

iPadの登場で電子書籍元年なんて言われた年で、自分でもiPadを買い、子どもからお年を召した方までいろんな人に触ってもらいました。タブレットというだけなのに「情報との距離感がこれまでと違うぞ」とパソコンに初めて触れたときよりも何かが変わる可能性を感じました。その夏に小布施の花井裕一郎さんがまちとしょテラソ開館一周年記念アーカイブシンポジウムをやるからおいでよと誘ってくれました。そこで当時国立情報学研究所の高野明彦研究室にいた中村佳史さんやATR Creative（現・Stroly）の高橋徹さんにお会いしていろいろ話し、アプリの「ちずぶらり」を持って小布施を歩いたりしてみて、アーカイブを活用することは可能だ、「知る」ことをみんなで楽しめるかもしれないと期待がもてたんです。

その後「高遠ぶらり」プロジェクトを立ち上げ、図書館と市民の取り組みとして展開を始めたら、博物館はもちろん学校や観光や防災や郷土研究やほかの地域や、まあ実にいろいろな方とつながり、一緒に地域の情報資源を集め、編集し表現する関係が広がりました。そこで図書館の本も使われ、「本の貝塚」から生き返る可能性が見えてきました。

地域の自然と暮らしから知ることを楽しむ「伊那谷の屋根のない博物館の屋根がある広場へ」を目指したそんな取り組みが「地域資源の創生」をし、「新しい知るプロセス」を提示する先進的な取り組みとして意味づけられ、ライブラリー・オブ・ザ・イヤー二〇一三をいただきました。試行錯誤しながら、こういうことは図書館からすれば異端と思われているのだろうなと思っていましたから、「ああ、これもありと言ってもらえた」とうれしかったし、これをきっかけに、地域の人たちが、「お前たちの言ってたこと、やってたことがわかったよ。要は江戸時代からこの地域が大事にしてきた実践的な学び、暮らしに学ぶことをいまなりによみがえらせたいんだな」と言ってくれたことが何よりもうれしかったです。

僕が一九八〇年代から九〇年代にかけてビジネスの世界で情報を探索して自分なりに編集するワクワクした世界はこの地域でも一緒じゃないか、「知る」ことをみんなもっと楽しめるんだな、と思えたのです。とはいえ、もっとたくさんの人に、ともに知り、ともに創造する機会やリテラシーを届け、日常の暮らしのなかに埋め込み、生き生きとした創造的なコミュニティーをつくっていけないだろうか、ということは課題です。そのために図書館はいったいどうあればいいのか。

●ポスト『市民の図書館』のビジョンを

本や読書だけでなく、デジタルな情報や体験も含めた「知る」を図書館が提供することについては、先進的であると評価をいただく一方で、現実の図書館運営にあたっては「なぜそれを図書館がやる必要があるのか」という、これまでの図書館像に立った問いに直面することにもなります。そのことについて、地域の人々の理解が得られなければ意味がないし、社会教育や地域政策のなかに位置づけられなければ、資金も人材も得られない。

単館で、図書館だけで、一人取り組むことの限界を感じていたときに、これまでの取り組みのおかげか、「県立図書館を改革してみないか」というお誘いを受けました。本当は地域の人たちと図書館の本の間や野山を駆けずり回っていることがいちばん楽しいのですけれど（笑）、きっと同じように限界を感じながらチャレンジしている図書館の人や町の人がいるにちがいない、だったらその人たちの背を押せるかもしれないと思い、やらせていただくことにしました。

これからは、それぞれのコミュニティーに根ざした、いまよりももっと多様な、それぞれユニークな図書館を目指していくべきだと思いますが、同時に、図書館とは、本とはそもそもなんだったのか、ということをいまこそ考え、共通のイメージをもちたい、と思います。いま、図書館はまちづくりだと言う人もいるし、デジタル情報だと言う人もいるし、課題解決だと言う人もいる。そのどれもそうだよね、と思います。人が集いにぎわいがある心地いい図書館もいい、困ったときに助けてくれる図書館もいい、が、それはいまの時代にあって、そもそも何のためなんだろう。そのビジョンを言葉や行為として共有したいと思うのです。

僕は「知る」を図書館の真ん中に置きたいなと思うのですが、どうでしょうか。しかも、そのコミュニティーが蓄積してきた知を入り口として、コミュニティーの価値観というか物語をいま一度獲得し共有できるような、実感をもって知ることができる場や活動としての図書館。地理的なコミュニティーなら郷土の風土や暮らしの蓄積、目的で結ばれたコミュニティーなら人の思いの蓄積を読み解き共有し、さらに創造していくことがあってほしい。

僕が図書館のなかでいちばん好きなのは閉架書庫です。そこにはそれぞれの地域が百五十年の近代の間に蓄積してきた物語がたくさんある。一冊一冊の本ではなく、たくさんの本の背表紙を見つめていると、そこに地域コミュニティーのコンテクストが浮かび上がる。それは、地域の人たちが意識し、共有した価値観です。一冊一冊の本は確かにモノなんですが、図書館は本という媒体に化体した情報の塊で、その純粋な情報と知を公開することを使命としてきた。だから、僕は図書館こそが「知る」ことのハブ、入り口になってさまざまな地域の情報を提供するにふさわしい機能だと信じています。

また、そうした情報のなかに物語を読み解く情報リテラシーを、もっと多くの人が人生のいろいろな段階で獲得するお手伝いができるのも図書館ではないでしょうか。

僕らの世代までは、ワクワクするような知の獲得の仕方や、知ったことに価値を付け加えて次の人に手渡すような情報の扱い方は、図書館でも学校でも習っていないと思います。この二十年ほど、そうした学びを学校で取り組もうとしているけれど、みんなの共通認識にはなっていない。図書館の可能性はそこにもある。図書館は知るための技能としての「読書」を広めてきた。でも、知識と情報を基盤とする社会になろうとしているときに、そこでの本当の意味での市民社会をイメージしたときに、「読み書き算盤」だけでは足りない。「読み書き算盤、情報（リテラシー）」だと思うんです。その部分を学校とも一緒に、地域の多様な人々とも一緒になってやりたい。

そういう意味で、いまこそ「ポスト『市民の図書館』」が掲げられないといけないと思います。ポストっていうのは、否定ではなくて「脱・市民の図書館」という意味です。三十代四十代のみなさんが、未来の人のことを考えながら「これからの図書館」を言葉として表現してほしい。三十代の前川恒雄さんたちが掲げた『市民の図書館』（日本図書館協会、一九七〇年）の言葉はほぼ五十年間も生きてきた。そんな射程の長い新しい言葉と行為がカタチになるまでの中継ぎリリーフが僕の役割ですね。

僕が十代の終わりから二十代にかけての数年の間に、町の本屋や神保町の古本屋街の書棚を眺めてワクワクしながら自分なりに世界を再発見していったみたいな楽しさを、図書館でもっともっとたくさんの人が獲得し、地域共同体の物語をつないでいってもらえるようになったらいいな、と思います。

（インタビュー：ふじたまさえ）

エッセー

地域社会の「知のコモンズ」を目指そう

このインタビューから五年の間、県立長野図書館で「信州発・これからの図書館フォーラム」を展開し、信州だけではなく全国のみなさんとともに、情報、公共空間、そこに参画する人々のこれからについて語り合いました。そして、そうした対話を深めながら、信州の公共図書館のプラットフォームとしての情報基盤と空間提案をカタチにしました。

＊一人ひとりが参画できるデジタルな情報のプラットフォーム「信州ナレッジスクエア」（https://www.knowledge.pref.nagano.lg.jp/portal.html）

＊情報と人、人と人がつながり多様なコミュニティが交錯する公共空間のモデル「信州・学び創造ラボ」（https://www.knowledge.pref.nagano.lg.jp/guidance/atsumaritai/manabilabo.html）

こうした県立長野図書館の試行錯誤を通じて、都道府県立図書館だけではなくさまざまな公共図書館・公共施設の計画や実現に対して、大なり小なり、これからのビジョンや具体的なイメージを提供してこられたのではないかと自負してもいます。

二〇二〇年に県立図書館長を辞し、いまはさまざまな自治体の図書館や公共施設のアドバイザーや図書館制度・経営論の講師などをしています。いまこそ、それぞれのまちで、それぞれのまちらしく、ともに知り、ともに創造する「知のコモンズ（共有地）」を実現していきたいものです。

司書名鑑

No. 10

佐藤 潔

［図書館総合展運営委員長］

略歴

佐藤 潔（さとう きよし）

一九六七年、早稲田大学卒業。講談社在職中は主に業務・販売・宣伝を担当。九八年から瀬戸内寂聴訳『源氏物語』全十巻完結記念展示会・講演会を全国展開。二〇〇三年、講談社パル代表取締役社長就任。「寂聴おはなし絵本」シリーズ八点を刊行。一〇年から一六年、図書館総合展運営委員会委員長。「図書館へのおすすめ本」シリーズを実施。

本との関わり

思えば、小学校の教室の隅に置かれたリンゴ箱のなかから取り出して夢中で読んだダニエル・デフォーの『ロビンソン・クルーソー』、貸本屋に通って江戸川乱歩を読みあさったあたりが読書人生の始まりです。「少年探偵団」への入団も本気で考えていました（笑）。「お前の〝冒険志向〟〝実行してみなければ気がすまない性分〟はそこからか？」と問われればまったく否定できません。

幼少期の読書体験はとても重要です。また、中学時代の『チボー家の人々』（ロジェ・マルタン・デュ・ガール、一九二二―四〇年）、五味川純平の『人間の條件』（〔三一新書〕、三一書房、一九五六―五八年）など、人間として、男として（笑）どう生きていくかなど、大いに影響を受けました。

高校では本よりもラグビーをかじりました。いまも、「音羽ラグビー倶楽部PREMIUM」の代表として楕円のボールを追い続けています。大学でも運動を、それも機動隊とぶつかるほうに入れ込みました（笑）。どちらも「理論」を学ぶことが必要な〝運動〟ですが、この時期、なぜか活字のほうには背を向けていました。

在籍した都立高校も大学も立派な図書館で知られたところでしたが、一歩も足を踏み入れることはありませんでした（笑）。卒業してからは、出版社の業務・販売・宣伝と営業畑を歩き続け、一冊でも多くの本を売ることに専念しました。なかでも、一九九六年からの瀬戸内寂聴さんの現代語訳『源氏物語』（全十巻、講談社、一九九六―九八年）の刊行にあたっては、編集・販売・宣伝が一丸となった大プロジェクトを組みました。全十巻完結に伴うイベントでは、数千人規模の記念講演会や全国百貨店での展覧会、寂聴さんのテレビ出演や新聞インタビューを仕掛けるなど、大いに盛り上げました。当時、時代の勢いもあったと思いますが、出版社が読者に、日本全体に、もっと挑みかかるような動きがあったと思います。

いい作品だから売れるというのはもちろんありますが、ただそれだけではなく、イベントなど話題性をもたせないと、なかなか読者には届きにくいと思っています。

二〇〇三年には関連会社の幼児教室の社長を引き受けました。二歳から五歳児を対象とした教室でしたが、乳幼児期の教育の大切さをアピールしようということで、対象年齢を生後半年くらいからに下げて、保健師にも参加していただく、どちらかというとお母さん向けの教室もつくりました。

育児や幼児教育をサポートするというのは、大変に重要な仕事だと思います。図書館の「児童書コーナー」でもみなさん苦労されているのではないでしょうか。

七年間の任期中、幼児英語教室もスタートして、全国四百教室まで展開しました。この会社では、寂聴さんにお願いして、子ども向けの「寂聴おはなし絵本」八点を執筆していただき、『月のうさぎ』（講談社、二〇〇七年）などは、出版と同時に版を重ねました。

図書館総合展とは

図書館総合展の企画運営をしている会社カルチャー・ジャパンは、一九八四年に本の保管サービスを目的にスタートしています。二〇一五年十月に急逝された新田満夫社長の発案で、雄松堂書店、講談社と、預かった本を管理する倉庫業のヤマタネ、その本を運ぶヤマト運輸の四社が中心になって電通・博報堂・大日本印刷・凸版印刷など二十四社が出資しました。

書店の外商が家庭に販促にいった際に、本棚が満杯だと言われて本が売れない。それなら、そのお客の書棚の本を預かって、入れ替えで新しい全集などを買ってもらおう、という考えです。やがて顧客を企業や大学へと拡大し、いまでは大学図書館を中心に三百万冊を超える本を保管しています。

そして「本を愛する人たちのおかげで成り立っているのだから、本を愛する人たちに恩返ししなければならない」「それは図書館を盛り上げることだ」という考えから一九九九年に始まったのが図書館総合展です。ちょっと飛躍ぎみだけど正鵠を得ている、それで周囲を元気にさせるというのが新田社長の魅力で、図書館総合展もそういう性質を引き継いでいると思います。

第一回は東京・有楽町の東京国際フォーラムで開催されましたが、フォーラムの増加と出展規模の拡大に伴い、第六回から会場をパシフィコ横浜に移しています。

私自身、初めは図書館総合展の副委員長という立場で関わり、二〇一〇年の第十二回から運営委員長を務めています。その年はちょうど、Google訴訟などに抗して、総務省、文部科学省、経済産業省が「デジタル・ネットワーク社会における出版物の利活用の推進に関する懇談会」の答申を発表して、業界をあげて対応していこうという機運が高まっていました。二〇一一年には、東日本大震災・福島原発事故と未曾有の大災害で図書館も大きな被害を受けました。一二年には、カルチュア・コンビニエンス・クラブ（CCC）の武雄市図書館の運営をめぐって議論が起きました。ほかにも、電子書籍元年、光交付金事業、地方創生で何をするかなど、毎年のように大きな話題が図書館の周りに湧いています。

昨今、図書館の現場では、予算削減のなかでさまざまな役割が求められ、目に見える成果を求められてしまうなど、難しいことがたくさんあると思います。それでもなお、毎年、業界全体にかかるような課題が出ているということは、図書館に関わる者として学び成長するチャンスが常に与えられているということです。そしてどんな課題にも賛否両論があります。図書館はすべての人に知を提供する場ですが、その方法にさまざまな意見があり、対立もある。図書館総合展は、問題になっている事柄は可能なかぎり全部取り上げる。意見や主張は分け隔てなく取り上げるというポリシーで運営しています。来る者は拒まず、去る者は「そんなこと言わずに来なさいよ」です。「ああいうものを取り上げて！」といった意見をいただくこともありますが、場を揺らし、幅と可能性、話題性を広げ続けることが私たちのミッションだと思っています。

図書館総合展の重要施策

図書館総合展を運営していくなかで、私が気になっていたことが、図書館にとって重要な存在である出版界との関係の希薄さでした。出版社には図書館を利用したことがない人が意外に多くいます。かつての私もそうでした。つまり、あまり知らないで「図書館利用が出版売り上げを阻害している」などと言う。逆に、図書館員の出版社に対する無関心もかなりのものだと感じています。本には関心がある、作家も好きだ、しかし出版社という組織、出版社の仕事や成立基盤がどうのこうのということへの関心は低いように思われます。

出版社に長く在籍した私が見るところ、出版社側の無理解は、二十年来の深刻な出版不況の要因を多角的に分析することなく、図書館側に一方的に押し付けようという、短絡的な判断に基づくものと考えています。出版界と図書館が対立して読者を奪い合うのではなく、外に広げるように発想を転換すべきです。

一方、図書館は、自治体と一緒になって「ブックスタート」事業や「読み聞かせ」などの読書推進の担い手として重要な役割を担っていますが、それでもまだ足りない。同じく本に関わる立場として、もっと積極的であってほしいですね。おいしい寿司屋の職人は、ネタだけではなく、その先にある市場、その先にある漁師、ひいては海に至るまで思いをいたすものだと思います。

図書館総合展運営委員会では、図書館流通センター（TRC）と丸善の協力のもと「図書館へのおすすめ本」専用注文書を作成しています。

二〇一五年は二百七十五の出版社に参加してもらいましたが、まだまだ少ないと感じています。この企画では、全国三千あまりの出版社に直接電話などではたらきかけをしていますが、図書館市場に気づいていない出版社、図書館側に気づかれていないようないい出版社がまだまだあります。書籍やブースの出展だけでなく、フォーラムなどでも、双方の情報交換、交流を深めていきたいと思います。

ほかにもいくつか重点課題があります。

大学図書館から始まった「アクティブ・ラーニング」の取り組みについては、大手什器メーカーに軒並み出展していただいているということもあり、その動向に注目しています。

さらに、文部科学省がこれを初等・中等教育にまで広げるように呼びかけていますが、どう実現していくかです。今後、学校教育のあり方や、学校図書館・司書教諭・学校司書の役割も含め、議論を深めていきたいと思います。

私は、生涯学習の場としての公共図書館でも、アクティブ・ラーニングが取り組まれないものかと期待しています。現場の司書がファシリテーターになって、能動的学修の場をつくれないか。いや、そんなことをする余裕も、スペースも、人材もいない、それよりももっとやることがいっぱいあるといわれるかもしれませんが、読書推進と同じようにNPOなどとの取り組みを広げていく意味でも、これからの高齢化社会への加速化のなかでの図書館の役割について、図書館総合展の場で問題提起をしていきたいと思っています。

また、二〇一六年四月から法制化される障害者差別解消法は、「合理的配慮」が公共機関の義務となるだけに、欠かせないテーマです。これまで二年にわたって「図書館におけるアクセシビリティ」をフォーラムで取り上げてきましたが、今後は電子書籍を活用した音声読み上げサービスや、文字拡大、文字と地の色の反転機能などといった読書アクセシビリティ機能やサービスを扱う企業の出展も促したいと思います。

グローバルな視点を提供することも私たちの役割ではないかと思っています。アメリカ図書館協会（ALA）とは提携の調印を交わし、毎年、ALA総会などへの視察研修も実施しています。二〇一五年はシアトル・サンフランシスコでしたが、三十三人が参加しました。シアトルでは、一般公開していないマイクロソフト社の図書館見学とスタッフとのセッションもおこないました。今年（二〇一六年）のALA総会が開催されるオーランドではディズニーの図書館を、ワシントンD.C.では、アメリカ議会図書館（LC）、スミソニアン博物館、ジョージタウン大学、ジョージ・ワシントン大学などを訪問します。歴史があり先進的でもあるアメリカの図書館から学べることはたくさんありますが、今後は東アジアやヨーロッパにも輪を広げていきたいと思います。

それぞれの課題は、対象もそれぞれバラバラに見えるかもしれませんが、それらを推進していく過程で、大学や行政・自治体のなかで図書館が注目され、これまで図書館とのつながりが薄かったところにつながりができたりと、いい循環を生み出してきていると思います。

図書館に関わるみなさんへ

図書館員として人生を過ごしてきたわけではない「よそ者」である私からすると、図書館に関わるみなさんは、うらやましくもあり、たいへんだなあと思うところもあります。

「図書館は成長する有機体である」という、インドの図書館学者シャリ・ランガナタンの「図書館学の五原則」にもあるように、最初から完璧な図書館などないのはもちろんのこと、明確な理想形があるわけでもない。試行錯誤しかありません。私たちが図書館総合展を通じてできることは限られていますが、お手伝いできることがあれば、委員会までリクエストをください。

また図書館総合展では、図書館のみなさんが充実感を感じてもらえる場を提供できないものかと策を練っています。「ポスターセッション」「コミュニケーション・ブース」「学生ツアー」、そして昨年（二〇一五年）から始めて多くの参加をいただいた「キャラクター・グランプリ」「メーカーズ・ラボ」「地方創生レファレンス大賞」にはそういう思いを込めています。

何も最先端のもの、高度なもの、大見えを切るようなものだけが出展対象ではないのです。出展準備を通じて自分たちのスキルを磨く、出展を軸に総合展会場で他館の人たちと情報交換の場をもつ、それでいいと思うのです。また来場者からも「図書館そのものが発表している例をたくさん見たい」「特別なものでなくても、自分たちと同じような活動報告がとても参考になる」という意見を本当にたくさんいただいています。ですから、これらの企画には遠慮なさらず、どんどん参加してください。

ほかにも、年四回各地で開催している「地域フォーラム」、展示会の前後を含む一週間に設定している「図書館総合展週間」で、「トレードショーを見に来て講演を聴く」という以上の経験をしてもらおうと画策しています。「図書館総合展運営協力委員」制度もその一つです。委員の義務はほぼゼロで、自分の得意があれば適宜、手伝ってもらったり、提案してもらったり、飲み会に参加してもらったり（笑）というものです。

そして、図書館総合展に積極的に関わっていただきたいということの最大級のものは、「地域フォーラム開催地立候補」です。協賛社のお力添えを原資に運営させていただいていますので、開催館のご負担は、ほぼマンパワーということになります。全国から図書館関係者が集まる二〇一七年の開催地を目下募集中ですので、ぜひ手を挙げてくださるようお願いします。

いま、図書館はメディアからも、一般の人たちからも、大いに注目されています。これまで冷淡だった出版社も、良きにつけ悪しきにつけ図書館に注目するようになっています。昨今の報道でみなさんもそう感じられたのではないでしょうか。これはチャンスなので、今年も熱をどんどん上げていくべきだと思います。図書館予算は減ろうとも、いや、減らさないためにも声をあげて積極策をとるだけです。図書館が住民とその地域により根ざしたものになるには？　地域が残すべき資料は何なのか？　図書館は地域創生をサポートできるのか？　大学での図書館の役割とは？　外国の大学に勝てるのか？　図書館に関わる人たちは充実した仕事と人生を送れるのか？　私たちが外に向けて応えていくべきことはたくさんあります。

日本では、二〇一九年にラグビーワールドカップ、翌二〇年は東京オリンピックが開かれます。内外から日本に、スポーツに光が当たります。この機をとらえ「文化のほうも負けてはいないぞ」と言ってやろうではないですか。図書館もその前線に立って、「スポーツの祭典」に勝るとも劣らない「知の祭典」を仕掛けてやりたいと思います。運営委員会でも一九年、二〇年に向けて、図書館、読書、文化のすべてを巻き込んだ「知の祭典」の仕掛けを準備しています。みなさんのお力添えをお願いします。

（インタビュー：熊﨑由衣、構成：ふじたまさえ）

エッセー

「小説家 瀬戸内寂聴」の出発点

二〇二一年十一月九日、瀬戸内寂聴が九十九歳の生涯を終えました。晩年まで執筆活動を続け、「右手にペンを持ち、小説家として死にたい！」が彼女の口癖でした。

一九九八年に「瀬戸内寂聴訳『源氏物語』全十巻」の完結記念イベントがスタートしました。連載でも述べましたように、編集・販売・宣伝が一丸となった大プロジェクトを組んだのです。百貨店・文学館での大展示会に加え、講演会は北海道から沖縄まで全五十八会場にまで及びました（東京国際フォーラム三回、パシフィコ横浜の大ホールを五千人近い聴衆が埋め尽くしました）。海外でもハワイ大学やロサンゼルス、ロンドン、パリで講演会を実施。外国でも日本の文化遺産『源氏物語』の評価が高いのを実感した次第です。

エネルギッシュな小説家としての寂聴さんの出発点は、授業を抜け出して読みふけった『与謝野源氏』との出合いをつくった徳島県立徳島高等女学校の「図書館」にあったことを忘れてはならないでしょう。

司書名鑑

No. 11

山崎博樹

［前・秋田県立図書館副館長］

略歴

山崎博樹（やまざき ひろき）

現在はＩＲＩ知的資源イニシアティブ代表理事。二〇一六年に秋田県立図書館副館長で退職。ビジネス支援図書館協議会副理事長、総務省地域情報化アドバイザー、内閣府知財戦略本部デジタルアーカイブ実務者会議委員、りぶしる実行委員会委員長、デジタルアーカイブ学会評議員、日本生涯学習学会会員。編著に『図書館を語る』、共著に『最新の技術と図書館サービス』『ホテルに学ぶ図書館接遇』（いずれも青弓社）、『地域資料のアーカイブ戦略』（日本図書館協会）、『課題解決型サービスの創造と展開』（青弓社）、『図書館と電子書籍』（教育出版センター）、『図書館の経営評価』（勉誠出版）など。

行政職員から図書館職員へ

もともとは秋田県教育委員会の事務職員だったのですが、新図書館を担当する職員として一九九二年に県立図書館に配属されました。当時の副館長が、私がコンピューターに詳しいことを知っていて、引っ張られたといいますか……当時はまだコンピューターを扱える人が少なかったんですね。図書館システムの初導入と、新図書館建設というミッションが与えられました。総務担当にいて予算要望をしながら、新図書館と図書館システムの両方の仕事で関わりだしたのが、私の図書館員としてのスタートです。そのときは、いずれ本庁のどこかの部署に戻るのかなと漠然と思っていたのですが、その後二十年以上も図書館に居続けることになりました。

一九九三年に無事に新館がオープンして、それから二年は県内の市町村とのネットワークづくりをしていたんですが、三年ほどたったころに、当時の館長から「図書館に残ったらどうですか？」という話をいただきました。ちょうど図書館の仕事に興味をもってきていて、これは一生の仕事にしてもいいかなという思いが湧いてきたころだったので、それならと九七年に司書資格を取りました。

司書資格を取ってからは、カウンターでの対応やレファレンス・サービスにも携わるようになりました。自分でいうのもなんですが、仕事は性に合っていて、人と話したり資料を調べることが好きだったので、毎日の仕事が楽しかったですね。

誰も見たことがない、新しい図書館の仕組みづくりに挑戦

秋田県立図書館には古い資料がたくさんありますが、実物を見てもらう機会があまりなかったんです。それでデジタル化すれば見てもらう機会ができると思って、一九九七年にデジタルライブラリーを立ち上げました。よくわからないながら資料のデジタル化を進め、秋田大学のサーバーから発信を始めたんです。これは日本の公共図書館で初めてのデジタルライブラリーといわれています。

一九九八年に秋田県でおこなわれた全国図書館大会の準備に二年ほど携わったのですが、この準備と並行して、文科省の社会教育施設情報化活性化事業の委嘱を九七年から受けました。全国規模のデジタルアーカイブをつくれるというチャンスだったのですが、いま、秋田県デジタルアーカイブで公開しているデータはそのときにつくったものが多いのです。秋田県以外には岩手県、静岡県、京都府がこの事業を受けていました。この事業を三年間担当し、デジタルアーカイブの知識を得て、かなりの経験を積むことができました。このあたりから、いろんな方に会う機会が増えたんですが、ひつじ書房の松本功さんが、私が書いた文章を見て秋田に訪ねてきたん

です。松本さんからは「図書館がビジネスを支援できないか」という提案を受けたんです。それからは菅谷明子さんの講演を聞いたりしながら、二〇〇一年十二月から今度はデジタル化に加えて〝ビジネス支援サービス〟にも関わることになりました。そのとき、いまのビジネス支援図書館推進協議会のコアメンバーが徐々に集まってきて、現在も活動を続けているわけです。通常の仕事に加えてデジタルとビジネスの立ち上げを同時進行で取り組んでいたため、非常に忙しかった時期ですね。

二〇〇三年からは、二年間の出向で国立国会図書館（NDL）に行くことになりました。NDLで取り組んだのは、いまの「レファレンス協同データベース事業」です。国立国会図書館総合目録ネットワーク「ゆにかねっと」の前身である「総合目録」の委員たちが集まった横浜での反省会で、私が「総合目録の次はレファレンス記録の全国版ですね」と口火を切ったところ、周りの賛同もあって当時のNDL電子図書館課長で、のちに副館長になった田屋裕之さん（故人）が奮闘され、NDLの事業として予算化してくれました。〇三年にプロトタイプを立ち上げ、〇四年に実験システムを稼働させ、次の年には秋田県立図書館に戻りましたが、本格実施事業になって、多くの関係者の尽力で一五年に十周年を迎えた

写真1　第17回図書館総合展で開催されたビジネス支援図書館推進協議会のパネルディスカッションの様子（写真提供：山崎博樹）

のです。

このころ手がけた全国プロジェクトは、デジタルライブラリー、ビジネス支援サービス、レファレンス協同データベース事業の三つ。いずれも黎明期から関わって、いまでもコアに関わっている大事なテーマです。これらの開設時はどれもそれまで誰もやったことがないことでしたから、当然、関係者から理解してもらうのは大変なことでしたが、私の勉強にもなりました。たぶん、新しいことに取り組むことに理解がある上司や図書館員が私の周りに多かったのも幸いしたかもしれませんね。時代の流れにうまく乗れたというのもあります。

プロジェクトを成功に導くために必要なこと

プロジェクトのなかでいちばん大変だったのは、やはり最初に取り組んだデジタルライブラリーでした。その当時、デジタルライブラリーは誰も見たことがないし、説明しても誰もピンとこないものですから、なかなか周りの賛同が得られませんでした。それでも最初は個人レベルで始めて、それが図書館の仕事になっていくまでに多くの時間をかけました。途中から国の事業として予算がついたことで、ある意味、認められたといえますが、やはり同僚の協力や理解は不可欠です。仕事が終わってから一時間から二時間かけて職員に話をして、徐々に理解してもらったことを覚えています。

当時は、「誰もやってないじゃないか」とよく言われましたね。「どこもやってないことを、なんでうちがやるんだ?」と。でも、私は「三年後を見てください」といつも言っていました。「三年たったらみんな始めますよ」と。「水面下でみんな動いていくわけだから、表面化するまでには時間がかかるんだ」と説得したりしました。

事業を始めるときには説明したり、協力を求める相手がたくさんいますが、まずは館内の同僚や上司、次にその周囲にいる人たち、その次に図書館を利用してもらう住民という順番になります。いまは、携わってきたこれらの事業を全国の図書館員や住民に広げるのが私の仕事になってきましたが、それはとても難しく、やりがいがある挑戦で、もはやライフワークになっていますね。

これからは、技術的な知識だけでなく、戦略や意欲的なマインドをもった人材が求められます。新事業は継続的な仕事にならないまま、イベントのようにバーンとやって終わってしまうことも多い。たとえば国の補助金があるときだけやる、ということもあります。しかし、それでは意味がない。新しい事業をルーティン的な仕事に落とし込んでいきながら、毎年予算も獲得して進化を続けていくという戦略性が必要なんです。また、新しいことを始めたり、進化する技術に対応するには、そのときどきにくじけず推進したり、学ぶ姿勢をもった職員のマインドが不可欠です。これはどの業界でも同じですが、待遇とかお金のことで文句を言っているうちは、たいていダメなんですよ（笑）。そんなことを言う前にやはり行動を起こして、新しい展開にもっていかなければいけない。お金や人がなくてもやっているところがあるということは、「やはりマインドが違うんだ」ということしかいえないわけです。もちろん、お金も人もいて、やれるところもある。でも、ある意味それはそれで大変。当然、成果をもたくさん求められるわけですからね。逆にお金も人もないなかでやれたら、少しの成果でも大きな評価を得られやすいのですから、私はむしろやりやすいのではないかと思っています。

学校図書館の面白さ

秋田県教育委員会が二〇〇八年に策定した「第二次県民の読書活動推進計画」を受けて、秋田県立図書館では小・中学校図書館への支援を始めたのですが、このタイミングで私が学校図書館に関われたことは、とてもラッキーなことでした。

学校図書館には公立図書館にはない面白さがあって、それは利用するのが学校の児童・生徒ですから反応が早いところと、それが授業や学力にも直接、反映するというところですね。学校図書館にずっと関わってきた人たちからみれば、それは当たり前のことかもしれませんが、私にとっては新鮮で本当に興味深かったです。県立図書館が県内で実施している研修に「学校図書館ビフォー&アフター」というのがあるのですが、学校に行って職

写真2　秋田県立図書館による「学校図書館ビフォー＆アフター」での研修の様子（写真提供：山崎博樹）

員や父兄たちと一緒に書架の配置や展示をつくるなどの改善を短時間のワークショップでおこなうと、最後に校長が「こんないい本が自分の図書館にあったのか」と必ずおっしゃるんです。私は「前からあったんですよ」と必ず言います（笑）。

つまり、私たちが学校図書館でやったことは「そこにあるものを可視化する」ということなんです。これがなかなかできていないということですね。こうしたことは学校図書館では特に必要性があることだと思います。公立図書館でも同じで、公務員、とりわけ図書館員は、民間企業に比べて「どう見せるか」というところはあまり上手ではないようです。私にとっては学校図書館に携わったことが、広報技術やマーケティングに興味をもつ機会になりました。

図書館員は常に新しいステージに挑戦すべき

図書館の人は、図書館は絶対に必要だって言いますよね。私自身はそんなふうに思えなくなってきていて、必要なければなくなるんだと思っているんです。情報の取得がほかの組織、あるいはネットでいいじゃないか、とみんなが考えたら、図書館は存続できません。多くの人に図書館サービスを理解してもらい、図書館の必要性を示しながら、図書館員は新しいステージにも挑戦していかなければならない。その逆のスタンスでは、すぐに立ち行かなくなるわけです。相手がわかってくれるだろうと思って、何も外に示さず新しいことに挑戦しないのであれば、図書館は必要なくなると思います。

図書館員は、図書館が必要であることはわかっている。ただ、一般の人にはそれがわかっていない。多くは表面的なことしか見えないんですから。でも私の意見としては、その表面的なことしか見ないということで、相手に批判を向けるのではなく、その批判は自分たちにこそ向けるべきものです。そして図書館を上手にアピールするための方法を考えなければいけないし、時代に合ったサービスを考える必要があると思います。

公貸権の話が出たとき、図書館と出版社、著者との議論がありましたね。どちらも言っていることは正しいと思いました。ただ、私はさっき言ったような考え方に立っているので、出版社から「新しい本を図書館は貸すべきではない」と言われてしまうということは図書館の責任なのだと考えています。

出版側の主張は、図書館員からみればある意味、誤解です。ところが出版側の人からみれば、それは正しい。これも図書館員からの説明が足りないことが原因なんです。図書館側はあの場で問題ないということを必死に抗弁していましたが、それだけではなく、「図書館の役割」を違った面から、もっと説明しなければいけない。図書館の活動は出版の売り上げに影響を与えませんということを数字を示して説明しても、何年かあとにまた同じ議論が繰り返されています。必要なのは、全般的な図書館への理解を進めることだと思います。

私が思う能力が高い人は、いくつもの視点を同時にもっていて、そこから考えていける人です。これはとても重要です。昔はよく児童ライブラリアンになるなら、子どもの目線で部屋に入っていきなさい、そうすれば見えてくる問題が変わってくるよと先輩から言われました。でも、それは物理的な視点です。本当に必要なのは物理的な視点だけではない。たとえばほかの行政職員や一般利用者のつもりで閲覧室に入っていく、あるときには、管理職や館長として仕事を考えてみる。そうすると違った発想が得られるわけです。同じものを見ても、自分とは違ったものを利用者や関係者は見ているということです。それに対して、自分の視点だけで考えてしまうと、「なんであんなことを言うんだろう」とか、「われわれのことを理解していない」というふうになってしまう。そうではなく、相手側の視点に立ち直して物事を見てみれば、「あ、なるほど」と思うこともあれば、自分たちの足りなかったところも見えてくるということです。それは先ほどの図書館と出版側の関係と同じことです。

私の場合は、ときどき、いまあるものやサービスを根底から否定したくなるんです。否定ばかりではよくないのですが、みんながそれでいいと思っていることでも、何か足りないと思い、その改善策を複数の視点から考えるようにすると、それが新しいことに挑戦する自分のモチベーションにつながっていくという経験は、本当にたくさんありました。

三つのこと

いろいろな機会でお話しするときにいつも、新しいことに挑戦するときに必要なテーマが三つありますと紹介しています。それを説明するためにフェラーリという車と元プロ野球選手の清原和博、モーリス・メーテルリンクの『青い鳥』を例えにしています。

まず、イタリアの自動車メーカーのフェラーリ。このブランドは、ターゲッティングを絞ることによって付加価値を生み出していますよね。私はこれからのサービスも、ターゲッティングを細かくしていかないと付加価値を見いだすことが難しくなってきていると思っています。近年、図書館の課題解決支援サービスも、まさしくターゲッティング・サービスの一種といえます。

それから、元プロ野球選手の清原和博。彼は、いまは課題がありますが、現役時代は思い切り空振りして、三振記録をもちながら同時に数々の打撃タイトルを取っています。無謀なことでも振ってみる、やってみなければ前には進まないということです。見逃し三振はいけないのです。

三つめの『青い鳥』というのは、足元にヒントや強みがあるということです。自分たちのなかに強みは必ずあるはずなのに、見いだせないことがある。自分の図書館の強みは何だろうか、といつも考えているべきです。なかにいるとこれが見えなくなってしまって、そのままでは外からの理解も得られないんです。その責任を外に転嫁してわかってもらえないと嘆くのは、自分の強みを発見できていないということにすぎないんじゃないかと思うんです。自分たちに内在したものを見つけて、それを外に示していくということが必要だと思います。

この三つのことは、私が常に心がけてやってきたことで、そうしているとぐちを言っている暇なんてなくなるんですね。

本当の学びとは

私が講師をする研修会に参加された方にいつも「この時間を無駄にしないでくださいね」と言います。というのは、研修を受けただけではなんにもならない、ということです。お金も時間もかけて研修を受けているのですから、学んだことを自分の図書館に還元しなければ、結局、研修を受けた時間はあなたにとっても図書館にとっても、無駄なことになってしまうということです。現場に戻ったらすぐに行動に移して、得たものをすぐに活用することをしなければいけない。そのとき、個人によって仕事に吐き出せる量が違うと思います。でも、それはそれでかまわないことです。立場や経験というのは、それぞれ違いますから。でも、それがすぐに活用できないのであれば、その人は永久に実行できないでしょうね。厳しくいえば、単なる「勉強マニア」ということです。研修で学んだからと調子に乗ってすぐに実行すると、ひょっとしたら上司からしかられてしまうかもしれません。ただ、こういう人は結局、能力が向上していきます。これからの図書館は、失敗を恐れずにいろいろやってみることができる人が必要と思っています。要は「歩きながら考えられる、学べる」姿勢が必要なのかなあ。私自身は走りだしてから考えるいいかげんなタイプなので、走っている最中はとにかく目の前のことに必死でしたが、長い間やっていると、あるときそれが系統化したり、理論化されていく瞬間がありました。

いま、世の中が変わりつつあって、図書館でも、民間企業など外部とのコラボレーションが当たり前になってきている、またそれが求められています。そうなると自分たちの仕事がなくなってしまうこともあるわけです。ですから、アドボカシーといってもいいかもしれませんが、自分の仕事をアピールする能力が必要です。そのときに、いまの図書館員に足りない能力は、コミュニケーションスキルです。徐々に変わっているかもしれませんが、多くの図書館員はいまだにルーティン的な仕事を好む傾向があります。しかしこのままであれば、日本の図書館は変化に対応できなくなって終わってしまうのが目に見えています。外とコミュニケートして、いろんな機関とか、いろんな人とやりとりしながら図書館をアピールしたり、図書館に役立つヒントを得るといったことがいま、本当に必要なんです。それを実践しはじめている人たちはたくさんいらっしゃいますが、まだまだ少ない。みんながそういう能力をもったら、確実に日本の図書館は変わると思います。

（インタビュー・構成：ふじたまさえ）

エッセー

立場は変わっても視点と学びを大切に

「司書名鑑」に載せていただいたのは二〇一六年春。そのとき私は退職直前だったので、現在は立場も変わっています。やはり組織のなかにいると便利なことが多く、振り返ってみても仕事仲間や地域住民に支えられていたとあらためて感じます。ただし、図書館勤務時代に培われたネットワークや経験は大きな財産となって残りました。近年、図書館の存在は重要性を増し、役割はより多角的になっています。私の活動も図書館へのサポートに限らず、ＩＣＴの政策策定、まちづくり、企業支援とより幅広いものになりました。雑誌掲載時にインタビューで答えた私の考えや手法は現在もあまり変わっていませんが、その後、経験豊富な図書館内外の方々との付き合いで、さまざまな新しい視点について考える機会をいただけました。一方で、仕事の幅が広がったことで、知識不足を感じることもあります。新しいことに挑戦し、学ぶ気持ちをもち続けていることは、これからも必要なのでしょう。そしてそのことが、いまの私のエンパワーになっています。

司書名鑑

No. 12

小嶋智美

［インディペンデント・ライブラリアン］

略歴

小嶋智美（こじま さとみ）

現在も、個人で司書の活動をおこなっている。立命館大学客員助教、金城学院大学・南山大学非常勤講師。メディカルジャーナリズム勉強会運営担当。病院司書が主人公の「Hidden Library, Invisible Librarian」を、郵研社ウェブサイトで連載中。

「見えない図書館」にいる司書と私たち

――病院司書を例に

突然ですが、病院には二種類の図書館があるのをご存じでしょうか。いずれも規模がそれほど大きくはないので、「図書館」よりも「図書室」と称されることが多いです。

一つ目は、病院に入院している患者やその家族、一般の方が利用できる「患者図書室」です。患者図書室は、病院の総合窓口と同じフロアやカフェの近くなど、多くの方が利用できる場所に設置されています。二つ目は、医師などの医療専門職や病院運営を支える事務職などの病院構成員が主に利用する「病院図書室」です。病院図書室は、立ち入り制限があるエリアなど、目につかない、入ることができない場所に設置されていることが多い、いわば「見えない図書館」です。その「見えない図書館」に従事しているのが、「病院司書[1]」です。

病院司書は、医学・医療系の情報サービスに必要な知識と技術を携えていて、病院構成員への情報サービスを通して、医療の質向上に寄与することをミッションとしています。ですから、私たちは病院司書から直接のサービスを受けることがなかったとしても、病院司書が私たちの受けている医療や私たちの健康を支える一端を担っているかもしれないと考えることができます。

病院以外にも、特定の主題に関する専門性の高い司書が、対象となる専門職集団に限定して情報サービスを提供する場があります。そんな「見えない図書館」が存在すること、そこで働く司書の活動が私たちの生活に何かをもたらしているかもしれないということを、少しだけ意識していただけるとうれしいです。また、「見えない図書館」にいる司書たちが図書館の外に出て「見える活動」をおこなうこともあります。病院司書の場合だと、病院が開催する健康講座で講師を務めたり、地域のお祭りで病院が健康相談ブースを出す際のスタッフになったり、公共図書館での医療・健康関連の棚づくりに参画したりなど、その見え方も見せ方もさまざまです。

私が知っている病院司書たちは、一人で図書室を切り盛りしていることが多いからか、明るくて頼りがいがある方が多く、学びに対しても意欲的です。もし、「見えない図書館」で働く司書と出会う機会がありましたら、ぜひ声をかけてみてください。そこからお互いの新しい可能性が見えてくるかもしれませんよ。

インディペンデント・ライブラリアンになるまで

インディペンデント・ライブラリアンとしての活動を始めて、五年目になります。司書とは「図書館で働いている人」を指すのではなく、どこにいても司書は司書なのではないか、ならば図書館という所属をもたなくても司書として生きられるのではないか、と考えたのがきっかけです。インディペンデント・ライブラリアンと名乗っていますが、「独立した司書」というよりも「司書の視点を携え、すべての枠を超えて自主的に活動する人」

という立ち位置でこの名称を使っています。

　私の現在の活動内容ですが、自分がこれまでに蓄積した知識と技能をもって提供できることなら、どんなことでもお受けします。病院司書や司書課程の講師も仰せつかっていますし、単発の講義や個人の依頼にも対応します。資本は身一つ、二十四時間・三百六十五日いつでもどこでもが活動範囲ですが、休むときには休みます。自己研鑽の時間も大切です。ありがたいことに、仕事を依頼してくださる方が私自身では思いもよらない課題を与えてくださることがあり、仕事が研鑽を兼ねることもあります。

　これまでの人生のなかで、「図書館で働きたい」と思ったことは一度もありません。生まれたのは、片田舎にある山の麓の一軒家。学校まで、片道一時間近くをかけて通っていました。学校の図書館を利用した記憶はあまりありませんし、けっこうな年齢になっても自分が住む地域の公共図書館がどこにあるのか知りませんでした。決して本が嫌いだったわけではありません。父の本棚から百科事典や建築図集を引っ張り出しては読んでいましたし、学年が変わるときに渡される真新しい教科書は新学期が始まるまでに全教科を読みきりました。でも見事なまでに、成績には反映しませんでした。幼いころから集団で動くことが得意ではなく、話すことも苦手で、一人でいることが多かったです。でも、近所のおじいさんや実家に出入りする職人な

写真1　2016年6月30日の松本大学での講義（撮影：山本みづほ）

ど、学校や家族以外の人の話を聞くのは好きでした。いまでも一人で動くことが多いからか、まったく知らない人から旧知の間柄のように話しかけられたり、旅先で入った初めての店で常連客と仲良くなったりすることはよくあります。

中学卒業後は遠方の高校に入学し、親元を離れて寮生活を送りました。高校の図書館も、ほぼ利用しませんでした。大学では国文学を専攻しました。図書館どころか大学にもあまりいかない、不出来な学生でした。学生時代にいちばん長い時間を過ごしていたのはアルバイトをしていた飲食店です。マスターと日替わり店員一人の小さな店でした。毎晩、癖の強い常連客が集まっては音楽や文学の談義を繰り広げ、ときには大合唱が始まる不思議な場所で、そこで知り合った地域情報誌の編集長や役者に誘われ、雑誌の編集や舞台の端役なども経験しました。

最初の就職先は広告制作会社で、コピーライター兼エディターとして働きました。原稿書きや組版など、印刷物の作成や出版の基本はこの会社で教わりました。体調を崩し会社を退職してふらふらとしていたところ、母校の大学で教務をしていた友人から図書館で働かないかと連絡を受け、大学の臨時職員になりました。

図書館で最初にいただいた仕事は、カード目録の作成補助と書架整理でした。当時、図書館ではすでに電算化がおこなわれていましたが、データに不備が多かった国文学系の書誌だけカード目録の作成を続けていたのです。できあがった目録カードをケースに差し込んで書架を整えていると、利用者に資料の有無や排架場所を尋ねられます。そこで、人にうまく伝える技術を身につけようと声優の養成所を受験したところ、その養成所が運営する事務所に登録され、少しだけですが声の仕事をしたこともあります。同じころ、なけなしの金をはたいてアメリカに行き、ニューオリンズのジャズ＆ヘリテッジフェスティバルに行きました。フェスの会場で仲良くなった地元の人に「あなたは日本で何をしているの？」と尋ねられたので、「図書館で働いている」と答えると、「ライブラリアンなのか！」と驚かれました。どうして驚くのかと疑問に思いながら、ライブラリアンという単語を初めて知った私は何も考えずイエスと答えました。帰国してからアメリカでライブラリアンがどういう存在であるのかを知り、今度は私が驚きました。

臨時職員として図書館で働いて一年が過ぎたころ、嘱託職員として再契約しました。担当も相互協力業務に変わり、レファレンスサービスも担当するようにもなりました。図書館業務を遂行するための体系的な知識が必要だと痛切に感じる出来事が多くなったのは、このあたりからです。そして、願わくはニューオリンズで初めてその言葉の意味を知ったライブラリアンのように業務に向き合いたいと考え、近隣の大学で開講していた夏期の司書講習を受講したいと上長に相談しました。前例がないという理由で却下になりかけたのですが、館長の後押しがあって講習に通えることになりました。受講の条件は、全額自己負担で無給、受講後は職場に戻って業務のフォローをおこなうこと。おかげで講習を受けて司書資格を取得したあとも、違和感なく職場に復帰することができました。そしてこのことが前例になって、図書館に異動した事務職員は希望すれば研修扱いで同じ講習を受講できるようになりました。

しかし、司書講習を受講して、「司書資格を取得すればライブラリアンになれるわけではない」ということがようやくわかりました。その思いを知った職場の先輩の計らいもあり、利用教育関連の企画立案や加盟団体の研修委員、外部での事例報告を徐々に担当するようになりました。閲覧窓口が業務委託になることが決定したときは、委託業者への対応準備をすべて任されました。毎日夜遅くまで残って業務分析をして、委託スタッフ用のマニュアルをまとめました。

次に担当したのはパスファインダー（ＰＦ）とメタデータを作成する部門です。同じ時期に事務組織の改編があり、嘱託職員から準職員に契約が変わりました。ある研修で知り合った他大学の方にＰＦの作成方法を教えたことが縁になって、二〇〇五年に開催された第二十二回医学情報サービス研究大会（mMIS22）で初めてポスター形式による研究発表をおこないました。このとき、医学・医療情報サービスの世界に足を踏み入れることになったのです。会場では医学領域特有の専門用語が飛び交い、ほかの方の発表内容をほとんど理解することができませんでした。そこで翌〇六年、mMIS22の発表者が多く所属していた日本医学図書館協会（ＪＭＬＡ）に個人で入会しました。私のような知識も経験も所属の後ろ盾もない人間が入会するのは珍しかったようで、会合に参加すると私の周りだけ不思議な空気が漂っていましたが、回を重ねていくうちに周りが慣れてくださいました。

ＪＭＬＡに入会して間もなく、医学・医療系ライブラリアンの先輩が、国立保健医療科学院（ＮＩＰＨ）でおこなわれていたＥＢＭ（Evidence-Based Medicine、根拠に基づく医療）の研修を勧めてくださいました。受講すれば夏期・冬期で全二週間、ＮＩＰＨの宿泊施設に滞在することになります。このときは職場に個人研修用の予算がありましたので、一人あたりの上限金額を補助していただき、残りを有休消化と自己負担で乗り切りました。研修は臨床家や医学研究者のために開講されたもので、当時の私にとってかなりレベルが高いカリキュラムでしたが、ここで習得した内容は現在の活動を支える基盤の一つになっています。

二〇〇七年、ある学会が主催するＥＢＭの勉強会に文献検索要員として参加しました。ＮＩＰＨで学んだことだし、なんとかなるだろうと思いきや、臨床家のディスカッションの早さについていくことができませんでした。もっと実践の場がほしいと自己研鑽を重ねていたところ、〇八年にＪＭＬＡが発足させた診療ガイドライン(2)ワーキンググループのメンバーに推薦されました。診療ガイドラインの作成にはＥＢＭの考え方がベースにあり、課題解決に適した文献を網羅的に収集することが求められます。その文献収集に関わる部分に医学・医療系のライブラリアンがお役に立てるのではと結成されたのが、このワーキンググループです。一二年からはメンバ

写真2　2012年11月の第19回医学図書館研究会での発表の様子（撮影：橋本郷史）

ーの育成や、依頼元である医師で構成された診療ガイドライン作成委員会との交渉を担当するリーダーを務めています。

大学図書館で最後に担当したのは、目録業務委託の管理と外部書庫導入に伴う準備、それと導入後の調整です。この図書館では、自分の業務を俯瞰して分析して、第三者が理解できるように翻訳するという機会を何度も与えてもらいました。

知りたければ、現場に行って人に会う。行動すると、必ず「師」が現れる

幼いころに聞いたおじいさんや職人の話も、アルバイト先での常連客の談義も、研修などの集合的な学びの場も、自己研鑽も、クライアントからの相談も、私にとってはすべて「知らないことを知る、楽しい時間」です。原則、何かを知りたいと思ったら可能なかぎり現場に行き、そのことをよく知る人の話を聞きます。無知がゆえに恥ずかしい思いをしたことは数えきれないほどありますが、現場を感じることや知らないことを知る楽しさのほうが強く、知りたいと思ったら頭よりも体が先に動いてしまいます。

現在私が活用しているマインドマップ(3)も、同様に習得しました。偶然マインドマップに関するウェブサイトを閲覧し、書けるようになったら楽しいかもとそのサイトの発信者だった倉橋竜哉さんが開催する講座に参加したのです。その後、マインドマップの創始者であるトニー・ブザンさんから直接の指導を受け、二〇一二年十一月に公認インストラクターの資格(TLI:ThinkBuzan Licensed Instructor)を取得しました。一二年にJMLAの基礎研修会で情報検索に関する講師を務めたときは、講義の全体像とポイントをマインドマップにまとめて受講者に配布しました。一六年五月二日に開催された「信州発・これからの図書館フォーラム――昭和の図書館ツアー&課題解決型図書館について語る集い」では、ワークショップのコーディネーターになって、参加者全員によるディスカッションをその場でマインドマップにまとめました。今後もライブラリアンとTLI双方の視点を組

み合わせたアプローチを多方面で展開していけるといいなと考えています。

これまでの経験から、「人と出会うこと」のありがたみを深く実感しています。司書資格の取得には、所属先の館長だった長澤雅男先生が上長にかけあってくださり、職場の先輩だった四谷あさみさんをはじめとする仲間が不在時のフォローをしてくださいました。ＰＦのつくり方を教えてほしいと声をかけてくださった愛知医科大学の市川美智子さんは、mMIS22の事務局長でした。医学・医療情報サービスの世界に入ったばかりの私にＮＩＰＨの研修を勧めてくださったのは慶應義塾大学の酒井由紀子先生です。そのＮＩＰＨの件を知ってＥＢＭの勉強会に誘ってくださったのは、ＪＭＬＡの前専務理事だった坪内政義さんでした。坪内さんはmMIS22の実行委員長でもあり、九年後に開催された第三十一回医学情報サービス研究大会（MIS31）の実行委員長に私を推してくださった方でもあります。診療ガイドラインワーキンググループに入ったばかりのおぼつかない私に根気よく指導してくださったのは、ＪＭＬＡの現専務理事である聖路加国際大学の河合

写真3　2011年7月のMIS28でのポスターセッションの様子（撮影：立道 勉）

富士美さんです。
自分が学んだことや経験したことは、発表や執筆、講義などで公開し、できるだけ多くの人が目にしてくださるように心がけています。これは、私が最も尊敬するライブラリアンである、愛知淑徳大学の山崎茂明先生がおっしゃった「専門性を問うことは、第一に自らの仕事を分析し、討議の場へ出し得る形で表現してゆくことであろう」[4]というメッセージが常に念頭にあるからです。

最近は、速報性や利便性に優れたSNS（交流サイト）やブログで発信することも増えています。前述の「信州発・これからの図書館フォーラム」でコーディネーターになったのは、講演の聴取記録をマインドマップでまとめて「Facebook」にアップしたところ、その講演の登壇者だった県立長野図書館の平賀研也館長がコメントをくださったのがきっかけでした。また、二〇一五年十一月の図書館総合展でおこなわれたライブラリー・オブ・ザ・イヤーの最終選考会でプレゼンターになったのは、私がSlideshareにアップしていた別のイベントでの多治見市図書館の紹介を見た方がいらっしゃったからではないかと推測しています。

これまで何かの行動を起こすと、必ずキーパーソンになる人が現れました。そして、もっと学びたいとさらに動きだすと、必ずその道のエキスパートである「師」に

写真4 「信州発・これからの図書館フォーラム――昭和の図書館ツアー＆課題解決型図書館について語る集い」（撮影：平賀研也）

出会うことができました。

「ミッション」の先の「ビジョン」。そして「いま」「ここで」何をするのか

「計画された偶発性(Planned Happenstance)[5]」という理論があります。キャリアの八〇パーセントは偶然によって決定されるというもので、その偶然を計画的に導けば自分が望むキャリアアップを目指すことができるという考え方です。計画された偶発性が起きやすい人には、「好奇心」「持続性」「柔軟性」「楽観性」「冒険心」という五種類の行動特性があるといわれ、これらと自分の行動との共通性を感じることがあります。私のこれまでの経緯をキャリアアップといえるのかどうかはわかりませんが、奇跡的なほどに人との出会いに恵まれていますし、ゆるやかではありますが自分のビジョンに向かって進むことができているのは、この行動特性のおかげなのかもしれません。

今回のインタビューの冒頭に、唐突ながら病院司書を紹介しました。彼らのビジョンは情報環境の充実がもたらす医療の質向上であり、情報サービスを通してそこに寄与することをミッションとしています。ですから、病院司書にとっては「見えない図書館」で従事することも、蓄えたノウハウを生かして見える場所で活動することも、ビジョンのもとに考えると同じ価値をもっています。

このインタビューを読んでくださっているあなたのミッションは何ですか？　また、その先にあるビジョンは、どのようなものですか？　そして、そのビジョンに到達するために、あなたはいま、そこで、何をしていますか？　おそらく、この問いを考えるときは、組織や所属、雇用条件などの枠をすべて取り払い、「ライブラリアンとしての自分」あるいは、それさえも取り払った「社会の一員としての自分」と自分の価値観とに向き合い、さまざまに思いをめぐらせるのではないでしょうか。

インディペンデント・ライブラリアン
──「個」を軸に「個」に寄り添う

インディペンデント・ライブラリアンとして活動を始めてから知り合った方のなかに、同じような名称を肩書として冠する方が増えてきました。うれしいことです。多くは図書館などの所属を退いてから始めていらっしゃるようですが、所属をもつライブラリアンのなかにも自身のブランディングを意識して活動している方がいらっしゃいますから、所属の有無や雇用形態など、いわゆる外付けの情報はあまり関係ないのかもしれません。

インディペンデント・ライブラリアンにはどうやったらなれるのか、と尋ねられることも増えています。その場合は、誰でもなれますよとお答えしています。自分がこれまで得た知識や経験、価値観をベースに仕事を創出し、相手に沿ったものに編集して提供する。そして、自分の行動や発言にすべての責任をもつ。おそらく必要なのは、この二つだけです。

二〇一六年七月、長野県塩尻市で都道府県立図書館サミットが開催されました。このサミットは、全国から集まったボランティア有志が実行委員になって運営しました。準備はすべてSNS上でおこなわれ、私は全体の進行管理として一度も会ったことがない委員たちの投稿を見ながら段取りをまとめ、当日も含めてどんどん指示を出していきました。全員が自分にできることややりたいことを積極的に伝えてくださいました。そして、お願いしたことに対して、求められている以上の仕事で返してくださいました。サミットの目的をみんなで共有し、運営のすべてを個々の自主的な行動に一任したことは、サミットの内容自体の質の高さとともに開催を成功させる要因の一つだったと考えます。この実行委員会もインディペンデント・ライブラリアンの集合体といえるかもしれません。まさに「自立した組織」の理想形でした。

私はこの実行委員会も含め、ボランタリーな活動も多くおこなっています。どこからどこまでを対価を得る仕事とするのか曖昧な部分はありますが、そもそも対価とは金銭的なものだけではありません。もちろん、必ず金銭的な対価をもって遂行する仕事もあります。どのようなかたちであっても自分が納得して対価を受け取れるのであればそれでいいと思っていますし、いただく対価は自分の行動に対する責任の重さだと考えていますから、ありがたく頂戴します。

今後の活動については、これまでいただいた仕事を維持・向上させながら、インディペンデント・ライブラリアンらしく「個」を軸に「個」に寄り添う仕事を広げていきたいと考えています。また、さらなる編集力が必要になるかもしれませんが、公共や学校など異なる領域のライブラリアンと協同してできることも増やしていけるといいなとも考えています。みなさんが抱えている課題に対し、私で力になれそうなことがあれば、どうぞ気軽にお声をかけてくださいね。

私のモットーは「学ぶ楽しさ、知る喜び」です。これからもゆるやかに、そして楽しく、インディペンデント・ライブラリアンの活動を続けていきます。

（インタビュー・構成：ふじたまさえ）

注

（1）医学・医療系の専攻をもつ教育機関の付属病院では、その教育機関に設置された図書館が病院図書室の役割を担うことがありますし、患者と医療職が同じ図書室を共有するなどのケースも見られます。図書室を運営するスタッフも病院によってさまざまで、一般事務や研修担当職員が司書を兼務する場合、司書とボランティアが協同する場合などがあります。

（2）診療ガイドラインとは、特定の臨床状況に対して医療者と患者が適切な意思決定ができるよう系統的な手法を用いて作成された文書のことをいいます。診療ガイドラインについての情報は、厚生労働省の委託機関であるMindsガイドラインセンター（http://minds.jcqhc.or.jp/n/）が発信しています。国内で発表された診療ガイドラインは、東邦大学と医学中央雑誌刊行会が提供する「診療ガイドライン情報データベース」（http://guideline.jamas.or.jp/）で調べることができます。

（3）マインドマップは、イラストや色を多用した樹形図で情報整理・アイデア創出をおこなうツールです。創始者であるトニー・ブザンの著作のほか、たくさんのハウツー本が出ています。マインドマップを本格的に習得したい方はＴＬＩから学ぶことを勧めます。

(4) 山崎茂明「司書――表現するもの」、日本図書館協会図書館雑誌編集委員会編「図書館雑誌」一九七七年六月号、日本図書館協会、二五〇ページ

(5) Kathleen E. Mitchell, Al S. Levin and John D. Krumboltz "Planned Happenstance: Constructing Unexpected Career Opportunities," *Journal of Counseling & Development*, vol. 77, No.2, 1999, pp.115-124.

エッセー

「伝える」を「伝わる」に

「司書名鑑」で取り上げていただいてから六年、インディペンデント・ライブラリアンと称してから十年がたちました。私は相変わらず「個の司書」として、「できることなら、どんなことでも」という日々を過ごしています。

「司書名鑑」掲載後に始めたことのなかに、医療経済評価に関する公的分析チームへの加入と、医療職やジャーナリストとの協働があります。前者では医薬品や医療機器が適切に社会へ届けられているかどうかを、後者では医療・健康情報発信のあり方を、さまざまな立場の人たちと考え、形にして、伝えています。掲載当時の私が願っていた、活動領域を広げるという面はある程度達成できていると言えなくもないですが、動けば動くほど「私たちの伝えたいことは伝わっているのか」という、もやもやした思いを膨らませています。

現在の私のモットーも「学ぶ楽しさ、知る喜び」です。これからもゆるやかに、楽しく、そして、「伝わる」仕事を意識して活動を続けていきます。

司書名鑑

No. 13

小林隆志

【鳥取県立図書館支援課長】

略歴

小林隆志（こばやし たかし）

現在は鳥取県立図書館長。二〇〇三年に鳥取県の司書職員として採用され、県立図書館勤務になって現在に至る。ビジネス支援図書館推進協議会副理事長。

司書になるまで

大学を一九八七年に卒業して中学校の社会科の教員をしていたのですが、九七年から三年間、教員の肩書のまま県立図書館へ配属されました。その後、教職を退職して、県立図書館の正規職員の試験を受け直して採用されました。

一九九七年に県立図書館に配属されたときは、司書の資格もないまま資料相談員として二階の郷土資料のレファレンスカウンターで勤務しました。この一年で覚えたことはいまでも生きていて、やはり郷土資料のことは知っていて損はないと実感しています。二年目三年目は資料課の整理係になって、図書館システムを更新する担当も経験しました。そもそも図書館のことを一年しか経験していないのに、システム更新の担当なんて、周りに相当迷惑をかけたんじゃないかと思っています（笑）。

採用試験を受け直したのは片山善博知事の時代（一九九九―二〇〇七年）で、全県立高校に司書職員を配置するために、県が司書を大量に正規採用していた時期で、私が採用されたのは二〇〇三年。その時期に採用された司書は「第〇期採用」と呼ばれていて、私は「第二期採用」でした。

どうして司書になろうと思ったかというと、三年間の図書館職員の経験がとにかく興味深かったからです。私が育った町は、いまでこそ鳥取市と合併をして図書館がある町になっていますが、旧町域にはいまでも公共図書館はありません。当時、私の身近に公共図書館はなく、図書館を使って何かを調べるような体験というのは、学校図書館以外ではしたことがありませんでした。もちろん図書カードももっていませんでした。そんな私が、突然、県立図書館へ行けと言われて、何をやったらいいんだろうと教員でありながら戸惑いましたね。でも、実際にやってみたら本当に面白くて、自分の興味のままにさまざまなことを調べるために図書館を使い倒したりしました。

司書資格は、異動した二年目に当時の館長から勧められて取得しました。鳥取県立図書館では伝統的に、図書館情報大学で司書の資格を取得するということになっていて、二カ月間、月曜日から土曜日までみっちり勉強しました。当時の図書館情報大学の先生には、いまでもお世話になっています。

当時司書の資格は取りましたが、自分のなかでは県立図書館にとどまろうという気持ちはまったくありませんでした。取らせてもらえる機会があるのなら、勉強してもいいかなと思っていったんです。ただ、一年勤めてから勉強にいったのは、タイミング的によかったと思っています。現場で疑問に感じていたことが質問できましたし、そこで得たことを現場に持って帰るつもりで聞くことができました。現場がすでにあるので、そこから逃げられませんから、そういう意味では自分のなかで身についたことが多かったと思っています。

いまになって振り返ると、偶然にも異動で県立図書館に来たことは、自分の人生にとても影響を与えました。

実際に、それをきっかけにいまの仕事があるのですから。

県立図書館としてできること

都道府県立図書館サミットで京都府立図書館の福島さんが発言された、「「県立図書館は実験場である」ということを体現しているところがどれくらいあるのだろうか?」という問いに対しては、鳥取県立図書館は胸を張って「やっています」と手を挙げます。県立図書館で始めた新しいサービスが確実に市町村の図書館に浸透していくということで、自分たちが実験場として機能しているという実感がありますから。それは、県立図書館が指導して進めていくというわけではなくて、一緒に取り組んでいるという実感です。

今年(二〇一六年)は「がんと就労」というテーマのセミナーを、NPOのキャンサーリボンズと製薬会社という三者が主催するという新しいかたちで実施しました。内容としては、医師、産業医、患者、図書館職員と県の福祉保健部の職員というそれぞれの立場からのお話を聞くというもので、当事者である患者やサポートしている家族が抱える課題に対して、さまざまな立場の人間が関わって支えます、ということをそれぞれの立場から話していただきました。たとえば、福祉保健部からは「こういう補助制度がありますよ」という話になるし、産業医なら「精神的な面のサポートができます」とか、図書館員なら「こういう本で情報提供できますよ」といった話になるでしょう。いろいろな方面からがん患者を支える社会ができるということを、キックオフのようなかたちでやりました。人が集まるのかと不安でしたが、やってみたところ、思った以上の市民のみなさんに参加していただいて手応えを感じています。

このような取り組みは、職員自身も社会の課題に対して向き合う意識をもって関われるのでいいのではないかと思っています。そのほかにも予算を取りにおこなっているテーマがいくつかありますが、やはり「社会のなかにある課題に対して何ができるのか?」というところが大切だと思います。

それと、今年は「闘病記文庫」の開設十周年記念ということで、がんに関するテーマを取り上げました。「緩和ケアとは何か？」というテーマで、こちらも大反響がありました。図書館がこういったテーマを取り上げても、違和感なく来てもらえるようになっているということに驚きますし、そういう情報が本当に困っている人たちにきちんと届くことで、当事者本人の気持ちが楽になったり、家族が安心したりすることができればいちばんいいですよね。

「地域の活性化と住民の幸せに貢献する」というテーマで、二〇一六年にライブラリー・オブ・ザ・イヤーライブラリアンシップ賞をいただきましたが、ひと言で言ってしまえば「ほしかった！」ですね。〇六年に初めてライブラリー・オブ・ザ・イヤーをいただいてから、十年たっても継続して頑張っているということを外の人から評価してもらえたことが貴重だと思っています。賞をもらったことで、鳥取県立図書館がこれからまた十年、走っていくための原動力になったと思います。

鳥取県立図書館の要覧には、自分たちの取り組みが取材された記事やメディアに寄稿したものを記録していきます。一人ひとりの活躍があるからこそ記録が残せるということですね。ですから、自分たちでデータベースをつくって、記録を残していくことを日常業務に取り入れています。

外に向けた発信については、これで終わりというゴールはありません。継続してやっていかないといけないと思っています。縁なんて切ろうと思ったら簡単に切れますから、切れないように継続していくということです。

県内市町村の図書館設置率百パーセントということに対しては、県の施策が貢献しているという点は間違いなくあると思いますよ。いまは次のステップに進んでいて、図書館建築の計画を進めている市町村が三つあるのですが、その三つの計画にも県が連携して取り組んでいく体制ができているということは、鳥取県の価値だと思っています。

好きなこと

こう見えて、骨董が好きです。古い焼き物が好きで特に豆皿をコレクションしています。豆皿が好きになったのは、小さくて場所をとらないという現実的な利点から（笑）。どちらかというと、鳥取県のモノにこだわりたいという思いはあって、そこまで絞ると、関連する本はとても少ないんです。この貴重な資料をどのようにして論文のように読み解いていくかっていう面白さにはまっています。浦富焼《うらどめやき》はどうやって見分けるのか、とか。白地に青の染め付けでつくられた焼き物は日本中にたくさんありますが、パッと見ただけでどこの産地のものかわかるようになるのって相当難しいんです。難しいけれど楽しい。本によっては正反対のことを言っていたりするので、一冊の本を読んだだけでわかった気になってはいけないところも奥深いです。

この趣味のきっかけは、教員時代に図書館に配属されたときの先輩が焼き物好きで影響を受けました。先輩二人に誘われて骨董屋に連れていかれるわけです。あるいは、定期的に誰かの家に集まってお酒を飲み、骨董を前にしながら語り合う会をするのです。これはここがいいとか、最近こういうものが出た、とか。みんなが同じ分野に興味があるわけではなくて、一人は現代作家が、もう一人は古伊万里とか伝統的なものが好きという感じでした。いかんせんお金がかかるのが困りものですが、そういう部分は本に頼ってなんとか楽しんでいるというところです。

最近の仕事

支援協力課長を十年やっています。一般の行政の仕事では考えられないですよね。いつでも引き継げるように、ということは心に留めています。いまやっている市町村図書館の支援というのは、県立図書館のメインの仕事だと思っています。カウンターでだけいい仕事をしていても、ここが欠けてしまっては意味がないと思うんです。県立図書館からのサポートも、ただ「すればいい」というものではなく、あくまで自律的な発展を促すようなサポートが必要だと思っています。そのためには、市町村の図書館とある程度の緊張感をもって、お互いに信頼しあってコミュニケーションがとれることが重要だと思います。たとえば、「著作権に関する講師に何回、呼ばれたかな？　そろそろ自分たちでも講師ができるんじゃない？」なんていうような会話も、さらっと言えるような関係づくりを目指しています。それは、一年や二年で簡単にはできないから、こちらも多少ずうずうしくお願いしたりして、うまく距離感を保ちながら、継続して関わっていくことが必要だと思っています。

デスクワークやルーチンワークはほぼないという仕事のやり方をしていますが、遅番や土・日の当番でカウンター業務もこなしています。基本的には「市町村支援」と名前がつくことは何でもやっています。僕は、市町村支援や学校支援をするなかでいちばん重要なことは現場に行くことだと思っています。メールや電話でどんなにやりとりしようが、一部分しか見えていない状況のなかで何をしてもしょうがないと思っています。現場にいるからこそ出てくる疑問や悩みがあると思っています。「悩みはなんですか?」「どんなことに困っていますか?」と現場で聞けば、私たちも面と向かってスピーディーに対応できることもあります。こういう時間を増やしたいと思っていますが、現実にはその部分がまだまだ足りない。この点は反省点ですね。自分一人で動けるならどんどんそうした時間を増やしていきますが、思っているほどその時間が増やせていないところをなんとかしていきたいです。

難しいところもありますが、市町村支援がいちばん楽しい仕事ですね。自分がやったらそれでいい、というところじゃない部分が面白いところです。一緒に取り組んで成果につなげていくというところに面白さを感じています。

仕事でいちばんうれしいのは、利用者に喜んでもらったときですね。本当にこの人の役に立ったのかって、お客さまの顔を見たらわかるじゃないですか。そういう瞬間は、本当に楽しい。悔しいのは、本当に図書館の機能や役割・大切さについてわかってるって公言している方が、実際にはわかってなかったりすることが多いということ。さらにその点について聞く耳をもってもらえなかったりするもあります。話を聞いてくれる時間さえもらえたらちゃんと説明する自信はありますが、聞く耳をもってない人にそれをどうやって聞いてもらうかってとても大変でしょう。その部分については、とてもハードルが高い。

前の上司がよく言っていたんですが、一般論として「僕は図書館をよく使っていて、よく知っているよ」という人には特に気を配りなさいと。それは逆にいえば、その人にとって図書館というものが、もう固定的な観念が固まっていることが往々にしてあるということです。図書館のことをよくわかっているという人よりも、よく知らないと思っている人のほうが新しい目で見てくれるということだと思います。

（インタビュー・構成：ふじたまさえ）

エッセー

「プレーヤー」と「マネジャー」

二〇一六年十一月発行の「ライブラリー・リソース・ガイド」に掲載してもらった「司書名鑑」。その当時、プレーヤーとしての図書館員を楽しんでる様子が伝わってきて懐かしくもあり、少々うらやましくもあります。その後の異動で二〇年度は商工労働部勤務を経験し、二一年度から鳥取県立図書館の館長になりました。これまで「思うような図書館づくりをしたいのなら自身が出世しなければいけない」と各所で話してきましたが、自分が試されるときがきました。館長になって一年五カ月、思うとおりに図書館づくりが進んでいるかというと、そううまくはいきません。館長＝マネジャーのいちばん重要な仕事は「人の養成」。新型コロナの感染拡大の影響はここに影を落としています。図書館人としての成長に不可欠なのは、多くの図書館を知ること、そして多くの図書館人に出会うこと。この当たり前の交流が以前のように活発にできる日がくることを切に願っています。

司書名鑑

No. 14

関 乃里子

［ブレインテック］

略歴

関 乃里子（せき のりこ）

市役所勤務を経て二〇〇一年にブレインテックに入社。営業部で図書館システムのデモンストレーションや導入支援を担当。一三年に広報グループ新設に伴い異動。現在は総務・広報担当執行役員。ほか、図書館総合展運営委員、専門図書館協議会研修委員、神奈川県資料室研究会理事。

好きなことを仕事にしていく

子どものころから本が好きで、司書という仕事があると親から聞いて、「そうなんだ、それになりたい！」って自然に思うような文系インドアな子どもでした。ありがちですが、特に深く考えずに「司書になりたいんです」っていう憧れだけはもっている感じで、大学時代でも当然のように司書課程の授業を取りました。就職でも、両親や親戚の多くが教員だったので、周囲に民間の会社で働いたことがある人がほとんどいなくて、じゃあ公務員試験を受けて司書になろうかなというくらいの意識で司書職採用をしている自治体などを受験しました。そんな程度だから、いま思えば当然なのですが、結局、司書職での採用はかなわず、地元の市役所に事務職で就職しました。市役所での仕事は図書館とはまったく関係がない総務でしたが、仕事自体は面白かったです。でも、やっぱり図書館に関わる仕事がしたいという気持ちは消えず、二年ほどでいまの会社への転職を決めました。当時は就職氷河期だったので、「せっかく公務員になったのに辞めちゃうの?」と周囲から考え直すように相当に言われましたが、両親は「あなたがそうしたいならいいんじゃない?」と言ってくれました。いまの会社にきてからいろいろなことがありましたが、このときの決断を後悔したことはまだありません。

いまの会社には、司書資格をもっているということで、図書館にいってシステムの提案や導入支援をする営業職として採用されましたが、当初はこんなに長くいることになるとは思っていなくて、経験を積んだらまた転職して図書館で働きたいと思っていたくらいです。実際には、仕事をしていくなかで、図書館で働くということよりも、図書館を支える仕事のほうに面白さを感じて、いまに至るという感じです。

いまの会社でも、もう辞めてやる!と思ったことは何度もありますが、好きで始めた仕事じゃないかと思い出すと、すごく腹の立つことがあっても、もう少しだけ粘ってみようと思えるんです。そして、本当にいやなら辞めればいいだけのことって思ってやっているうちに、たいていのことはなんとかなるんです。

会社の経営危機という転機、意識の変化

うちの会社の図書館システムは、ある私立大学の方がつくった図書館システムを引き受けて開発・販売・サポートをするようになったところからスタートしていて、そのお客さまが別のお客さまを紹介してくださり、さらにそのお客さまが別のお客さまを……という恵まれた環境で成長してきました。また、図書館情報大学卒とか、元医学系図書館員という先輩社員が何人もいて、彼らの知識や経験は、当時の私から見て圧倒的なものでした。彼らへの信頼から、うちのシステムを選んでくださったお客さまも少なくなかったと思います。

そんななか、大規模図書館向けに新規開発したシステムの行き詰まりなどが原因で、二〇〇八年に会社が経営

危機に陥りました。取引先が図書館、つまり社会的信用が厚い企業や学校、官公庁だったことが幸いして民事再生の申し立てが認められるのですが、その混乱の時期に創業期を知る社員やお客さまからの信頼が厚い社員の多くが辞めてしまった。会社が継続するというそれしさよりも、頼りにしていた先輩がいなくなって、私たちだけでこれから大丈夫なのかなという不安のほうが大きかったですね。

その当時、私は育児休業中でした。だから、不安だからといってほかの会社に転職するような状況ではなく、復帰してからも、なんとかこの会社でやっていかないといけない、この会社を存続させないといけない、という気持ちは人一倍強かったと思います。じゃあどうしたらいいんだろう?と考えたときに、いまから十年後にシステムを選んでくれる立場になる若い人たちと仲良くなっておけばいいのではないかと思い至りました。文字にされるといやらしい感じになってしまうかもしれませんが、そういう話ではなくて、信頼が厚かった先輩社員が長年積み重ねてきたのと同じことを、十年先を見越して、自分がいまからやっていけばいいのではないかって思ったんです。自分と同じように、まだ経験が浅くて現場でもがいているその年代の人たちとたくさん話をして、一緒に図書館を取り巻く課題を解決していくのが、遠回りのようだけど唯一の方法なのではないかと。

それで会社の外に目を向けはじめたのが二〇〇九年ごろ、時期を同じくして「Twitter」を始めました。当時は小規模な図書館関連イベントの「Ustream」中継がタイムラインに流れてくるのも物珍しかったし、普通だったら「話を聞かせていただく側」に回るような図書館業界の人たちと気軽に会話することができるのも刺激的でした。徐々に、「Twitter」上で知り合った方と図書館大会や図書館総合展などの場で会うことも増えていき、最近ではその方たちと仕事を一緒にすることも多くなってきています。「業者とお客さま」という関係ではなく、同じ問題意識や興味・関心をもつ者同士として普通に話せる場がある、そういうことに早い段階で気づくことができたのがよかったですね。

社外の人たちとの交流が、すぐに目の前の図書館システムの営業の仕事に生かせたわけではないし、自分が外で得た学びをどうやって社内にフィードバックすればいいのか悩んだりもしましたが、自分や自分の会社がやってきたことを客観的に見られるようになったのが、この時期の大きな収穫でした。

大向一輝さん（国立情報学研究所）のような人を講演で呼んだり、「カーリル」（図書館蔵書検索サイト）と一緒にイベントをやったりという、図書館に近いところですごいことを現在進行形でやっている人たちとつながるというのも、徐々に普通のこととして社内で認識されるようになってきたと感じています。これは、一緒に外に出て学ぶ仲間の同僚がいたからできたことでもあり、とても感謝しています。

会社のあゆみと図書館システムの動向

会社が三十周年を迎えた二〇一三年に広報担当になり、創業から現在までの会社の歴史を調べようとしたのですが、社内に資料が残っていなくて、何も調べられないという壁にぶち当たりました。それでも調べ続けていると、雑誌に掲載された自社の記事とか、お客さま先に残っていた当時の資料とかが少しずつ集まってきました。

それらを見ているうちに気づいたのは、この三十年、会社がスタートしてから提供している図書館システムの基本機能が、いまとほとんど変わらないということです。目録、検索、貸出、帳票、統計の機能が最初からあって、その後、一九八〇年代から九〇年代にかけての大きな変化はＯＰＡＣや自動貸出機など、図書館サービスのセルフサービス化でした。これによって、利用者サービスのためのシステムという側面が出てきて、図書館システムの世界がカウンターの外に広がっていきました。内部の業務管理のシステムだったものに、利用者自身が使うという視点が入ってきたのは大きい変化だったと思います。

一九九〇年代後半にはインターネットが、二〇〇〇年代になると電子リソースやＩＣタグなどが図書館システムに大きな影響を与えますが、いずれも俯瞰してみれば、図書館システムが昔から担ってきた役割の、質的・量的な拡大の範疇で、根本的には何も変わっていない気がするのです。そう考えたとき、図書館の現場を取り巻く状況の変化を想像すると、これでいいのか？、いま提供している図書館システムが本当に現在の図書館業務にフィットしたものになっているか?、という検証をする必要があるのではないかと思いました。

ちなみに、うちの初代社長の榎本敏雄は、インターネットが普及しだす前くらいから「近い将来、自宅にいながら蔵書検索ができる時代がくる」と言っていて、そのことを書いた雑誌記事を発見したときは、すごい人だなって思いました。その時点ではまだニーズとして認識されていたかどうかも怪しいことを、当たり前にできるようにしようという明確な意思をもって図書館システムをつくっていたというのが、すごく新鮮に感じたんです。

いま開発すべき図書館システムとは

現在の図書館システムを検証するといっても、具体的にどうすればいいのか。いくつかの視点があると思っています。

一つは「図書館業務のなかに以前からあるのに、システムが普及していないもの」です。たとえば、レファレンス。うちを含めて、小規模な図書館システムでレファレンス業務を支援する機能が標準搭載されている例はまだ少ない。レファレンス記録はどうしてますか?と図書館の方に聞くと「ノートに書いてます」とか「Excelで管理してます」という答えのほうが多いのです。レファレンスは目録や選書などの業務とも関連があるので、既存の図書館システムに組み込まれていく余地はあると思うのですが。

逆に言うと、いま、図書館の業務のなかでWordやExcelを使ってやっていることが、本当は図書館システムのなかに機能の一つとして組み込まれているべきなのでは?というような視点があるのではないかと思います。

もう一つ、「図書館業務のなかで機械にやらせたほうがいいことを機械にやらせるのが図書館システムの役割」だという原点に立ち返ると、統計をはじめとして、システムに残っているさまざまなログを業務に活用する機能がもっとあっていいのではないかと思っています。現状だと貸出統計くらい。でも、日々の業務のなかで、成果を数字で見えるようにすることが統計の役割だと思うので、取れる統計が増えれば、その分、図書館の価値をいろいろな指標で図れるはずですよね。それが貸出の数などに偏っているあまり、貸出=図書館と思われて図書館の役割が外部から過小評価されているとしたら、図書館システムの怠慢だろうなと。

ログの活用についていえば、ＯＰＡＣのアクセス数も、きちんと考えられてきていないのではないでしょうか。うちのシステムだと、従来、アプリケーションレベルで集計できるのは検索キーワードや検索回数だけでした。検索した結果、利用者がどうしたのかはわからなかった。Google Analyticsみたいに、検索のあと、キーワードを変えて目的のものに辿り着いたのか、予約ボタンを押したのか、印刷したのか、検索を諦めたのか、検索結果が何件だったかといったことはまったくわからない。そんな状態では、ＯＰＡＣを利用している見えない利用者の満足度を図れるはずがないですよね。こう思ったきっかけは「Jcross」（ジェイクロス：ブレインテックが運営する図書館の情報サイト）の担当になってウェブサイトの運営に携わったことでした。そこではじめて「ＯＰＡＣってどうしてウェブサイトの常識とこんなに違うんだろう？」と感じたのです。

最近うちで提供している新しいＯＰＡＣでは、検索のログだけではなくて、どの資料の詳細ページがどれだけ閲覧されたかということも出るようになって、少しずつよくはなってますが、まだまだです。

たとえばいま、一部の企業図書館では、図書館という存在が利用者から見えにくくなっているという事態が起きています。これは、統合検索（検索方法が異なるデータベースなどを一括して検索することができるサービス）を導入したり、電子ジャーナルやオンラインデータベースを充実させたりと、図書館に来なくても利用できるサービスを増やしていった結果、図書館スタッフと利用者が顔を合わせる機会が少なくなってきたことと関係しています。なぜそうなるかといえば、オンラインでなんでもできるようになったように見えて、実は対面でサービスを提供していたときには存在していた「何か大事なもの」が欠けたままサービスの中心がオンラインに移ってしまったからなのではないかと思っています。

こうして考えてみると、まだまだできることはたくさんあるはずだと思いますが、既存機能の高度化ばかりに目がいきがちなのは、私たちもお客さまも「それは図書館システムでやらなくてもいい」と思い込んでしまっているからだという気がします。

図書館全体を底上げするための取り組み

　実は、図書館システムをめぐる問題というのは、機能の良し悪しとは別のところにもあります。うちのシステムのユーザーは小規模な図書館が多いので、より顕著なのだと思いますが、機能とか価格以前の問題で図書館システムを維持できないという例が増えてきています。

　たとえば、最近、企業や団体の資料室などで「図書館システムを使うのはやめてExcel管理に戻します」といった明らかに退行しているケースが多くなってきています。理由を尋ねると、「管理する人も置けないし、本もそれほど使われていないから」と。それは究極的にはシステムがヘボだった、その程度にしか使ってもらえなかったということでそこは反省をしますが、「本が使われていない」というのはどういう状態なのか、もうシステムにできることは本当にないのかということも真剣に考える必要があると思っています。

　もう一つは、図書館システムを使う人の問題。小規模な図書館では、もともとスタッフ数が少ないので、一人が抱える業務の幅が広くて、異動や退職のときに引き継ぎが十分にできない。大学図書館などは全面業務委託も増えてきているから、新年度になったらスタッフが総入れ替えなんてことも。うちのサポートスタッフが「たぶん前任の方はこういう流れで作業していたんじゃないかと思いますよ」って、過去の作業記録を見ながら教えてあげるなんてことも珍しくないです。ひどい場合だと「システムにログインするユーザー名とパスワードがわかりません」とか、サポート契約をしているのにそれを知らなくて、サポートセンターに電話したら有料だと思って、わからないまま我慢していたとか。昔もこういう例がまったくなかったわけではないですが、最近は明らかに増えてきてます。

　こんな状態だと、システムの機能改良それ以前の問題で、とにかくスタッフが入れ替わっても、スタッフに専門知識がなくても、最低限の図書館サービスが維持できるようにしないといけない。そう考えたときに、これまでも、ユーザー向けセミナーやユーザー会の開催には力を入れてきましたが、これからは従来の枠組みを超えて

写真1 「情報館」を使用している学校図書館を対象にしたユーザー会の様子（写真提供：関 乃里子）

お客さまに寄り添うことが必要だと思いました。

それでこの春から、従来のサポートサービスとは別に、「アシストグループ」という専門の部署を社内で立ち上げて、いろいろな困り事を抱えている図書館の現場まで出向いて、お客さまと一緒になって課題に取り組むことをスタートさせました。

たとえば、お客さまから「蔵書点検をやりたいけどやり方がわからない」と言われたら、サポートスタッフな

写真2 ユーザー向けセミナーのテキスト（写真提供：関 乃里子）

らハンディターミナルの使い方などを説明するでしょう。でも、アシストグループの場合は、過去にやったことがあるならそのときのマニュアルは残っていないのか、自力でやるのか、外注するのか、そもそも蔵書にバーコードラベルは貼付されているのかなど、システム以前のところから相談に乗ります。

システムのサポート契約でも、導入当時よりも図書館の規模が縮小しているのに、大口のライセンス契約のままになっているお客さまがいたりする。そういう場合は、「そんなに大口のライセンスでなくてもいいですよ」とこちらからアドバイスをしてあげたい。いつか気づいたときに、無駄な契約をしていたという気持ちにならないようにしたいし、「節約できる分で新しいことをやりましょう」と提案ができたほうが可能性が広がることを考えたら、みんなうれしいですよね。会社としては、目先の売り上げが減るような提案って、なかなか言えないのですが、これからは積極的に意識を変えてやっていかないとダメだと思います。

そこまでやる必要あるの？と思われるかもしれませんが、長く図書館システムを使ってもらうということを考えたら、システムの「つくって終わり」「導入して終わり」ではないというところをきちんとやるというのが、これから私たち図書館システムの会社がやるべきことだと思っています。

顧客の要望の背景にある問題を一緒に探る

向いていたかどうかは別として、自分のなかでは図書館で働いていたかもしれないという意識はまだもっているので、図書館の現場で起こっている問題は、ひとごととは思えない。同時に、自分が会社で働きながら直面する問題というのは、図書館で働いているみなさんが直面している問題とあまり変わらないのではないかという視点も常にもっていて、私は業者、あなたはお客さま、と分けて考えないほうがいいだろうと思っています。そういうアプローチでいくとお客さまが考えていることも想像がつきますし、理解ができる。だから、私は常にお客さまの隣に座って、その人と同じものを見ながら、その人の視点で考える、という姿勢でいたいと思っています。

でも、もっと大事なことは、その図書館が置かれている状況を俯瞰するような視点、見晴らしがいい場所から見て考えることです。機能改良の話として「こういうことをやりたい」と言われたときに、表面的な理由ではなくて、その要望の背景に何があるのか踏み込んで聞いていくと、そこに起きている問題が見えてくる。そのあたりまでくると、「これはあっちの図書館で起こってる問題と同じではないか」と、なんとなく見えてくることがあります。それならば、個々に解決策を探るのではなくて、あっちの図書館とこっちの図書館の問題が一度に解決するような方法を考えられますよね。

そもそも根が面倒くさがりなので「イチ働いてイチ進む」みたいなものがどうも苦手で、「イチ働いて百進む」とか「イチ働いていったんマイナス十になるんだけど、十年後にはなぜか千になっている」というようなことができないか、常に探しています。ちなみに、この「見晴らしがいい場所」というのは、筑波大学の宇陀則彦先生が二〇〇八年に「情報管理」に書かれていた記事で使っていた言葉です。

だいいち、うちのような小さな会社は、力業では大企業には絶対に勝てない。では、私たちが大企業に勝てることってなんだろう？って考えたら、いい意味で図書館システムに固執していること、そして身軽であることかなと。大企業だと、図書館システムの業界全体が低迷してきたら、その分野から撤退するという選択肢があるけれど、うちは図書館システムしかやってきていないから図書館の世界で頑張るしかない。だから、ない知恵絞って考えるんです。そして、一人の人間が泥くさい現場と見晴らしがいい場所を行ったり来たりできるから見えてくることがあって、そうして出てきたアイデアを経営的な判断に直結させることもできる。こういうアドバンテージを、図書館が抱える問題を解決するためにうまく利用していくことが、自分たちも、図書館も、図書館の利用者も、みんなが幸せになる唯一の方法ではないかなと思ってます。

もう一つ、広報担当になってからは「組織の力」というものを意識するようになりました。営業って切り込み隊長みたいな仕事ですが、広報は自分自身が出ていくのではなくて、媒介するのが仕事。会社の外に向けてPR

することだけではなくて、図書館の現場でいま起きていることや社外から見た自社の評価などを社内に向かってもっと伝えていけば、全社員が間接的であっても自分の仕事が図書館の役に立っているともっと実感できると思うし、その結果として、会社のことをもっと好きになって、いまより仕事もうまくいくようになって、もっといいシステムができるかもしれませんよね。そしたら、図書館の人も図書館の利用者ももっと幸せになる。そういうサイクルがつくれるかはやってみないとわかりませんが、これから取り組みたいことの一つですね。

（インタビュー：ふじたまさえ）

エッセー

五年後の現在地

二〇二〇年の春。いろいろあって広報に加えて総務も担当業務として引き受けました。広報の業務に、新卒採用や研修、組織改革やバックオフィスの業務改革、そして何よりも新型コロナウイルス感染症拡大に伴って顕在化した社員の働き方の問題、ＢＣＰの問題などが加わり、息つく暇もなくあっという間に二年が過ぎました。

総務部職員課での仕事を放棄して、図書館に関わる仕事をするためにいまの会社に入ったのに、ここでまた総務とは皮肉なものです。

でも、これはいやいや引き受けたのではありません。インタビュー中にもある「図書館の人も図書館の利用者ももっと幸せになる」のために、自分にできることを突き詰めた結果です。いい図書館システムをつくって提供したい→そのためには自分一人で頑張るのではなく、組織としていい人を育て仕事環境を整えるほうが近道、ということで自然と現在の場所に辿り着きました。

担当する仕事は変わっても、同じ目標につながっていると感じながら仕事ができるのは、小さな組織のメリットの一つです。二〇一七年のインタビューで話した「いま、開発すべき図書館システムとは」の一部には、最近自社のシステムに実装された機能もあります。こうした進歩は直接自分がつくったり売ったりすることはなくても、何よりもうれしいものです。

司書名鑑

No. 15

宮澤優子

【飯田市立川路小学校・三穂小学校司書】

略歴

宮澤優子（みやざわ ゆうこ）

現在は長野県高森町で高森北小学校・高森町子ども読書支援センター司書。週末は夫と一緒に農家の母ちゃん。Google認定教育者Lev.2取得。GEG Minami Shinshu 共同リーダー。GIGAスクール時代の学校図書館を、子どもたちと一緒に目いっぱい楽しんでいる。

目指していたわけではなかった学校司書

学生時代の専攻はウィリアム・シェイクスピアでした。挨拶のデフォルトが「ごきげんよう」という学校で、入学して三日で来るところ間違えたぞ?と思ったのです。結局、両親から浪人禁止と言われ、現役時代には諦めた医学部を受験するために仮面浪人をしていました。ところがセンター試験を受けた矢先に父が倒れます。歩けなくなるだろうと。当時、わが家は祖父母を十年近く在宅で介護していました。祖母は胃瘻《いろう》もある肢体不自由の要介護者でしたし、祖父も寝たきりでした。介護保険や介護サービスも十分でなかった時代でしたので、母が仕事を辞めて二人を看ているという状況で、その年は弟が大学受験の年だったこともあり、進学を諦め就職することにしました。センター試験が終わり、年度末も差し迫った時期でしたので、すぐに就職はできないなと諦めていたのですが、その年の七月に開館予定の下條村立図書館で嘱託職員の募集があり、要件に司書資格がなかったこともあって応募しました。その後、おかげさまで父はリハビリを経て元気になりました。

下條村立図書館にいたのは四年間です。開館して最初の数年、住民の一人あたり貸出率が県下ナンバーワンという図書館でした。下條村立図書館については「Wikipedia」のページに詳しく書いてあります。

司書について

司書の資格は、下條村立図書館で嘱託職員をしながら近畿大学の通信教育で取りました。スクーリングもあったので、年休を使って松本や長野へ通いました。仮面浪人をしながらアルバイトをしてためた進学資金の一部をここで使ったわけです。結婚後もしばらく仕事を続けましたが、一人目の出産のタイミングで退職し、嫁いだ家が大きく農業をやっていますので、しばらく農家の母ちゃんをやっていました。単発で結婚式の司会をしていたのもこのころです。

子どもたちが小学校に上がるまでは家にいようと決めていて、下の子の入学のタイミングで復帰しようと思っていました。息子二人ともが重度の小児喘息で、フルタイムは厳しいかなと思ったのですが、そのときに求人があったのが学校司書と学習支援（算数TT［チームティーチング。複数の教師が協力して教育指導にあたる方式］）の半々、勤務が十六時までというものでした。二〇〇八年度のあたまから復帰し、それがたまたま学校図書館で、流れに身を任せていたら学校司書になっていたという感じです。学校司書になって十年目になります。学習支援と兼務していた高森町が二年、飯田市が八年目です。

私は本を読まない子どもでした。どうしても学校図書館で本を借りなければならないときは、母がつくってくれた図書袋にピッタリサイズの本を借りる！ということに心血を注いでいました（笑）。だからなのでしょうが、本を読まない子、本が面白くない、興味がないっていう子どもたちの気持ちがよくわかるんです。そういう子に本を読ませるのはうまい（？）と思っています。初任のとき、不読児童への読書案内を繰り返し、読まない、読めない子を徹底的に追跡しました。本人が面白いと思えるポイントを探して、それとマッチングさせてやればいいんだなというのは、感覚でしかないですが、あります。その経験から、前任校は全校児童が八百人を超す大規模校でしたが、全員の名前、読書傾向、読書力を覚えて一対一の読書指導をしてきました。職員のなかでは「歩く児童名簿」とか「歩く家庭環境調査票」とか言われていました。

学校司書の働き方

飯田市の場合ですと、学校司書の二十一人全員が市費での採用で、そのうちの六人が正規採用です。ただしその六人は家庭科免許での採用なので、中学校で家庭科を教えながら、司書教諭資格を取って勤務しています。私は臨時採用です。同じ県内の松本市の場合、昨年度まではＰＴＡ雇用などでしたが、今年度（二〇一七年度）から全員が市費での採用になりました。採用についてはは本当にいろいろですよね。松本市は市費採用に伴って市教委が研修を実施することになり、私も講師としておじゃましているのですが、飯田市の市教委に臨時採用の職員を講師派遣した前例がなかったらしく、手続きに数カ月を要しました。でも、考えてみれば、現役の学校司書の正規率なんてものすごく低いのですから、研修講師が臨時採用の職員ということは十分ありうるわけですよね。このあたりにもいろいろな問題の片鱗が見えます。

学校司書がどのような働き方をしているか、イメージしやすいのは学校の先生の動きでしょうか。前任の小学校は大規模校で二十五学級＋特別支援学級五クラスありました。一週間二十九コマのうち二十七コマ「図書館の時間」（学校や学年によって国語でカウントされていたり、総合でカウントされていたり）の授業でした。毎日、どの時間もどこかのクラスが図書館の時間という感じですね。残り二コマのうち一コマは図書委員会か読書クラブが入っていましたから、実質、空きコマは一です。そうした状況のなかだと、普段はまったく授業の準備ができないので、同じように千人超えの大規模校にいた市内の同い年の司書と、夏休みとか春休みの間に合宿状態で準備

写真1　本務校である飯田市立川路小学校の図書館の館内風景。全校児童91人、各学年1クラス＋特別支援学級2クラスで、図書館の蔵書数は6,696冊（2016年度末時点）（写真提供：宮澤優子）

写真2　飯田市立三穂小学校の図書館の館内風景。全校児童69人、各学年1クラス＋特別支援学級2クラスで、図書館の蔵書数は6,808冊（2016年度末時点）（写真提供：宮澤優子）

をしました。

授業については、教員ではないので単独ではできません。担任と連携したTT体制です。年度当初に各学級担任と相談し、図書館の時間の運用の方針を決めます。ほとんどのクラスが四十五分の授業時間の前半で、読み聞かせ、ブックトーク、アニマシオン（グループ参加型の読書指導メソッド）、利活用指導を実施、後半が貸出と読書の時間という運用をしています。読み聞かせをするだけでも週二十七コマ全部、授業をやることになれば、一年生から六年生まで毎週六プログラム入るわけです。それが一カ月四週あれば、二十四プログラム必要なわけですよね。それを一年間、長期休業や蔵書点検期間などもありますから、十カ月分として二百四十プログラム。一冊ということはあまりないので、その倍と考えると五百冊近く読みます。空きコマがないなかでそれを回すために、読み聞かせの年間計画をつくりました。季節、学校行事や教科の単元との関連、そしてその年代で出合ってほしい本、それらを組み合わせて。これは、読書センターとしての学校図書館の役割の部分ですね。

学習・情報センターとしての役割を果たすために何ができるか？については、試行錯誤のまっただなかです。学校には年間指導計画というものがあって、何年生の何月にこの教科では何をやる、というのが決まっています。私はそれを利用して、図書館独自の年間指導計画を作成しています。何月に、何年生の、どの教科の、この単元で調べ学習が入ってくる、この単元ではこういう資料が必要になる、というのを全部チェックしてあるのです。年間指導計画を図書館側がもつべき理由は、各学年の動きを事前にとらえていなければ、適切な授業支援ができないからです。具体的には、自館だけでは提供する資料をとうてい準備しきれないからです。予算が少ないこと、司書未配置だった時代が長く、教育活動に資するためのコレクションが構築できていないこと、などが理由ですが、ではどうするかといえば公共図書館からの団体貸出でカバーするということになります。先を見通しておかなければ、公共図書館からの団体貸出で資料を準備する時間の余裕を生み出せないのです。

私の勤務校では、毎週木曜日の学年会で次週の指導計画が決まりますが、どこの学校も似たようなサイクルです。月曜日にやることが、前の週の木曜日にならないと決まらない、金曜日の朝に「こういう本を月曜日の授業で使いたい！」と依頼されても不思議ではないということです。土・日は休みだし、近隣の公共図書館は月曜休館なのですよね。そうすると、火曜日に時間を捻出して公共図書館に出向き、当日に準備することになる。一時間目の授業だったりすると準備できない。資料が不十分だからその授業は明日にしてもらえませんか？と言うわけにはいかないでしょう？　それで資料が不十分なまま調べ学習をすると、子どもたちも「調べてもわからない！」「書いてある本がない！」「つまらない！」となる。「図書館、あまり役に立たない」ってなる。そうなってしまっては悲しいので、先手先手を打つようにしたわけです。

また、そういった授業支援をした場合の記録もきちんと取っておきます。たとえば一年生の国語の「じどう車くらべ」という単元では、担任の先生から「車の本をできるだけたくさん貸してください」みたいな、ざっくりした依頼がきます。しかしきちんと教科書と指導書を読むと、「車のしごととそのためのつくりを書き出す」という調べ学習をするとわかります。ということは、どんなにいろいろな車の本を準備しても「しごと」と「つくり」が載っていなかったら、それは使えない資料であるということになります。その単元の狙い、そのためにどういう視点で選書をしたか、実際に提供した資料、改善点や反省、先生からの感想、子どもたちの成果物などを記録に残し、次年度また同じ単元のときにはよりよい支援ができるように準備するのです。

さらに、情報リテラシー教育の指導案や教材も準備しています。教科学習のスピンオフ企画みたいな感じです。国語の教科書と指導書を丁寧に読み込むと、情報リテラシーについても六年間で少しずつ少しずつ積み上げていることがわかります。教科書は本当によくできていて、それが積み上がっていることが前提で調べ学習なんかが組まれているのです。目次や索引、百科事典の使い方、ＮＤＣ、いろいろなレファレンスツール、テーマのしぼり方、調べる順序、まとめ方、報告の仕方、新聞の構成、著作権、引用の仕方、公共図書館の使い方。司書教諭ならまだしも、担任の先生たちでは厳しいなあという内容が組み込まれるようになりました。このように扱う内容が増えたからといって、司書教諭の従来の授業などが減免されるわけではなく、これらの面倒をすべてみるのは至難の業。そこで私は、情報リテラシーの部分をがっつり司書が引き取ってやりたい！という提案をしました。図書館オリエンテーションの一環で利活用教育として実施するのです。

具体的には、授業の前半部分に短時間でレクチャーし、少しずつかつ確実に積み上げていきます。その準備として、教科書で教えなければいけないことになっている情報リテラシーを全学年分抜き出し、教科学習で必要になる前に実施できるよう体系的に配置した指導計画を作成しました。

実施にあたっては、指導計画をもとに指導項目を一項目で一枚のカードに仕立て、それをマニュアルがわりにしています。カードの表には実施学年や実施時期、指導項目、指導ずみチェック欄、カードの裏にはA3のホワイトボードに収まる程度の板書計画とそのほかの教材や学習カードなどの準備品が書かれています。学校行事などで学年内の足並みがそろわなくても、とにかく順番にこなしていけば全クラスで同じ指導ができるという工夫もしてあります。

カードにしたのは去年（二〇一六年）からで、大規模校時代に「来年も同じようにやればいい」と実施記録をストックしていたものをベースにしました。大規模校での空きコマ一の四年間がなかったら、たぶん思いつかなかったでしょうね。当時は必要に迫られて切羽詰まってやったのですが。それがなかったら、なかったものがもう一つあります。

昨年度、ある研修会に引っ張り出した仲間たちに、帰路の車中で情報リテラシーの話をしたところ、共有させてほしいということになり、月一回のペースで学習会をもつことに

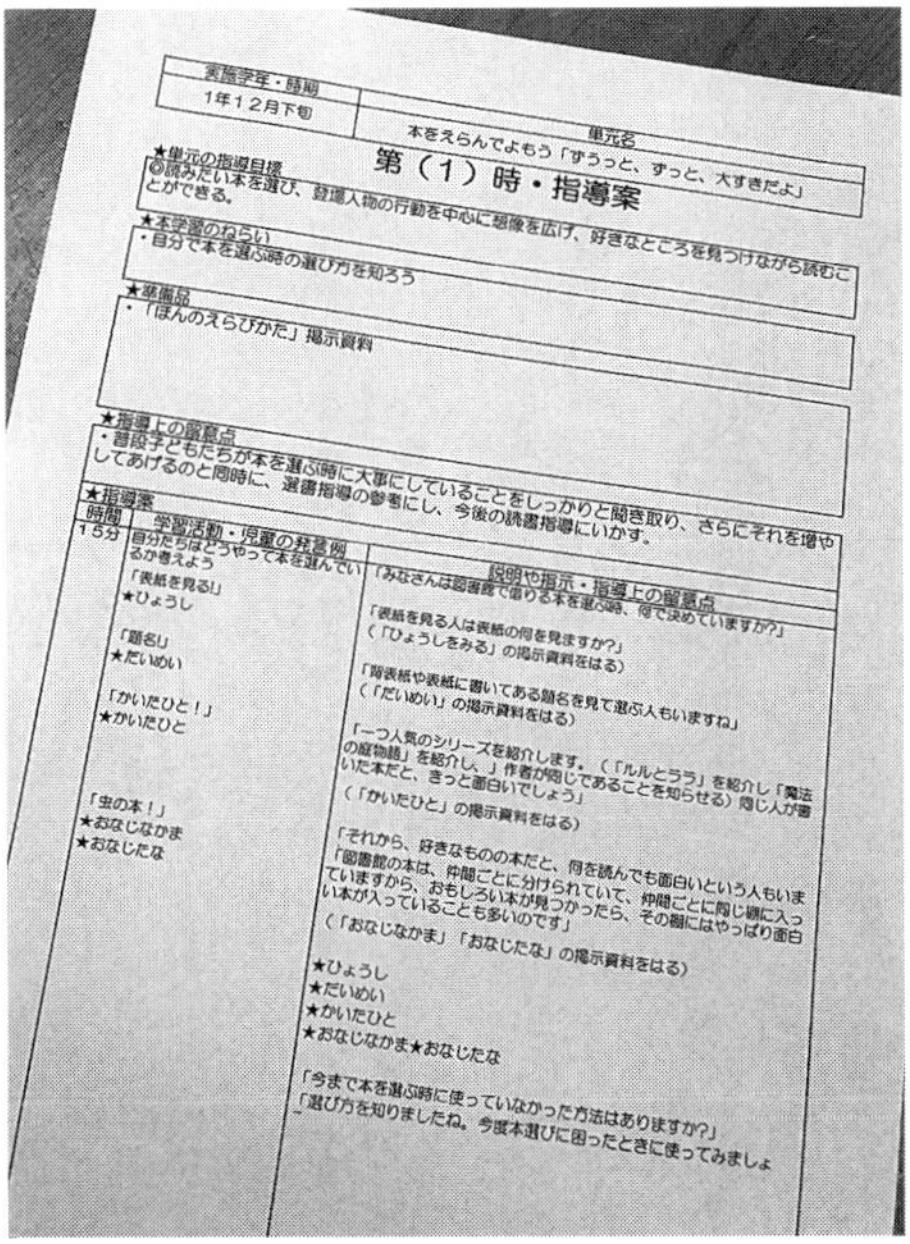
実施学年・時期
1年12月下旬
単元名
本をえらんでよもう「ずうっと、ずっと、大すきだよ」
第（1）時・指導案
★単元の指導目標
◎読みたい本を選び、登場人物の行動を中心に想像を広げ、好きなところを見つけながら読むことができる。
★本学習のねらい
・自分で本を選ぶ時の選び方を知ろう
★準備品
・「ほんのえらびかた」掲示資料
★指導上の留意点
・普段子どもたちが本を選ぶ時に大事にしていることをしっかりと聞き取り、さらにそれを増やしてあげるのと同時に、選書指導の参考にし、今後の読書指導にいかす。
★指導案
時間
15分
学習活動・児童の発言例
自分たちはどうやって本を選んでいるか考えよう
「表紙を見る!」
★ひょうし
「題名!」
★だいめい
「かいたひと！」
★かいたひと
「虫の本！」
★おなじなかま
★おなじたな
説明や指示・指導上の留意点
「みなさんは図書館で借りる本を選ぶ時、何で決めていますか?」

「表紙を見る人は表紙の何を見ますか?」

（「ひょうしをみる」の掲示資料をはる）

「背表紙や表紙に書いてある題名を見て選ぶ人もいますね」

（「だいめい」の掲示資料をはる）

「一つ人気のシリーズを紹介します。（「ルルとララ」を紹介し「魔法の庭物語」を紹介し、」作者が同じであることを知らせる）同じ人が書いた本だと、きっと面白いでしょう」

（「かいたひと」の掲示資料をはる）

「それから、好きなものの本だと、何を読んでも面白いという人もいます」

「図書館の本は、仲間ごとに分けられていて、仲間ごとに同じ棚に入っていますから、おもしろい本が見つかったら、その棚にはやっぱり面白い本が入っていることも多いのです」

（「おなじなかま」「おなじたな」の掲示資料をはる）
★ひょうし
★だいめい
★かいたひと
★おなじなかま★おなじたな
「今まで本を選ぶ時に使っていなかった方法はありますか?」

「選び方を知りましたね。今度本選びに困ったときに使ってみましょ

写真3　単元に必要なポイントをまとめた指導案
（写真提供：宮澤優子）

なったのです。読み聞かせの年間計画、図書館の年間指導計画や記録、そのためのノウハウ、そして情報リテラシーの指導カード、図書館管理、読書週間などのイベントや装飾のテクニック、それらをメンバーで共有し、実際に運用したらフィードバックしてもらい、さらにブラッシュアップしていきます。ベテランと若手の交流の場にもなっていますし、定期的に開催することや普段の連絡も密に取り合う仕組みをつくったことで、一人職場であっても相談する場が保障されるようになりました。いまは二校を兼務していて、二つの図書館の管理はとても大変ですが、どちらも単級の小規模校、授業は合わせて週に十二コマなので、学校図書館の機能向上のために、自分と仲間のスキルアップのために、空きコマを使っています。

教員や子どもに寄り添う学校司書でありたい

公共図書館と学校図書館の司書は、たとえば内科医と外科医くらい違います（学校図書館も、校種によってずいぶん違う）。医師免許は同じだけど、やっていることは全然違う。それは私が公共図書館と学校図書館の両方に勤めたからこそ感じられたことでしょう。診療科すべてをひととおり学ぶ医師と違って、司書は資格取得のときに学校図書館についてはほとんどふれず、公共図書館の司書は学校図書館を理解しにくい、というのが、ときにお互いの不幸を生んでいます。いま、飯田中央図書館にいる司書の樋本有希さんは私とは逆で、学校図書館から公共図書館へ異動した経験をもっています。私が最初に学校司書になったとき、同じ町内の中学校の司書をしておられ、町の読書推進に関しても一緒に仕事をしました。公共と学校、両方知っているからこそ、お互いがうまく理解できてない部分が見えるし、知らないというだけで生まれている不幸も見えていました。

どちらも知っている司書が学校現場にも公共現場にもいるから、うまいこと意思の疎通がとれるようになってきた、というところがいくつもあります。おかげで資料提供のための団体貸出、レファレンス、教材開発への協力、イベントやボランティア運用への協力など、さまざまな連携がとれています。

先生方との連携も、お互いがそれぞれの職能を理解し、歩み寄ることで本当に大きな成果を生むということを

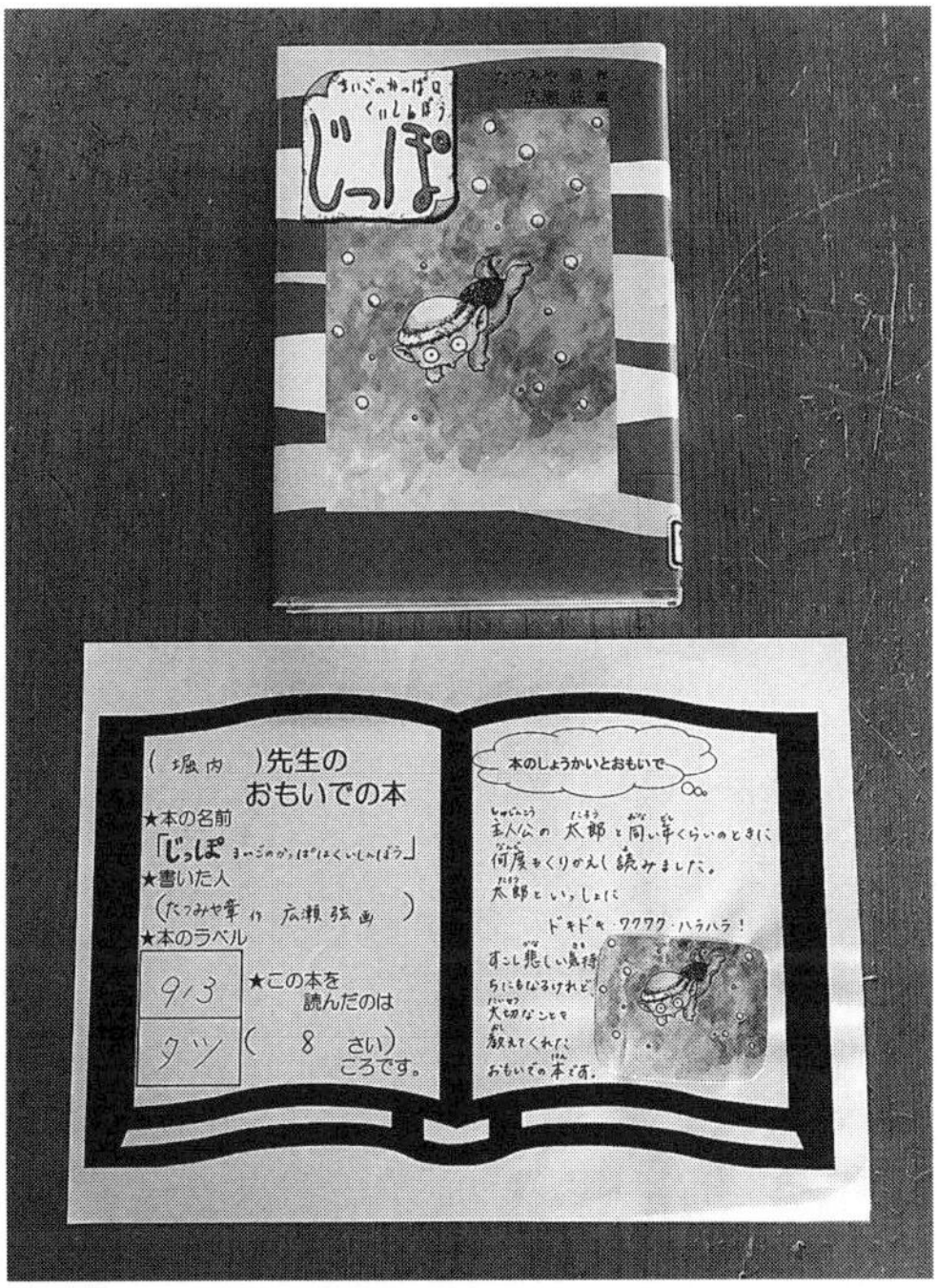

写真4　飯田市立川路小学校のおすすめ本コーナー。先生のおすすめの本を、本の思い出とともに紹介している（写真提供：宮澤優子）

感じています。たとえば、司書がスピンオフ企画で百科事典の使い方を図書館の時間に扱う。すると担任はその分、国語の時間をたっぷり使える。子どもたちは少しずつ百科事典の使い方を積み上げ、きちんと使えるようになると、調べ学習の質が上がる。だから意欲をもって生き生きと調べるし、成果も満足度も高くなる。そのために先生方とのコミュニケーションはやっぱり欠かせません。

私は「おしかけ司書」をしています。年間指導計画から単元の時期を察知して「営業」に行きます。どういった指導案なのかを聞き取り、昨年度の記録から提案できることがあれば提案し、スピンオフ企画を持ち込めればそれも提案し、資料を準備する。そうやって実施した学習で、結果としてたとえば子どもたちの成果物にいいものが上がってくれれば、「図書館を使うといいな！」「本があるといいな！」「司書がいるといいな！」と思ってもらえる。それが結局、学校図書館や司書の必要感につながっていけば、私たちも仕事がしやすくなる。そう思っています。

これからの学校司書のあり方

学校図書館の機能は「読書センター」「学習・情報センター」です。それらがきちんと機能する学校図書館をつくっていかないといけない。これまでの学校司書は「読書センター」としての図書館運営のノウハウは、けっこうたくさんもっています。ところが「学習・情報センター」については、まだまだ手探りです。実践本を謳う本があっても、教科書の指導内容や指導時期にフィットさせることが難しく、それを司書が単発で実施しても独り相撲、先生からすれば、自分たちの教育活動に何も資するところを見いだせない、そうすると有用感はもってもらえない、そんな悩みをもつ司書が多くいます。

それから先日、ある村の学校図書館担当者会に講師として出向いた折に、司書側の問題だけではないのだな、と感じたことがあります。それは、学校司書だけではなく、先生の多くも「読書センター」としての図書館しか知らずに育ってきていて、「学習・情報センター」としてきちんと機能している学校図書館を知らない、イメージできない、イメージできたとしても理想とは程遠い、ということです。また、学校司書未配置の学校の公務分掌では、図書館教育係は司書教諭をもつ先生が担当することが多くなります。その先生は、本来、司書がすべき図書館管理に忙殺され、司書教諭としての本来の活動をする余裕がまったくありません。

もし学校図書館としてきちんと機能している図書館運営をすれば、いま、目の前にいる子どもたちにとっての学校図書館のスタンダードは、「きちんと機能した学校図書館」になるでしょ？　学校図書館の利用者はその学校の全児童、全生徒ですから、利用率は一〇〇パーセントです。利用者は市民の二〇パーセントといわれる公共図書館以上に、学校図書館が図書館を知の宝庫としてスタンダードにするためにできることは、その利用率一つとってみても大きいと思っています。ただ、それを私一人がやっていてもダメですから、なんとか広げたいと思っています。

松本市の学校司書研修で講師としてお話しした一回目は「選書」がテーマでした。もっと先にやっておきたいことはありましたが、予算があるうちに選書をテーマに扱いたいということでした。そのなかでまず真っ先に「読書センターとしての選書ばかりしていませんか？」という投げかけをしました。「学習・情報センター」としての選書の視点をどう身につけるかを考えてもらうわけです。選書リストがなくても、選書の視点とそのプロセスを習得し、誰がどこの学校へ異動しても、学校図書館の機能に合わせたコレクションを構築できるようにしたいのです。

個人的には、栄養士が栄養教諭に移行したように、司書が司書教諭にならなかったことが残念でなりません。司書教諭が発令されていても減免措置が取られていないことのほうが多く、司書未配置校の場合、担任をもちながら選書も装備受入も蔵書点検も、司書教諭がやるわけです。それできちんと機能する学校図書館のコレクションをつくれと。さらに図書館を使った学習をなんとかせよって言われても無理でしょう。極論ですけれど、私はいまの制度の司書教諭はいらないと思っています。怒られちゃいますね。でも、専門性をきちんと発揮できる学校司書がいて、司書教諭としての素養をすべての先生がもてば、間に入る司書教諭がいなくてもいい、そういうことです。きちんと機能した図書館を使って、それを十分に活用した授業ができる先生と、そういう図書館運営をして授業の図書館的サポートができる人がいればいいでしょう？

全国には、司書教諭として精力的に取り組む先生もいらっしゃるので、それはそれで素晴らしいと思っていますが、本来すべての先生がそうでなければいけないのではないかと思うのです。そして学校司書も、学校図書館の機能をきちんと理解したうえで図書館運営をし、教育活動に資することができなければならない。教員養成と司書養成のあり方についてという壮大な話になってしまいますが、いまの制度のまま学校司書がきちんと育つだけで、それに近づけると思うのです。教員よりも司書のほうがまだまだキャパシティーに余裕があります。私がそういう視点をもつことができたのは、最初に入った高森町の学校司書のとき、学習支援も受け持っていたからです。しかしながら、学校司書に対する体系的な研修が圧倒的に不足しています。むしろ私の身近にはほとんどないです。臨時採用で薄給のなか、田舎から研修に出かけるハードルはかなり高いですし、授業という枠に縛られている学校司書は、代替要員もいないこともあり、研修に合わせて休みを調整することも難しい。勤務として出向ける研修があれば、一気にスキルアップできると思っています。もっと自分たちの頭を使って考え、自分たちでやる必要がある、ということも言われますが、それができる人はひと握りでしょう。学校司書は各自治体の教育委員会採用であることが多く、組織化されていない場合がほとんどです。社会教育の枠組みである公共図書館とも切り離されがちです。司書資格だけで学校司書の世界の入り口にたった一人で立ち、免許皆伝まで自力でなんとかしなさい、というようなものです。

学校図書館支援センターや、そういった部署がある公共図書館もあります。幸い、県立長野図書館も学校図書館への支援や連携を探ってくれています。いますぐどうこうできることが、ある。そう信じて、みんなが諦めても諦めない藤子・F・不二雄『ドラえもん』のジャイアンのように、学校図書館から声をあげ続けていきたいと思います。

（インタビュー：ふじたまさえ）

エッセー

ジャイアンは諦めなかった

「ライブラリー・リソース・ガイド」第二十号掲載当時の二〇一七年、私は単級小規模校二校兼務で学校司書をしていて、同じ自治体に勤務する学校司書たちと学習会をもっていました。多くの情報を共有することで、取り組みが複数校に広がり、学校図書館が教育活動に資する活動が実行できるようになってきていました。しかし、当該自治体全体での取り組みにはハードルが高くジレンマを感じていました。

二〇一九年から現任校に着任（十年ぶり二度目）し、自治体内の学校で足並みをそろえて子どもたちを支援する取り組みを提案、二〇年から高森町子ども読書支援センターが稼働しました。町内の公共図書館と学校図書館が協働し、それぞれがもつ図書館的資源「物」「人」「場」を共有・活用することで、子どもたちへの図書館サービスを向上させるという「仕組み」を構築しました。GIGAスクールの稼働による新たな課題も山積みですが、学校図書館の情報化への第一歩も踏み出しています。

司書名鑑

No.16

手塚美希

【岩手県紫波町図書館主任司書】

略歴

手塚美希（てづか みき）

浦安市立中央図書館、秋田市立中央図書館明徳館、秋田県立図書館での勤務後、二〇一〇年七月から紫波町企画課公民連携室に図書館専門嘱託員として勤務。紫波町図書館の開館準備を単身赴任しながらおこなう。一二年の開館を経て現職。一九年、全米図書館協会年次大会2019で紫波町図書館の取り組みを発表。現在、岩手と愛知の往復生活。論考に「まちも人もオガール――紫波町図書館誕生から2周年まで」（「みんなの図書館」第四百四十八号、図書館問題研究会、二〇一四年）。

図書館への思いと出合うまで

秋田県の過疎化と高齢化がいちばん進んだ村に生まれ育ちました。私が村に住んでいた当時、人口は約四千人でしたが、いまは二千二百人程度にまで減っています。高齢化率は五三パーセントで、秋田でもダントツです。信号も、本屋も娯楽施設もなく、鉄道も通ってない、陸の孤島と言いますか、秋田市に出るには車で山を越えて一時間かかりました。年に数回、家族に連れていってもらって文化にふれる（笑）ことが異常に楽しみで、それによって支えられていた子ども時代でした。

子どもながらに痛感していたのは、あれもしたい、これも見たいという好奇心はあるのに、情報がないと何もできないということですね。子どもですからお金もないですし、自力で動ける範囲も狭い。ただ、村のことは大好きでした。子どもの教育にはお金を惜しまず、給食費や通学バス、ランドセル、辞典などが無料でした。親、学校の先生、地域の大人とも垣根なく話せる環境で、当時、自分たちはこの村のなかで一生、幸せに暮らしていけるという感覚がありました。老若男女が対等に語り合える環境があるなら、過疎の村でも幸せに生きていけると感じていたんです。

そんな実感がもてたのは、中学生のとき、東京から赴任してきた国語の先生の存在が大きいです。いまにして思えば、その先生が地域に学校を少しずつ開いていって、村を変えたんだと思います。たとえばキャンプとなれば、縄文人の暮らしを体験するために、山を開墾するところから村の人にお願いしたり、「なんのために勉強するの?」というテーマを設定して、子どもたちだけで考えるのではなく、まずは親や家族に聞いて真剣に答えてもらい、さらに公開授業にして地域の人たちと一緒に考えてみる。三年生のころには、「村が豊かになるとはどういうことか?」というテーマで議員と中学生が話す場もつくってくれました。

でも情報がないということは耐え難くて、当時、中学生で自分も子どものくせに、のちの子どもたちに自分と同じ思いをさせたくない、という思いに行き着いたんです。大人は変えてくれそうにないので自分がやるしかないと思ったのですが、何をしたらいいのか悩んだあげく、村にいても最新の情報が手に入る「情報発信基地」があればいいんじゃないか、と。

振り返ってみれば、小学校と中学校には図書室があって、そこに先生もいて、恵まれた環境にはあったんです。学校の図書室は閉まるのが早かったので、村の役場の一角にある村立図書館という名の、公民館図書室のようなところに入り浸っていました。そこには担当する役場の事務員もいましたが、すごく古い、大人向けの本が少しだけで、全然足りなくて(笑)。たまに行く秋田市や、山を越えた隣町の小さな本屋で本や雑誌やCDを買って情報を得ていました。

村に図書館をつくりたい

高校生のときに、本、音楽、映画、あらゆる最新情報があって、老若男女が集えるところは図書館なんだと気づきました。図書館で働く人のことを司書っていうんだと知って、じゃあ司書になろう、図書館をつくる人になりたい、と思うようになりました。

進学先を選ぶときに、村から一時間くらいの範囲内で駆けつけられる場所にと家族に言われ、司書のほかに教員の資格も取得できる条件で探して、盛岡大学を受験しました。大学では司書課程を受けながら、中学と高校の国語の教員免許も取得しました。当時から司書はとにかく狭き門で就職できないと聞いていたので。

四年間、司書の勉強をしたのですが、結局のところ図書館のつくり方はわからなかった。いま思えば、先生の側に図書館をつくった経験がある方がいなかったんだろうと想像できるのですが、そのころは司書課程で教えてくれるにちがいないと思っていました。一つだけ、集中講義の生涯学習論は、行政職の方が講師で、岩手県の金ケ崎という町でこれから一から住民と図書館をつくるお話で、それをわくわくしながら聞いていました。この講義以外はほとんど「図書館のつくりかた」をイメージできないまま、大学を卒業しました。

育ててもらった浦安市立図書館

卒業を控えたころ、教授の研究室のドアに「浦安市立図書館専門非常勤職員全国公募」が張ってあるのを偶然、目にしました。当時、図書館の先端の事例として、講義では浦安市立図書館の名前が頻繁に挙がっていたので、記念受験のつもりで応募しました。

面接をしてくださったのは常世田《とこよだ》良《りょう》館長（当時）と庶務係長（のちの館長）とベテラン司書でした。全国から応募が殺到したようで、二人ずつの面接。私と一緒に面接を受けた方は都内の大学で勉強していてスマートな受け答えをされていたので、レベルの違いに圧倒され、こんな方ばかりなら絶対に受からないと開き直っていました。

　私が応募した動機は隣の方とまったく違っていて、「自分が生まれ育った村に図書館をつくりたいので、ここで修行させてください」ですし、面接する側も戸惑ったと思います。質問は「秋田の村から一人で出てきて大丈夫か？」とか「両親の了解は得ているのか？」といったことが続いて、最後に図書館に関する質問があり、「図書館ってひと言で言うとなんですか？」というものでした。私の目的は一つでしたので、「図書館は、まちづくり、ひとづくりをするところだと思います」と答えました。隣の方は、記憶があいまいなのですが「知の創造なんとか〜」とすらすら話されて、なるほどそれが正解か、これは落ちたなと確信して、でも勉強になったなと思って帰ってきたのですが、なぜだか採用されました。

　当時、浦安は新しい分館が建設されるときで、正規職員二人と非常勤四人の体制が必要だったところ、長らく正規職員の新規採用がストップしていて、専門非常勤という正規職員と同じような仕事ができて二人で正規職員一人分くらいの働きをする非常勤職を新設し、四人採用するということでした。私以外のほかの三人は、浦安で非常勤としてずっと働いてキャリアを積んできた方たちでした。

　浦安では、司書課程の勉強はなんだったんだろうっていうくらい、さまざまなことを教わりました。分類は司書課程で教わっていましたけど、現場では非常勤の方も四桁まで暗記していて、四桁まで覚えるものだったのか、と打ちのめされていたくらい。本当に何もついていけなくて、完全に落ちこぼれでした。正規職員は四十人、非常勤も大ベテランがそろっていましたから。採用された四人は新設されたポストなので、「育て枠」だったんだと思います。たとえ仕事は失敗ばかりでも、この子を育てようという温かい雰囲気に包まれながら、中央館やどの分館に助っ人で行っても、どの仕事でもとりあえずできる、みたいな育て方をされました。

　当時、浦安では非常勤でも毎年、業務分担をつくる前に館長と面接をして、本人の希望ややりたいことを確認するということをしていました。館長から「五年いるつもりなのか、十年いるつもりなのか、それまでここで何を習得したいのか」と聞かれて、こんなに優秀な正規職員が数十人で成り立っていて、その一人にも何年かかってもとうてい追いつける気がしないのに、ましてや落ちこぼれの私が一人で図書館をつくるために、いつまで何をすればいいのかなんて、想像もできませんでした。そのうちに一般の公務員試験も受けられない年齢になるという不安はありましたが、「図書館をつくるために役に立つことならなんでもしたい」ということだけ伝えていました。専門非常勤という立場の私でも、いろんな業務を経験させてくれて、正職員の会議や研修の隅っこに加えてもらえたのは、とてもありがたかったですね。

館長直轄の若手を中心としたプロモーショングループに入れていただいたときは、これからの浦安の図書館のLI（ライブラリー・アイデンティティ）を刷新するときでした。どんな図書館を目指すのか、LIをかたちにするためにどうやって統一されたデザインを館内でつくっていくのか、ということを話し合い、実践していきました。そのときの経験が、紫波町図書館を立ち上げる際に生きたと思っています。図書館には自分たちの理念があって、デザインはそれを表現する、可視化するためにあって、両者は切り離せないものであるということです。

新しいロゴなどを担当してくださったのは、アドバイザーとしてずっと浦安市立図書館の応援団みたいな立場で尽力くださっていた、企業のCIなどをお仕事にされているデザイナーの押樋《おおとい》良樹《よしき》さんです。のちに紫波町図書館のデザインをアジールの佐藤直樹さんにお願いすることが決定した際、佐藤さんや設計に関わるみなさんと、浦安はもちろん、押樋さんがロゴなどのデザインを手がけた葛飾区立中央図書館に見学に行きました[1]。

浦安市立図書館から秋田へ

図書館が主催する講座の講師だった寄生虫学者の藤田紘一郎さんの研究室の人と出会って、それが夫なんです。秋田大学に就職を決めたのに合わせて、私も秋田市内に就職先を探すことになり、秋田市立図書館の臨時職員として採用になりました。規定で三年が限度でしたから、次の職場を探さないと、ということで、ちょうど非常勤を募集していたのが秋田県立図書館でした。

面接官の一人が、当時、広報企画班長だった山崎博樹さんでした。そのころには、いつかつくらなければと思っていた図書館が私が育った村にすでにできたのですが、県立図書館なら違う立場でサポートできることがたくさんあるだろうと思い、応募の動機として、「市町村図書館のために役に立ちたい」と言いました。

村に恩返しできるチャンスだと思って県立に入ってみたら、相互貸借担当の方に「あなたの村の図書館は頑張っている。司書は県内でもすごく熱心な人だよ」と言われました。帰省したときにも、地域おこし協力隊の人たちが、「この図書館、すごくいい図書館なんですよ」と笑顔で教えてくれたんです。心からうれしくて、私がすることはなくなったけどよかったなと安心しました。

周りを見渡して一人ひとりの声を聞けば、近隣の町でも、被災地の町でも、情報が足りなくて困っていたり、私がかつて感じていたような思いをしている人がいますよね。そういう意味では、自分ができることを続けていくのは、どこでもいいのかな、という思いもあります。いま、私が紫波町でやっていることが、いつか困っている人たちがいる場所に反映されたり、見学に来てくださった方のもとに何かしら届いて、少しでも状況がよくなるということがあるなら、やっている意味があるかなと。微力すぎて能力的にはできないことばかりですが、やれることがあればやりますという感じですね。

紫波町図書館へ

秋田市立に三年、秋田県立は四年、夫が東京に転勤になったタイミングで、そのとき紫波町の図書館建設準備のアドバイザーをしていた山崎さんから図書館の立ち上げをやってみないかと声がかかったんです。

紫波町図書館は二〇一七年八月で五周年。六年目に突入しました。運営体制を含めて変化はじわじわとなので、五年でここまでしかできないものなのかと愕然とすることがあります。町の人たちや、業種も年齢も地域も超えたいろいろな人たちとの飲み会やイベントに参加して、つながりをつくっています。お酒に強い体に産んでくれた両親に感謝しないといけないですね。

休みの日は、町の人と人通りが寂しくなった地域で蚤の市を開いたり、町に映画館やレンタルビデオ店もなくなったので、有志で自主映画上映会の活動をしたりしています。面白いことがないと嘆くのではなく、自分たちの手で町を楽しくしようとする人たちと一緒に何をしようか考えて行動するのが楽しいです。図書館で出会った人たちとの活動でもあるし、活動しているうちに派生して広がったつながりを図書館につなげていくきっかけにもなっています。

紫波町に入ったのは震災の半年前です。すでに図書館の運営方針として農業を支援することにしていたのですが、震災が起きて、農業は産業としてだけではなくて、地域にとってなくてはならない本当の要なんだということがわかりました。沿岸ほどではないにしても、紫波も被災してすぐ、農家の人たちが一家で米一升（一・五キロ）を持ち寄る運動を始めて、軽トラに集めたお米をたくさん積んで出かけていったんです。余震も大きくて、ガソリンスタンドに大行列ができて、信号も止まっているときに。農家には自家発電の設備も、農産物も備蓄があるので、半年くらい電気がなくても暮らしていけるのだと知りました。農家

写真1　紫波町図書館でおこなっている「出張としょかん」で公民館に出向いたときの様子（提供：紫波町図書館）

写真2　都市と農村の新しい結び付きの創造をコンセプトにした紫波町図書館のトークセミナー「夜のとしょかん」の様子（提供：紫波町図書館）

はシェルターのようだと。

被災地の沿岸部は漁業が中心ですが、農業をやっていた人もいます。いまここで紫波町の農業を応援していくことは、いずれは沿岸でもとのように農業をする人たちやビジネスを起こす人たちの役に立てるのではないかと。紫波の農業が元気になることで、やがて沿岸の農業に波及効果をもたらすこと、これを農業支援の一つの目標とすることに決めました。

開館一年後、「公共図書館員のタマシイ塾」を豊田高広さん（田原市中央図書館長）が塾長になって紫波町でもやろうと企画してくださって、そのとき、集まった岩手県内の図書館員たちと「岩手タマシイ会」を立ち上げました。現在も被災地の図書館に行って、迷惑にならないことで、そのときに役に立てることをしようと、ささやかですが活動をしています。

図書館を立ち上げたら三年くらいで帰ってくると思って送り出してくれたのに、そうはならずに七年以上たってしまい、夫には感謝とともに申し訳ない気持ちでいっぱいなのですが、ここではやればやるほどつながりもできていきます。公民連携なので、役場の方もそうですが、みなさん、オープンマインドで、人がよくて、閉鎖的なところがないのが、この町の大きな特徴だと思います。よそ者も受け入れて任せてくれるし、一緒にやろうと言ってくれる。市民との協働がこの町の土台にあって、そのうえに公民連携が成り立ったのは自然の流れです。積み上げがないところにポンと民間をもってくるということはせずに、町の人たちがそれぞれの手で取り組んで、さらに民間と公共を連携することになった。その積み重ねがないまま、ほかの町で同じことをやれといきなり言われても難しいと思います。ありがたいことに、うちの町でやってほしいといった声をかけていただくこともあるのですが、紫波町と同じようにやるには、つながりをゼロから積み上げていく必要があって、それは簡単にはできない気がします。見学に来られた議員や自治体の方には、まずは土台づくりが大切ということをお伝えしています。『町の未来をこの手でつくる――紫波町オガールプロジェクト』（猪谷千香、幻冬舎、二

写真3　岩手県立美術館の展示と連携したトークイベント。ゲストは元暮しの手帖編集部の加川厚子さん（提供：紫波町図書館）

〇一六年）にも書いてありますが、町の人が町のなかだけでなく、外の人たちと一緒に取り組むための土台が大事だということです。町のなかで図書館だけが繁栄することを目指してはいないので、出会っていないたくさんの方とまだまだもっとつながっていきたいです。巻き込みながら、ぐるぐる回りながら上に登っているイメージです。

世代交代をしていっても、何ができるのかを考えて、最良の道を選んで取り組んでいる人が常にいる、図書館もそういう安心感を与える存在であるといいなって思います。

自分ができることは何か

いま非常勤で働いている司書の方は、仕事が限定されていて、自分をレベルアップさせるためにレファレンスしたい、選書をしたい、自分で企画を立てたい、あのサービスもこのサービスも自分でやってみたいって思いながらも、毎日これだけの仕事しかしてないっていう焦りもあると思います。繰り返しの雑務に思えることばかりで時が過ぎていくという。経済的に先が見えなくて、暗闇のなか、絶望的な気持ちに襲われることもあると思うのですが、私もずっと同じ暗闇のなかにいました。暗闇を抜け出すことを考えるのも大事ですが、私は、任せられた仕事のなかで、これだけはできるっていうことを見つけて取り組んでいました。できることが見つけられると、それだけで楽しいんですよね。

たとえば浦安のとき、私は何もできないので、ほとんど返却のカウンターにいたんですけれど、正職員のみなさんにはそれぞれに得意分野があるということがわかってきたので、私の役目はその人たちにつなぐことだと思ったんです。そこでいまAさんが二階の事務室で仕事をしている、書庫カウンターにはBさんがいる、レファレンスカウンターにはCさんがいて、分館にはDさんがいるっていうのを、朝のうちに覚えておいて、利用者のお話をうかがったときに適切な人につなぐということをひそかにやっていました。私自身は能力的にも役割的にも直接の役には立たないけれど、その方を適切な職員につなぐことで役に立つことはできると思っていたので。

ちなみに紫波でも最初からチームレファレンスでいくつもりでした。所蔵も人も限られた小さな図書館で一人だけで解決しようとしても、利用者に小さな手助けしかできないので、とにかくみんなで協力してやること、それぞれが関係機関と事前につながって、そこにすぐつなげられるようにしておく。もちろん自分たちのレベルアップは必須ですけれど、限界がありますからね。予算も限られていますし。

先ほどの話の続きですけど、浦安のときはカウンターにいるときでも、棚にいるときでも、一人でいいので自分のファンをつくるということも、自分のなかの隠れた目標としてやっていました。その気持ちがあるだけで、かなり楽しく仕事ができましたね。

紫波では、目の前にいる人だけではなくて、ただ通りすぎる人にも、自分ができることは何かを全力で考えて対応するということを目標にしています。自分のやりたいことや興味というのは二の次にして、目の前に与えられた環境のなかで自分ができることがなんなのかを最大限に考えて、それを全力でやるということを常に意識しています。

目の前にいる利用者にはもちろんですが、かつての自分のように、町のどこかで膝を抱えている人に何ができるか、どうやったら図書館ができることを届けられるか、ということを念頭に置いています。

私自身は司書として優秀でもなんでもなくて、仕事の習得に普通の人の何倍も時間がかかるので、ほかの仕事を覚えるにはまた一からとても時間をかけてやらないといけないんです。大きな声では言えませんが、これまで出会った生粋の優秀な司書の方々に協力してもらったからこそ、いまの紫波町図書館ができたとも言えます。図書館づくりだけでなく現在の運営も、自分にできないことが多すぎるために、つながってくださる頼りになる方々との信頼関係の間で、私はこれをしたい、逆に私はあなたにこれならできますということを伝えていく、そういうことの連続です。

なにか事例が注目されると、「あの人がすごいからできたこと」と思われがちです。確かに本当にすごい方たちだからできる場合もあるとは思いますが、私のように、そうじゃなくてもできることがたくさんあるよって言いたいです。特別な能力がなくても、カウンターで地道にやっていくだけでもできることがある。他力本願なまま漫然と過ごしてたらそのままになってしまうけど、見ている人は見ているので、何かのタイミングできっとチャンスがくる。そのチャンスがきたときに逃さないということ。非常勤だから、臨時だから無理だとか、自分にはできないとか、そういう壁は自分でつくるもの。壁をつくった時点でチャンスがなくなってしまいます。チャンスを自分から手放すようなことはしないでほしいなと思います。

注

(1)「図書館のデザイン、公共のデザイン」(「ライブラリー・リソース・ガイド」第二十号、アカデミック・リソース・ガイド、二〇一七年)の座談会「本のデザインと図書館のデザイン」(佐藤直樹・原田祐馬)に、その詳しい経緯が話されている。

エッセー

五年後も見えない世界で、変わらないこと

「そんなに劇的な人生を送るなんて思わなかった」。ワシントンD.C.で図書館のことを発表すると伝えたときの、妹のひと言。私の平々凡々さを家族はよく知っています。自分は「司書名鑑」に値するのかという思いはいまも変わらず。あれから五年、二〇二二年で図書館は十周年。世界は大きく変貌し、図書館から派生した人とのつながりは何倍にもなりました。五年で実感しているのは、「図書館」の存在は重要性を増しているということです。誰でも無償であらゆる知に広く深くアクセスできること、情報リテラシーを身につけ、本質を見誤らないようにすること、意見の相違や差別、対立が起きたとしても対話ができること。外は嵐でも、ここに「知る」「考える」ための「図書館」があり、人々のハブとなる司書がいるならば、きっと

乗り越えていける、そう言えるようにしたいのだと。文中に登場する中学の国語の譲矢千香子先生から受け取ったのは、「自分の頭で考えること」「戦争をしないこと」でした。この二つに欠かせないのも「図書館」。そのバトンを渡すことができますように。

司書名鑑

No. 17

岡部晋典

［博士（図書館情報学）］

略歴

岡部晋典（おかべ ゆきのり）

現在は図書館総合研究所主任研究員。筑波大学大学院図書館情報メディア研究科博士後期課程単位取得退学。博士（図書館情報学）。複数の大学で専任講師などを経たのち現職。研究の主たる興味・関心領域は選書論、オープンアクセス、ライフヒストリー研究など。

科学少年、哲学青年、図書館情報学へ

最初に申し上げておきたいことは、僕は図書館で働く司書ではありませんし、図書館情報学の研究者としても正直、傍流にいると自分では思っている人間です。今回、「司書名鑑」に載せていただけるということですが、なぜ僕が?、本当に僕でいいんですか?（笑）

子どものころから物をつくる、手を動かすことが大好きでした。休みの日には発明協会が創立した少年少女発明クラブに行っていました。いまで言うワークショップのはしりのようなものですね。成績のほうはいいとも言えず悪いとも言えず。化学と国語の成績は異常によくて……。興味がある科目だけは突出してよくできていまし

た。ほかは、まあ、察してください（笑）。父が化学の高校の教員だということも影響しているかもしれません。一九九五年がインターネット元年ですよね。当時、僕は中学生。こんな世界があるなんて、とびっくりしました。高校のころはチャットとかが広まりはじめたころです。「Twitter」なんてまだ影も形もない。なので、ICQやIRCといったもっとクローズドなチャットツールで面白い人たちとつながっていきました。HTMLを勉強して、流行していたテキストサイトを主宰したり、ね。当時、同年代やちょっと年上の人たちとのコミュニティーができていて。いまもお付き合いがある人もいます。そのコミュニティーから大学教員になったのが二、三人、GoogleやMicrosoft、野村総合研究所（NRI）に就職した人もいます。面白いコミュニティーでしたね。

高校の先生からは理系に行けと背中を押されていたんですけど、ウェブでつながった人たちからの影響か、当時はジャーナリズムについて学んでみたいなと思っていました。ジャーナリスト志望というわけではないんですが。それでメディア論とか、社会学とか、あるいは民俗学なんかに興味をもちはじめました。ただ、センター試験で大失敗してしまって。これは第一志望、行けないかもなあ、と。センターのあと、パラパラと受験の参考書を見ていたら、図書館情報大学というよくわからない名前の大学を偶然、見つけました。完全にスコープ外でしたね。前期入試は難しめの大学にチャレンジするとして、本とか図書館は好きだし、と思って軽い気持ちで後期入試を受けたところ受かってしまった。合格発表の番号もいちばん後ろだったはずです。最後の最後までさんざん悩んだあげく入学したのですが、入ってみたら、なんかちょっと違うぞと（笑）。どうやらこの大学は図書館員を目指す人がいっぱい来るところなんだと。それさえ知らなかったんですね。いま思うと、ホントめちゃくちゃ。

そうすると、周りのみんなと意外と話が合わないわけです。ミステリーとかの話は盛り上がるんだけど、ちょっと背伸びした学生が話したい話題……たとえば、思想とか哲学的な話をする人がほとんどいなくて。学内にもいたのかもしれませんが、僕には見つけられなかった。すでにテキストサイトのつながりが大学の外にあったから、背伸びしたくなっちゃうじゃないですか。あれーって違和感をもちましたね。いまで言う、いわゆる不本意入学の状態に近いと思います。でも、ものすごく面白い授業もあって、それにはハマりましたね。一方、さほど興味がもてない科目はあまり出席しなかったりして……。当時の同期は僕のことを落ちこぼれだと思ってるんじゃないかな。講演でしゃべっているときに、大学の同期がフロアにいたりすると、もう冷や汗が止まらない（笑）。

それで、授業に出ずになにをやっていたかっていうと、ひたすら図書館にこもって、片っ端から本を読んでいったんです。もう朝から晩まで。授業に出ていない焦りというか、負い目みたいなものもあったので、自習せないかん！って感じで。そんな焦るくらいなら授業に出ろよ、といまの僕だったら言うだろうなあ。そこでなにを思ったか、図書館系の雑誌を過去三十年分以上、串刺しで全部読んでみようって読みはじめたんです。「図書館雑誌」（日本図書館協会）、「みんなの図書館」（図書館問題研究会）、「Library and Information Science」（三田図書館・情報学会）、「日本図書館情報学会誌」（日本図書館情報学会）とか。ほかにもいろいろ。ほかの大学図書館なら書庫にしまわれてしまうようなものが、普通に開架に置いてあったので。それで「これ、全部読みました」って言えたら面白いんじゃないかと思って。

あと、大学図書館の蔵書がすごくよくて。これは！という本がそろっていた。わからないなりに、背伸びしながら、とにかく難しい専門書をめくるわけです。内容はもうほとんど忘れていますが、棚を全部読んでみると、その時代時代のうねりみたいなものが見えてきて面白かったですね。頭のなかにだんだんマップができてくるというか。こういうことは検索だけではまだ難しいことなのかもしれません。

研究の面白さとの出合い

大学の三年生のとき、ゼロ年代半ばですね、科学哲学者カール・ポパーと図書館情報学の交点を探った論文を読んだんです。一九八六年に出た論文です。これがものすごく面白かった。図書館情報学ってこんなカッ飛んだことを考える人もいるんだなあって。ポパーの業績は多岐にわたるんですが、いちばん有名なものとして、反証可能性、すなわち科学を装った疑似科学というのはなにか、つまり科学と科学ではないものの境界を考えたことがあげられます。ポパー自身は本流の哲学者からはあまり評判は芳しくないとも言われていますが、いまでもある程度一定の有効性はあるとも言われていますし、なんらかの分野の立ち上げのときなどに参照されることも多かったりします。

僕はだいたい学校のお勉強は嫌いでしたが、研究って面白いんだなあとつくづく思いました。ほかの人たちが考えたことを触媒にして、自分の頭で考えていくことはすごく面白いなって思いはじめて。じゃ、大学院に行くぞって。幸い、社会思想史やメディア論などを専門にするゼミに拾っていただきました。だから修士課程のときが人生でいちばん勉強した時期でしたね。いくつのゼミ、かけもちしてたんだろう、思い出したくもない（笑）。都内にある別の大学のゼミにも潜らせていただいたり。大変でしたけれど、面白かったですね。そういうわけで、僕の研究は、単に科学哲学を軸にしてというよりは、ポパーの科学哲学を軸にして、と言ったほうが正しいのかもしれません。

ポパーの議論を参照した、一九八〇年代の図書館情報学の研究は「記録された知識というものはどういうものか」という問いに対し、真摯に応答しようとしていたと思います。僕もその筋で研究をしていたのですが、だんだん行き詰まってきてしまって。「オレが掘ってるこのテーマはいったい油田なのか、それとも墓穴なのか」なんて言ったりして。いちおう査読付き論文にはなったんですが、その先が見えてこなかった。でも、ポパーの哲学から現代的な問題も見られたら面白いかもなあと発想を切り替えてみたら、これが案外、自分のなかでは当たったんです。

たとえば、論文をウェブ上に公開して自由に利用できるようにしようっていうオープンアクセス運動がありますよね。あの運動はいくつかの団体が主導していたんですが、そのうちの一つの思想的背景にポパーが提唱した「開かれた社会」概念があるんですけど、みんなたぶん、あまり気づいてないぞ?、なんてことを発見したり。僕がすごいなあと勝手に思ってる、でも面識なんて全然ない国際日本文化研究センターの先生が僕らの論文を引用していたのにはものすごくびっくりしました。ちゃんと見てるんですね。悪いことはできない（笑）。蔵書構成論もそうです。いまのテーマの一つですが、疑似科学の観点から蔵書構成論をみてみようと。いまも疑似科学問題はあり続けていますが、当時、社会問題として注目が集まってきた時期ですし。もともと僕は科学少年でしたし、疑似科学という視点でポパーの議論にそのまままつながりますから、これはいけるかなと。国会図書館関西館に通い詰めていたのはそのころですね。書き上げた論文をオープンにしてみたら、思ってもみなかったところから反響があったりして、よかったなあと。

研究という営為にはいろいろなスタイルがありますが、僕にとっては、みんなが大前提に思っているようなことを、本当にそうかな？と、いったん疑ってみる姿勢が得られたのがよかったと思います。ゼミの先生は、社会学や社会思想史を専門にしていて、そこで薫陶を受けたというのもあると思いますし、学生時代、夢中になって読んでいた専門書も、そういうことを語っていたと思います。

構築された常識を健全に疑う

いまの僕らを無意識に支配している常識を疑うことってすごく面白いし、大事なことだなって思っています。実はフェミニズムにもハマった時期があって。もちろん、先鋭的すぎる発想にはついていけない部分もありますが、僕にとってはすごく大事な思想だったんです。枠組みを疑うという意味でやっぱり面白かった。いま、ウェブで「フェミは」などと簡単に否定的文脈で言及する人も多いんですが、むしろそういう人にこそ有効な学問なのかもしれません。僕にとっては、大学院に進むにあたって、ヘンな雑音……たとえば、男だったらちゃんと就職して、家庭を養うのが正道だなんて、そんな同調圧力から解放してもらったという意味でも、感謝していますね。

あと、研究という営為ですごく心地いいのは、知の前ではみんなフラットという姿勢が共有されているところなんですよね。学生たちとも対等に議論してね。いろいろ考えていくと、やっぱり学生が言っていることのほうが正しそうだ、僕、間違ってるわ、なんてこともしょっちゅうある（笑）。

ちょっと話を戻すと、ポパーはナチスドイツから、かなりしんどい迫害を受けたにもかかわらず、すごくオプティミスティックな文章を書くんです。私は誤りうる、あなたも誤りうる、しかし討論や対話を通じ、きっとよりよい世界が開けるだろう、ってことを言っています。可謬主義です。健全に疑うというか。

たとえば、「ライブラリー・リソース・ガイド」第十四号（二〇一六年）の自由宣言の論考にも書かせてもらいました（特別寄稿「図書館は「利用者の秘密を守る」その原点と変遷——大学図書館データの利用活用の可能性」）。「自由宣言」が謳う「プライバシーが大事」は確かに間違いない。間違いないんだけど、そのルーツをたどっていくと、どうもいまの議論と出発点の議論って、なんか齟齬があるんじゃないかなあ、なんてことも見えてきました。面白かったですよ。実際にシコシコ、情報公開請求をして、会議のさらに下部の会議録のようなマニアックなのを集めて読んだりしました。資料渉猟の際、図書館員にはだいぶ助けられました。たとえば、プライバシーが守れないからデータを消しましょうという話は、暗号化技術とか匿名化技法がまだ不十分なころには十分な威力を発揮した議論です。でも、ライフサイエンス領域なんかではるかにセンシティブなデータ、たとえば個人の病状なんかをk－匿名化技法などを使って利活用していたりします。そういった状況をきちんと語るには、源流をたどることも大事ですし、新しい技術がわかることも大事だと思います。正直、こういう領域を一人でカバーするのは無理なので、そこは役割分担になるんでしょうね。

さっきから、なにやら後ろ向きっぽい話をしていますが（笑）、メインストリームは頭がいい人にやっていただいて、僕自身はやらないって決めているんです。ちょっと語弊があるかな。自分の好奇心というか嗅覚で、ここは面白そうだなって好き勝手に掘ってるつもりなんです。ブルーオーシャンっぽいところしか食指が動かないというか。今回の本（『トップランナーの図書館活用術——才能を引き出した情報空間』勉誠出版、二〇一七年）もそう。これ誰もやってないから、ブルーオーシャン来た！って。でも、自由宣言のことをきちっと勉強し直さなかったら、絶対にあの本の発想は出なかっただろうなあ。あるいは発想できたとしても、たぶん途中で諦めていたと思います。

表に出てこない物事を裏から照射する、っていうことがすごく好きなんです。それは一つだけを突き詰めていくのが得意ではないという、僕の欠点の裏返しでもあるんですが（笑）。そういう志向性があるんです。たとえば、A地点とB地点で言われている概念って通じてない？って越境しながら話をするのが好きなんです。

哲学というのは越境が得意なはずだと、学生時代に潜っていたゼミの哲学者もおっしゃっていたし、図書館情報学もきっと得意なはずなんですよね。そこはきちっとやっていきたいです。そうしないとやっぱり他領域に蹂躙されておしまいになってしまうという危機感があります。図書館情報学って、いつの間にか他領域にヤラれてしまうという特性があって。データベースは目録がもとなのに情報工学に、ラーニング・コモンズはもともと北アメリカの大学図書館発だけど日本では現在進行系で教育工学に、やられまくっています（笑）。だからといってわざわざケンカする必要はまったくないですが、他領域の人たちともちゃんと対話することが必要なんだろうなと思います。

図書館をつくることに関わる

図書館情報学は「現場の実践」とどうやってつながるか、ということを意識せざるをえない面がありますよね。現場の役に立つ視点を意識するのも、意識しないのも、どちらも戦略なんですが、バランス感がすごく難しい。これには常に僕も悩んでいます。

ほかの多くの研究者が現場の人たちにブッ叩かれている姿を見ているわけですよ。こいつは「現場のことがわかっていない」って。これが〈ゲンバ〉側の決め台詞みたいになってる。それで引いちゃう研究者も、真っ向勝負を仕掛ける研究者も、どちらも幸せな対立ではないなとずっと思っていて。すぐさま現場に還元できる知も大事だと思いますけれど、そうじゃない知も大事だと思うんです。だって、僕に刺さりまくった論文は一九八六年発行なわけで。それから三十年近くたった大学図書館の片隅で、ウヒョーって僕に刺さってるわけですよ。なんの役に立つかわからないけれど、直感に従ってやっておこう、ってことも大事なことだと思います。いまの大学だとそういうことはますます難しくなっていますけどね……。たとえば、あちこちの図書館を巡るのが面白いのではないかとふと思って、全国各地の図書館を見て回っていたんです。大学院生のときに全都道府県は踏破したはず。ヤフオクで落とした十万のボロ車で、車中泊しながら。やってる最中は「なんでわざわざ、オレこんなことやってんだろ?」と自問自答するんですが、これがのちのち意外と役に立ったんです。Connecting The Dots!(笑)。足を運んでみると、地域性や人口の動態によって求められる図書館は全然、違うんだなというのが肌感覚でわかってきたりして。そういう実体験からも、いわゆる大文字的に「図書館とは○○である」みたいな言い方がされることにはすごく違和感をもっています。そんな十把ひとからげで言っていいのだろうかと。

図書館のアドバイザーみたいなことをしているのも完全になりゆきです。大学教員として就職したら、図書館の研修会や勉強会の講師として呼ばれるようになったりして。なんかアイデアない?って。必死に勉強するわけです(笑)。真正面から取り組んだのは愛知県安城市のときですが、僕はコンサルタントでも、アドバイザーでもないし、図書館そのものを専門に研究してるわけでもないです。僕は図書館のことを図書館の周縁から眺める、って言ってるんですけど。それでも呼ばれた以上は、限界はもちろんありましたけど、精いっぱい取り組んできたつもりです。いろいろな図書館を見て、文献を調べ、いろいろな図書館員とも交流させていただいたので、どのあたりに地雷があるかみたいなこともだんだん見えてきました。

たとえば、『市民の図書館』(日本図書館協会、一九七〇年)大事、『中小レポート』(『中小都市における公共図書館の運営』日本図書館協会、一九六三年)大事、という人と真っ向勝負すると、失敗するのはわかっています。「この考えを否定するのか!」なんて怒る方もまだ何人も(笑)。過去の知見には敬意を払いながらも、アップデートができるような仕組みにしないといけないんだろうなと。僕の理解では『中小レポート』には、その時代に応じてサービスは変える必要があるというような話は書いてあるんですけど、なぜかそこをみんな見落としているか、都合よく無視していると思っています。その点はようやく堂々と指摘できるようになってきたっていう気がする。十年前十五年前にこんなことを言ったらもっと袋叩きにされたんじゃないかなあ。

　バイブルって難しいと思います。ここで言うバイブルはもちろん『聖書』って意味ではないですよ。ともあれバイブルになると否定することがしにくくなる。少数の賢人には未来が予想できるとし、その賢人が設計し指導する社会システムってありますよね。ポパーはその根源をギリシャの哲人政治に求めています。彼は、そこには対話の可能性や、可謬性が存在しないから逆説的に全体主義につながっていくと激烈に批判しています。この批判の念頭には、ナチスやマルクス主義があったと思われますが、特定の本をバイブル視する姿勢と響き合うところがある気がします。

　ただ、当時の奮闘した人たちの業績には、きちんと敬意は払っておきたい。たとえば、さっきネチネチと情報公開請求をして、当時の議事録を読むと面白い、なんてことを申し上げましたよね。すごく感動したのが、「本棚がスカスカやんけ」っていう市議会からのdisに対して、「これは未来の象徴なんです」っていう趣旨の答弁を図書館がしていたことを見つけたんです。その手があったかと。トップランナー本の取材のときに、教育社会学の竹内洋先生と盛り上がったのが「学者は書庫を完成させたらおしまいなんだ」っていう話題でした。最高の書庫が完成したらあとは衰退するしかない。なるほどなあって。空いている棚をきらびやかにインテリアで埋めるっていう発想もありますが、それは現在性で最高というだけなので、あとは落ちる一方……というのは考えすぎですかね？

　当たり前のことを疑ったり、本当にそれいいの？っていうときに、コンサル（タント）とはまた違う役割の人が必要とされるのかな、というのをうすうす感じています。というのは、僕の仕事というのは、わかりやすく言ってしまえば、バズワードで踊らされちゃう人たちに対してある意味、ブレーキを踏む役でもあるんです。コンサルではなかなか言えないところも僕のような立場であれば言いやすいっていうのはあるんだと思います。自社の物を入れるがためにプレゼンをするっていうのは、営利企業としては当然です。その人たちが見せる世界は、とても気持ちいいのですが、それだけに騙されたらダメだよって。正直、こういう面もありますよって指摘して、ブレーキを踏む材料を出すというお役目が求められているのかな、という気もします。

たとえば電子書籍もそうです。個人的には電子書籍、バリバリ使ってますよ。図書館向けの電子書籍はいろいろと面白いものも出てきましたが、あくまでも現段階では発展途上なところもありますよね。だから必ずしもすべての公共図書館にマッチするものではない。これからもっといいものになっていく可能性がある。だからいまの段階ではNGって言うことも、税金の説明責任として担保しておく必要もあるなと。ただ、否定された側からは恨まれがちですし、自分の得のためにやっているわけではないから余計に悩むこともありますね。

査読のプロセスもそうですが、出てきた生産物だけで議論する仕組みがあるじゃないですか。偉い先生が書こうが、ペーペーが書こうが、立場に関係なくレビューするという。そういうことを経験しているので、僕は「それはダメっすよー」みたいなノリで、ついつい、はっきり言っちゃうんです。京都には五年間以上住みましたが、京都人らしい老獪さというか、円滑なコミュニケーション力は全然身につきませんでしたね（笑）。まあ、僕のことをすごく批判的に見る方もいますが、ただ、半数が味方になってくれればたいしたもんだと思っています。

批判的継承について

図書館の話をしていていちばんがっくりくることは、この図書館が素晴らしかったから、まねするにはどうしたらいいんですか？みたいな質問が出るときです。地理的特性も人口構成も、予算規模も違うなかで、ちょっと待ってよって。みなさん自身はそもそもどういう図書館がほしいんですか、とイチからひもとく必要があるんです。そういうふうに自分たちの地域性や特性ときちんと向き合わないと、ダメなコンサルの言いなりになるしかない。消費されて終わりというのは悲しいですよね。

ありがたいことに、全国の図書館員からちょくちょく相談を受けたりしています。いろいろな図書館員とお話するなかで、私自身が勉強させていただくことも多くあるんですが「べき論、禁止」というスタンスは大事だと個人的には思っています。「面白い」とか「これは大事」「わくわくする」とかのほうがずっといい。図書館はこうあるべきだと言った瞬間に、なんかしらの思考停止が始まってしまう。これは研究スタイルによっても違いが出るところだとは思います。政策系の研究をしている方なら政策提言してなんぼみたいなところもありますよね。それはそれで学問としての流儀なので尊重したい。ただ、僕からは明快な処方箋は出せないけれど、思考の材料は出せますよって。もちろん、僕が提示する段階でバイアスはかかるかもしれませんが、そこはもう膝突き合わせですよね。幸いにして他分野の研究者とも多く付き合いがあるんですが、そこで得られた知見なんてところも、できるかぎり誠実にお伝えしていきたい。ただ、繰り返しになりますが、僕が提示できるのはあくまでも思考の材料です。大事なことは図書館に関わるみなさんが判断してくださいって。

あと最後に、いまの私たちが乗り越えられるという可能性は常に担保しないといけないと思っています。僕は基本的に、高度経済成長期に唱えられた図書館に関するディスコース（言説）は、社会状況が違うんだからそのままのかたちでは適用は困難だ、というスタンスです。でも、過去の図書館を牽引してきた人たちが、こういう意見を嫌うということもよくわかる。逆を言えば、私たちがいま考えているハッピーな図書館像も、さらに未来には乗り越えられないといけないんだろうなと思います。僕の論文にも数少ないながら、そういうのもあるんです。批判的に乗り越えられてしまった、みたいな。それってちょっと悔しいんですが、大切なことなんですよね。図書館を新しくつくるときも巨人の肩に乗って、批判的に継承していくことが必要なんだろうな、と思います。

（インタビュー：ふじたまさえ）

エッセー

リロンとゲンバの変形的往復運動？

このインタビュー後、任期付き大学教員の職をもう一つ経験し、現在は図書館づくりをサポートする会社の主任研究員をしています。いわゆるコンサルで、アカデミアから民間への転職となりました。なので、直接対面している人々は学生から自治体の方々や「市民」（マジックワードになりえる難しい言葉ですが）のみなさんへと変化しました。調査など、これまでの自分の蓄積が生かせるところもあれば、執筆する文体の変更が必要となるなどアジャストに苦労するところもあり。文中では、電子書籍貸出サービスを批判的に論じている箇所もありますが、新型コロナウイルス感染症拡大で遠隔サービスの必要性が確認されたこと、また、コンテンツが充足されつつあることから、ここでの発言はサービスの揺籃期ならではだなと苦笑しました。これも「乗り越え」の一種でしょうか。インタビューはその当時の一瞬を写真のように切り取るものなのだとしみじみしました。

司書名鑑

No. 18

有山裕美子

【工学院大学附属中学校・高等学校国語科教諭・司書教諭】

略歴

有山裕美子（ありやま ゆみこ）

現在は軽井沢風越学園教諭、都留文科大学・法政大学・玉川大学非常勤講師。文部科学省「子供の読書活動推進に関する有識者会議」委員、日本デジタル・シティズンシップ教育研究会専門委員などを務める。

夢は小学校の教員、念願の道へ

教員になりたいとはっきり意識したのは高校時代でした。両親が亡くなって自分の生き方を悩んでいたときに、担任から教師の道を勧められたこと、そして母が生前、教員になりたかったと何度も言っていたこともあって、その夢を私がかなえてあげたいと思ったことがきっかけでした。

教員になるために入学した都留文科大学では、障害児教育を専攻しました。笑っちゃうくらい貧乏だったけれど、すてきな仲間に囲まれて、充実した学生生活でした。卒業後一年目は、教員採用試験に失敗し、川崎市の障害者施設で生活指導員の仕事に就きました。二十四時間体制の障害者施設で、食事や入浴の介助、作業訓練のサポートなどをしていました。翌年、教員採用試験に合格し、念願かなって神奈川県の小学校の教師として働きはじめました。同じ職場の先輩と結婚し、二十八歳のときに子育てを機に退職しましたが、この小学校の教員としての五年間は、いまでも私の人生のなかの宝物の時間だと思っています。

ずっとなりたかった教員をやめるときは本当に悩みました。子どものいちばんかわいい時期にそばにいたいと思ったこと、そしていつかまた臨時でも小学校の現場に戻れると思い、退職を決意しましたが、近所の小学校の前を通ったときに子どもたちの声が聞こえたりすると、戻りたくて涙があふれそうになりました。それでもあのときの決断が、その後の図書館との関わりにつながっているのですから、人生は本当に不思議です。

子育てとキャリアデザイン

専業主婦のときは、たまには外に出たいなあと思っても、飲みに行こうとか、買い物に行こうと思うのは、なんとなく気が引けてしまって。でも、「勉強したい」ならありなんじゃないかと思って、いつか現場に復帰したときのために司書教諭を取ろうと考えました。玉川大学の通信教育課程に入って司書教諭の資格を取ったのですが、どうせなら司書も一緒に取って卒業しようと思って、三年次に編入をしました。いま思うと、いいかげんな動機でしたね。このときの卒論のテーマが、モーリス・センダックの研究でした。卒論を書くために通ったのが座間市立図書館。図書館でしか借りることができなかった資料のために足しげく通いました。

二度目の大学を卒業し、司書資格を取得したときに、ちょうど、座間市立図書館で週三日の非常勤司書の募集があり、応募しました。教員になる前に、少しでも司書の仕事を体験したいと思ったのです。子どもは小学二年生になるという時期でした。運よく採用していただいた座間市立図書館では、司書の三村敦美さんから多くの刺激を受けました。三村さんと出会ったおかげで、教員に戻る！という私の夢はいつの間にか遠のき（笑）、図書館の仕事が面白くなったこともあり、そのまま七年半ほどお世話になりました。座間市立図書館では、主に児童サービスを担当させていただきました。子ども図書館のお話の講習会に通ったのもこのころです。作家を呼んでのイベントや調べ学習の講座など、図書館の仕事の面白さもたくさん体験しました。この時間がなかったら、三村さんと出会っていなければ、私はたぶんすぐに教員に戻っていたのではないかと思います。

学校図書館という願ってもない職場との出合い

子どもが大きくなり、フルタイムで働けるところを探していたときに、図書館流通センター（ＴＲＣ）が府中市立中央図書館の新館立ち上げのメンバーを募集していて、責任者の一人として採用してもらいました。このときは新館の立ち上げに関わって、当時最新式の自動書庫や自動貸出機、自動予約機などに触れました。見るものがすべてが新しく、勉強になることも多かったです。この府中時代は、自宅が遠かったのもありますが、毎日、帰るのが午前様で、かなりハードでした。また、委託という立場で働く難しさを実感として体験したのもこのときでした。

一年半ほど府中市立中央図書館で働いたあと、ＴＲＣを退職し、少しのんびりしようかなと家にいたときに、日本図書館協会のサイトで現在の職場、工学院大学附属中学校・高等学校の募集を見つけました。大学の嘱託職員という身分での採用だったのですが、勤務地は附属の中・高の図書館で、私は初めて学校図書館で勤務することになったのです。教員も司書も大好きな仕事だったので、その両方が体験できる学校図書館は私にとっては願ってもない場所だったのですが、学校に勤めているなかで、やはり自分は司書よりも教員として働きたいという思いがだんだん強くなってきました。

そこで、今度は法政大学の通信教育課程で、まだ取得していなかった高校教員免許を取得しました。そして、五年の雇い止めの前に嘱託専任講師に任用が変わり、司書教諭として新たに働きはじめることになりました。現在は専任の国語科教諭兼司書教諭として、引き続き図書館の運営を任せていただいています。国語科の教員として国語の授業も担当しますが、「デザイン思考」という図書館を使った授業を中学全クラスで担当しています。

また、嘱託職員時代に声をかけていただいた大学非常勤講師が、いまは三大学になり、本務校に許可をいただ

写真1　不定期に学校図書館内でおこなわれているプログラミング講座の様子（写真提供：有山裕美子）

写真2　工学院大学附属中学校・高等学校の学校図書館。PCや3Dプリンター、LEGOから道具類まで常備されている（撮影：ふじたまさえ）

きながら司書と司書教諭科目を担当しています。

この三つの大学がすべて母校ということも、またなにかの縁かと思っています。後輩に教えることができることは、本当に幸せです。

学校図書館に教育学からのアプローチを

学校図書館で働くようになって最初に感じたことは、これまで勤めてきた公共図書館とはずいぶん違うなあということでした。学校図書館では、子どもたちが自分の興味を見つけて、本で調べながら知識を得て、なにかをかたちにして、それをまたなにかで表現して……という学び（探究）のプロセスが重要になってきます。そしてそのプロセスに包括的に関わるためには、教員であることが必要なのではないかと思いはじめたことが、教員に戻りたいと感じた大きな要因の一つでした。学校図書館法にも「教育課程の展開に寄与する」という学校図書館の大きな使命が明記されていますが、やはり生徒の学びに深く関わることが重要です。生徒の学びに寄り添い、その学びとともに伴走できることが、学校図書館、そして司書教諭という仕事の大きな魅力ではないかと思っています。

現在は図書館を使った授業をもっていることもあって、生徒たちの学びにある程度は包括的に関わることができています。個々の目標を見据えながら、その成長や発達を評価して次に進めるようなアプローチをすることができたらと思いますが、とはいえ、中学生全員を教えているので、なかなかきめ細かく対応できないことが悩みの種です。それでもやはり、できるだけ多くの生徒が、図書館を効果的に使ってくれることを願って日々、生徒たちと向き合っています。読書指導に関しては、生徒がなにを読んでいるのか把握したうえで、この生徒にはこれを勧めようと思ったり、逆にこれはやめておいたほうがいいというアドバイスをしたりすることもあります。普段生徒が読んでいるものや、個々の性格、誰と仲良しかといったことも踏まえながら関わっていくことが理想です。これも学校図書館ならではのアプローチですね。

そんなことを考えるときに感じていることは、学校図書館に教育学からのアプローチがもっと必要だということです。というのも、教員側からの学校図書館活用への認識はまだ十分ではないと感じることが多々あるからです。もちろん、そこを活性化して利用に結び付けていくことが私の仕事なのですけれども。

アイデアをかたちにする場としての図書館

現在の最大の関心事は、いま、目の前にいる生徒たちにできるだけいい環境を提供する、いろんな体験をできるようにするということです。そのためにはさまざまな資料はもちろん、図書館にあらゆる道具がそろっていたらいいなと思って、マジックとか、折り紙、レゴ、画用紙、それからペットボトルの蓋とか、よくわからないものまでそろえています。生徒のアイデアをかたちにするためのツールになったらいいかなって。生徒もみんな、ここにあると思って、来ますからね。ただ道具を借りに来るだけではなくて、ついでに○○の本ある？ってなれば一石二鳥ですし、来たついでに棚の本に目がとまるかもしれません。あらゆる情報を図書館に集めるために、貸出用のiPadも情報の授業で使うパソコンもすべて図書館で保管することにしました。

3Dプリンターを図書館にもってきたこともその一つです。はじめは図書館のなかに3Dプリンターを置くことに疑問もあったのですが、図書館総合展で田中浩也先生の話を聞いたり、FabLab鎌倉の渡辺ゆうかさんの話を聞いたりするなかで、学びのプロセスをを支えることが図書館の役割であるならば、アウトプットの手段も図書館にあっていいんじゃないかっていうことが、ストンと自分のなかで落ちたんです。その手段も、プレゼンでもいいし、新聞づくりでも探究論文でもいい。どちらにしても学校図書館が学びの場であるならば、情報提供とか、情報収集とか、最初の部分だけにしか関わらないのはおかしいよねって。実際、学校図書館は学びのプロセスを支えることを目的にずっと機能してきたのです。

去年（二〇一七年）、3Dプリンターを使った授業を高校でやったとき、「誰かのためのモノをつくる」ということで、自分の周りの人をリサーチして、その人に必要なモノを考えて、デザインしてみようという課題を設定したんです。するとまずは本やインターネットで調べたり、データベースを活用したりっていうシーンが出てくる。情報を集めるプロセスでは、圧倒的に図書館というのが強いんですね。テーマや課題を設定したら、いきなりつくってみようというふうにはならないので。さらにアウトプットまで図書館が保障してもいいと思ったらすごく面白いなって。逆に言うと、図書館ではここまでですって切り離してしまったら、そのプロセスで起こるかもしれない可能性まで捨ててしまうのではないかとも思っています。とにかく図書館は、情報を収集して、アイデアをかたちにする場所っていうのがコンセプトですね。そんな思いもあって、昨年ついに図書館内にFab Spaceをつくっちゃいました。

ICTもそうですが、新しいことに関しては、生徒たちのほうが取り入れる能力はもっていて、そこに教師はかなわないんですね。だから教師は環境を用意してあげて見守ればいいと思っています。あとはどうぞ自由にやってねって。もちろん自分も友達を傷つけないために、マナーやルールを伝えていきながらですけど。今年（二〇一八年）から電子図書館も導入しました。紙でも電子でもいいので、生徒たちが読書に親しむきっかけになればと思っています。

夢は、センダック文庫をつくること

モーリス・センダックの絵本が大好きです。大学院の研究テーマもセンダックで、何回かアメリカに行って絵本やリトグラフを買いあさりました（笑）。研究者というよりはセンダックコレクターですね。センダックの絵本って、イラストももちろん好きなのですが、特に彼自身がテキストを書いた作品が好きです。主人公がいろんな困難を乗り越えながら成長していく過程を描いた作品が多いのですが、それが夢物語で書かれるのではなく、すごくリアリティがあるんです。子どもの世界ってちっともいいことばかりじゃなくて、不安や恐れがあったり、困難なことがあったりと、むしろそういう経験を乗り越えて自分の生きる力にしていくっていうテーマにすごく共感します。そんなセンダックの絵本のなかでいちばん好きな作品は、『Higglety Pigglety Pop!』（『ふふふんへへへんぽん！——もっといいことっとある』（神宮輝夫訳、冨山房、一九八七年）です。同じセンダックの『かいじゅうたちのいるところ』（神宮輝夫訳、冨山房、一九七五年）のように主人公が戻ってくる話ではなくて、主人公が行ったきり帰ってこない話なのですが、センダックはこの作品を描くことで、母や愛犬を亡くした悲しみを乗り越えようとしました。センダックのなかではマイナーな絵本ですが、死生観があったり、宗教的な要素があったり、とても奥が深い絵本です。そんな私の夢はセンダック文庫をつくることです。家にリトグラフやポスター、絵本を合わせて千点くらいあるので、たぶん誰よりももっていると思っています（笑）。

いくつになってもチャンスをデザインする

自分のキャリアを振り返ってみると、障害者施設の生活指導員、小学校の教員、専業主婦、公共図書館の非常勤職員、大学嘱託職員（学校司書）、司書教諭、中学・高等学校教員、そして大学非常勤講師、と本当に一定していなくてあちこち経験しています。でも、それもまた面白いかなって。いろいろな仕事を体験してきたけれど、そのときどきで最良の選択をしてきた結果だと信じています。また、大学、大学院と通信教育を含めて、いったい何年間、学生をやったのだろうというくらい在籍しています。生涯学び続ける、その気持ちのそばには、いつも図書館があったように思います。いまは英語を学ぶことに夢中になっています。なかなか上達しませんけど。海外引率やインターナショナルクラスの生徒の存在もその学びのきっかけではありますが、いまごろようやく、センダックの本を原書でしっかり読もうと思いはじめたのかもしれません。

もし、一つだけ選ぶとしたら、どの仕事を選びますかと、よく聞きます。そんなときは、迷わず小学校の教員と答えます。あ、これでは「司書名鑑」になりませんねえ。もちろん仮に小学校の教員に戻ったとしても、学校図書館はすぐそばにありますけれど！

（インタビュー：ふじたまさえ）

エッセー

あれから四年、「司書名鑑」のあの言葉が現実に

「司書名鑑」に掲載していただいたのが、二〇一八年春。「司書名鑑」にはおよそ不釣り合いではありましたが、障害者施設の指導員、小学校の教員、公共図書館の非常勤職員、中・高の学校司書、そして司書教諭兼国語科教員、大学非常勤講師……と、あれこれ渡り歩いた自分の人生を振り返る、とてもいい機会をいただきました。このとき、最後に書かせていただいた言葉が、「もし一つだけ（仕事を）選ぶとしたら、迷わず小学校の教員」でした。あれから四年、いま、私はなんと小学校の教員をしています。「迷わず」と答えたものの、まさか本当に小学校の教員に戻ることになるとは、夢にも思いませんでした。もしかしたらあの「司書名鑑」の記事が「言霊」になったのかもしれません（笑）。そしてもちろん、いまも学校図書館が私のそばにあります。これからも、どこにいようと、何をしていようと、私のそばには図書館があって、きっと誰かと本をつなぐ仕事をしていることでしょう。

司書名鑑

No. 19

伊藤 遊

〔京都精華大学国際マンガ研究センター／京都国際マンガミュージアム研究員〕

略歴

伊藤 遊（いとう ゆう）

大阪大学大学院文学研究科博士後期課程単位取得退学。京都国際マンガミュージアムの構想段階から関わり、オープン後は、研究員としてマンガ資料のアーカイブや展覧会・イベントの企画・制作を担当。現在、京都精華大学国際マンガ研究センター特任准教授。専門はマンガ研究・民俗学。最近の記事として、「マンガが「芸術」になる!?」（「artscape」二〇二一年四月十五日号、大日本印刷〔https://artscape.jp/study/digital-achive/10175875_1958.html〕）など。

自分一人の世界でマンガを楽しんだ子ども時代

僕の育った環境が特殊だったとしたら、父親の蔵書にマンガがたくさんあったことと、家にテレビがなかったことかもしれません。父親のマンガのコレクションは「ガロ」系が中心で、「月刊コロコロコミック」（小学館）とかを子どもらしく読みながらも、「ガロ」（青林堂）に掲載されていた水木しげるの作品とか、『忍者武芸帳』（白土三平、〔小学館文庫〕、小学館、一九七六年）も読むという、小学生にしてかなり幅があるマンガ読者でした。

一方、流行のアニメは、後追いの感じでした。一九八〇年代はアニメ黄金期で『Dr.スランプ』（鳥山明、集英社、一九八〇—八四年）や『北斗の拳』（原作：武論尊、作画：原哲夫、集英社、一九八三—八八年）のような、「週刊少年ジャンプ」（集英社）に連載されていた人気マンガがすぐにテレビでアニメ化されたんですけど、家にテレビがなかったので見なかったんです。なので、マニアックなマンガは友達が読んでないし、メインストリームのマンガは僕が知らないしで、ほとんど自分一人の世界でマンガを読んでいましたね。

中学生のころ、光文社がかつて出していたマンガ雑誌「少年」（一九四六―六八年）の傑作選など古いマンガがいろいろなかたちで復刻して、一九六〇年代のマンガなんかも読むようになったんです。それで、大好きで読んでいた藤子不二雄はいきなり現れた王様ではなくて、そのさらに前に神様・手塚治虫がいるんだ、みたいなことに気づきました。マンガに対する歴史的な視点を得たのはそのころだと、自己分析しています。

歴史的にマンガにふれるようになると、おのずと古いマンガを読むようになるんですけど、新刊書店では売っていないので、中学生くらいから古本屋に通いはじめました。豊橋市にわりと有名な古本屋がいくつかあって、マンガに強いところもあったんです。毎週、自転車を漕いで三十分以上かけて行っては、紙袋にマンガを詰め込んで帰ってくるみたいな生活をしていたので、自分の部屋がマンガ図書館みたいになっていました。

古本屋通いを始めて数年がたった一九八九年、僕が中学二年生のときですけど、手塚治虫が亡くなるんです。当時、僕の周りに手塚治虫を読んでいる人はあまりいなかったのですが、手塚さんが亡くなったことで、マンガが文化として注目されるようになってマンガの研究書みたいなものがそれ以降、数多く出るようになるんです。いまにして思うと、僕がマンガに対して歴史的な視点を得た時期と、時代的な流れのなかでマンガが研究対象になった時期がわりと並行していたと思います。

マンガ研究の水脈が流れる筑波学派

高校くらいのときに『磯野家の謎――「サザエさん」に隠された69の驚き』（東京サザエさん学会編、飛鳥新社、一九九二年）という本が謎本ブームを起こして、マンガを分析して読むことの面白さを知るんですけど、大学でそういうことをやるみたいな発想はなく、筑波大学で民俗学を専攻しました。筑波大学の民俗学はかなり伝統的な教室なのですが、なぜかマンガ研究の水脈が流れていて、ひそかに「筑波学派」なんて呼ばれているんですよ（笑）。

すぐ隣の研究室には文化人類学の関一敏先生がいらして、関先生は「マンガ史研究」という同人誌をつくっていたんです。僕は関先生にすごくお世話になって、そういう本を見せてもらったりして、大学の教授がマンガを分析して論じているなんて面白いなって。その同人誌に寄稿もしていましたが、マンガ研究をしている宮本大人《みやもとひろひと》さんが別の教室から関先生のところに遊びにきていました。僕の三年くらい先輩で、当時は直接お会いすることはなかったのですが、そのあと出会っています。あと、紙芝居研究をしている姜竣《かんじゅん》さんは僕の民俗学教室の学部生のときの院生で、直の先輩でした。姜さんはいま、京都精華大学マンガ学部の先生です。それから実は大塚英志さんも筑波大学の民俗学の出身で、大塚さんの先生は僕と同じ宮田登さんです。僕が大学に入った一九九〇年代の前半は、いま考えると、夏目房之介とかが「マンガ表現論」みたいなことをやりはじめた「マンガ研究の黎明期」だったのですが、そういうことをしている人がすぐ隣にいたんですね。筑波の民俗学の出身者に、あとから出会う人もずいぶんいます。

民俗学を入り口にしてマンガ研究へ

大学院は大阪大学で、文学研究科の日本学です。卒業論文は今和次郎の「考現学」という研究手法の研究だったのですが、それはオーソドックスな民俗学とは違うし、日本学のほうがいいんじゃないかと言われて。

阪大の日本学は、民俗学や宗教学、現代思想などを合体させるという、かなり新しい学際研究ジャンルとしてつくられた特殊な教室で、一九九〇年代末の当時、盛り上がっていたカルチュラル・スタディーズ（ポピュラーカルチャーを批評対象にした学問研究の潮流）の日本での重要な柱も担っていました。先生も生徒もカルチュラル・スタディーズの視点で研究する学生がたくさんいる環境だったこともあって、当時、阪大の臨床哲学にいらした鷲田清一先生が、新しい人文学に向けた文科省のCOEという研究プログラム（「大学の構造改革の方針」に基づき、二〇〇二年度から文部科学省の事業として措置された）のなかに、ポピュラーカルチャーの研究班をつくろうと提案されたんです。僕がマンガ好きだっていうことを先生たちは知っていたので、それならおまえ、始めてくれみたいな感じで、その研究班に入ったんです。

メンバーは四人くらいで、どういうことを研究していたかというと、特に日本のマンガが欧米で広がっていた時代でしたので、ポピュラーカルチャーが日本のイメージにどう影響を与えているかといったことを、いろいろな国に行って調査をしました。調査をするうちに、同じマンガなのに読み方がぜんぜん違うことに気づくんです。当たり前なんですけど、本の形状やマンガ喫茶、博物館みたいな環境も含めて、メディアが違うと読まれ方が変わるんですね。このときに得た研究的視点はいまもあって、八百円の入館料を払っていただいて、本屋で売っているのと同じものをマンガミュージアムで読んでもらうときに、どのような違いが提供できているのだろう？というようなことを、日々、考えながら運営に関わっています。

僕は研究者としても、マンガそのものよりも、マンガを取り巻いているコンテクストや環境、たとえば、どういう場所で、どういう姿勢で読んでいるかといった、読んでいる人の日常生活のなかのマンガみたいなことに関心があります。そもそもポピュラーカルチャーって、日本語にしたら「日常生活」ですよね。そのことに気がついてから、それまでやってきた民俗学の方法論とか発想と、途中で半ば運命的にやることになったマンガ研究を、僕のなかで一致させることができたように思っています。

マンガミュージアムの開館まで

ポピュラーカルチャーの研究班がみんなマンガ好きだったということもあって、ポピュラーカルチャーと言いながらマンガ中心の研究チームだったのですが、実はこのメンバーがごそっとマンガミュージアムのスタッフになるんですよ。

ひょんな経緯なんですけど、当時、ＣＯＥのチームでマンガに関する学術シンポジウムや研究会を開催していて、そこに吉村和真さん（マンガ研究者、現・京都精華大学の副学長、京都国際マンガミュージアム研究員）を頻繁にお呼びしていたんです。吉村さんは当時からかなり真剣にマンガ研究を志していらっしゃったので。その吉村さんがしばらくして「今度、京都精華大学でマンガミュージアムを立ち上げるプロジェクトがあるんだけど、関心ある？」と、チーム全員がヘッドハンティングされたんです。ほとんどのメンバーが参加することになりました。具体的には僕と阪大の先輩でかつてマンガミュージアムにいらした表智之《おもてともゆき》さん（現・北九州市漫画ミュージアムの研究員）が最初にその準備チームに入って、いよいよ開館するという前年に、僕も京都精華大学に就職しました。

マンガミュージアムの開館は二〇〇六年で、準備期間は三年くらいですが、そのころ、マンガ文化を後押しするバブルのような流れがあったんです。〇一年に日本マンガ学会が立ち上がって、〇二年にマンガやアニメをクールジャパンのようなかたちで盛り上げていこうということで、小泉純一郎さんが知的財産立国宣言をし、マンガ研究がより制度化しやすい状況が政治的にも生まれました。

マンガミュージアムを京都でやろうとなったとき、助けていただいたのは、当時の文化庁長官の河合隼雄さんです。これからマンガが国際的にすごく重要になるので、これまでのマンガのイメージを捨てて一緒にやっていってほしいと、地元の人たちを説得してもらいました。河合さんはマンガミュージアムができる直前に亡くなってしまったので残念でしたが。

いざ、京都でマンガミュージアムをやろうってなったときに、京都精華大学の力だけではスタートできないということで、当時、文科省が出していたＯＲＣ（オープンリサーチセンター。文部科学省が実施した私立大学学術研究高度化推進事業）という大きな研究補助金に応募し、これをいただいています。研究状況としても、研究者は象牙の塔にこもるのではなくて、研究知見を社会にわかりやすく還元することが重要な課題になった時代で、いくつかのタイミングがうまく合ったことが作用して、こういう場所をつくることができたという感じですね。

模索し続けたミュージアム・展示スタイル

　最初の発想は、マンガ研究をしている人のための専門資料館をつくるというものだったのですが、それだと公的補助金は出ない。そこで、一般の方へのインターフェイスとして、資料館の上にミュージアムを乗っけてみよう、ということになりました。ある意味、後付けの課題がいきなり生まれて、それをどうするかにとても苦労しました。名称も迷ったのですが、日本だと、餃子ミュージアムとか、ラーメンミュージアムとか、カタカナの「ミュージアム」って定義がないから、とりあえずということで「マンガミュージアム」としました。ミュージアムとつけたからには、展示もあったほうがいいよねということで、企画展もつくることになったのですが、その発想がのちのち仕事としては重くのしかかってきて、けっこう大変でしたね。チームに展覧会をつくった人は一人もいなくて。僕も表さんも美術関係の人間ではなかったので、博物館の歴史展示をイメージして展示づくりを始めました。最初の展示は「世界のマンガ展」というもので、集めた資料に研究的なキャプションをつけただけの展示です。いま考えたらすごく素朴な研究展示でした。

　そこからアート系のものを入れなくてはいけないよねとか、一般の人たちが楽しめるものにしなくてはいけないよね、みたいなことで苦労しながら展示方法を模索してました。そのころ、マンガの原画展も数多く生まれつつあったんですけど、額装して白い壁にかければ美術展らしくなるみたいなつくられ方にすごく懐疑的で、ある種、反面教師的に考えていました。結局、「手塚治虫展」（東京国立近代美術館、一九九〇年）が、ある種のステータスになって、マンガ展のお手本になったんですよ。あの展示は、解説や構成が非常に巧みだったのですが、見にくるファンも含めて、ある種の美術展らしさにお墨付きを与えてしまったという意味で功罪があると思っています。当時、僕たちは、むしろそういうのをどう壊せるかを考えながら展示をつくっていて、そこでのお客の反応を見ながら、次の展示に反映させていきました。

マンガっぽさを反映した文化施設

僕たちとしては新しい場所ができたときに、マンガがどういう読まれ方をするのか、その実験場くらいの気持ちでやっていたんです。実験場なので、被験者としての来館者にこうしてくださいこれはしないでくださいみたいなことを言うのをやめようって、あるときから意識するようになりました。マンガミュージアムのグランドで寝転がってマンガを読むとか、廊下で座って読むといったスタイルも僕たちが推奨したわけではなくて、いつからか利用者が始めたことなんです。僕たちはそのようにミュージアムの利用方法が「発明」されていく様子を観察しようというスタンスです。

わりと常にそのやり方ですね。でも自己分析的に言うと、そういうことがマンガっぽさを反映した文化施設にしたように思っています。来館者や時代の状況によって、ミュージアムのあり方をフレキシブルに変えてもいいという姿勢はわりと面白いと思うし、あるコンセプトを掲げてそれに準じた建物のなかで資料を集めていくようなやり方だと、新しいなにかを生み出すのは難しいのではないかと思っていて。僕たちはある時期から、変わっていくことを前提とした現代文化を扱う施設のかたちとして、中身の変化によってその入れ物のあり方も変わっていくことをコンセプトにしようと覚悟しました。

そういう「身軽さ」という点でいうと、京都精華大がやっていたことも重要だったと思いますし、身軽さと直結しているのがスタッフの少なさですね。マンガミュージアムって吉村さんほか数人のかなり個人的な考えと直結していて、最後はパーソナルな力が左右する。それがいいこともあれば悪いこともあるんですけど、ポピュラーカルチャーを扱うミュージアムの一つのタイプとしては面白いのではないかと思います。

開館してからの十年というのは、マンガ研究やマンガ文化が、公の文化になっていった十年だったと思います。最初は「マンガなんて」って言われていた状況だったのが、ここ数年でいえば、オークションで手塚治虫の原稿が三千五百万円で売られるといった世界になってきています。そうなると国はマンガを第二の浮世絵にしてはならないと、制度的にも産業的にも保護していこうという流れにますますなっていくはずです。

そういう流れを意識的にリードしてきたのがマンガミュージアムであり、京都精華大だったと思っています。ですから、悪く言えば制度づくりに加担してしまったことの責任も感じながら、僕らが当初、マンガミュージアムをつくるときに考えていた理想と乖離していかないかどうかを常に意識しながら、ポピュラーカルチャーだからこその面白さや可能性を殺さずにどのようにして次の世代に渡せるかを考えるべき立場になってきていると思っています。

マンガのアーカイブ施設としての公共図書館

マンガミュージアムという場所ではなくても、さまざまなかたちでマンガ文化と触れ合うインターフェイスは発明され続けているので、ここが制度化されて固定化されてしまえば、別の場所でまた始めればいいよねっていう気持ちはあります。まあ、マンガミュージアムの初期研究員を輩出した阪大の日本学って左翼の巣窟みたいなところだったこともあって（笑）、政治的な制度に固定化されたり、従属したりすることは絶対にしないようにしようということはいまでも思っていますね。

個人的には、マンガのインターフェイスとして公共図書館にも期待しています。マンガを置く図書館をネットワークでつないで、どこになにがあるかがわかるようになるといいですね。マンガミュージアムの地下には膨大な数のマンガがあるんですが、すべてを集めることはできないので、マンガを一カ所に集めなければという肩の荷も多少、下ろせるかもしれないというひそかな期待もあります。

もちろんアーカイブとなると、管理・保存というミュージアムの理念と情報へのアクセスの保証という公共図書館の理念との兼ね合いがあると思いますが、この場所をやってみてわかったのは、一般の人たちは保管をしなくてはいけないような古いマンガにはあまり関心がないということです。ここでも、古書で数万円になっているようなものが、実はけっこう開架に出ているんですよ。だけど、そういうマンガには、ほとんどの人は手も触れない。もしかしたら開館以来、触れられたこともないマンガもあるかもしれないという、そんな偏りがあります。

僕自身は使われない資料はあまり意味がないという発想のアーキビストで、百年後に役立てるためにタイムカプセルを入れようみたいな発想にはむしろ否定的なんです。そういう意味では、うちの地下にあるマンガも読んでもらいたいと思っています。

「ライブラリー・リソース・ガイド」読者へのメッセージ、そうですね、きっと司書の方が多く読まれている雑誌だと思うのですが、実はここ数年、マンガを公共図書館に入れる際の選書基準についてのヒアリングや講演の依頼がよくくるんです。マンガ好きな司書って実は多いと思うのですが、司書の立場で図書館にマンガを入れるとなると、「マンガを活字の本の入り口にする」というお決まりの発想になりがちだと思うんです。学習マンガとかはまさにそうだと思いますが、子どもたちにマンガから物語の面白さを知ってもらって、小説や学術書とかにいってもらおうという発想ですね。特に図書館業界は、そういうヒエラルキーがすごく強いと思います。でも、マンガ研究者の立場から言えば、マンガというのは実はそういうヒエラルキーの一部ではないはずなんです。マンガを深読みするためのリテラシーをキチンと身につけることができたら、小説とかとはまた違う地平に私たちを連れていってくれるものなんです。ぜひ、図書館のなかでもマンガの位置づけを活字の本とは違う豊かさがあるものとして扱って、なおかつこういう読み方をしたら、そういう世界に連れていってくれますよ、と利用者に教える機会をつくってもらいたいです。

マンガ研究というのは、マンガってこんなに深いところまで世界や社会を描写したり、とらえたりできるんだっていう視点に気づかせてくれるジャンルなので、そういう意味では、マンガ研究の本もたくさん図書館に入れてほしいですね。

（インタビュー：李明喜）

エッセー

その後のマンガ／アーカイブ

インタビューから五年しかたっていませんが、マンガアーカイブ界にとっては大きな五年でした。出版産業的にみれば、一九九〇年代半ば以降下落の一途をたどっていたマンガ本の売り上げが加速度的に増加、二〇二一年には出版史上最大の数字を記録します。コロナ禍下の巣ごもりに後押しされた電子版売り上げの貢献にほかなりませんが、ネット上でしか発表されないマンガ作品も増え、マンガ図書館としてそうしたものをどうアーカイブしていくかは、喫緊の問題になっています。京都国際マンガミュージアムでは逆に、所蔵している江戸期から戦前までの古い資料をしっかり保管・活用していこう、という覚悟に向かったように感じます。

マンガの本だけでなく原画（原稿）も、というのは二〇一〇年代以降のマンガアーカイブ界の大きな関心ですが、それが加速したのもこの五年の特徴。原画を紹介する展覧会も増え、その重要性を理解できるリテラシーをもったマンガファンも育っています。一部の公立図書館ではすでにマンガ原画の収蔵を始めていますが、図書館にとっても、今後、マンガ／原画は無視できない文化資源として考えられるようになるのではないかと思います。

司書名鑑

No. 20

Asturio Cantabrio

［ウィキペディアン］

略歴

Asturio Cantabrio（アストゥリオ・カンタブリオ）

ウィキペディアン。「かんた」「ロバのひと」などと呼ばれる。東京ウィキメディアン会、edit Tango所属。愛知県出身・在住。「Wikipedia」では公共図書館に関する記事を多く作成し、二〇一六年ごろから日本各地のウィキペディアタウンに参加。「Wikipedia」の説明をおこなう講師、または編集のサポートという立場で関わる。

「Wikipedia」にハマる

明確に「Wikipedia」にハマるというか、のめり込むようになったのは、中学生のときだったと思います。そのころは「Wikipedia」が出始めてまだ間もなくて、日本語版の記述量（文字数）はいまの半分くらいで、項目は五十万くらいだったかと思います。「Wikipedia」の大原則はありながら、ルールも含め、自分でつくっているんだという実感がありました。どの項目でも増やしていけるっていうところが面白くなっていましたね。

私が「Wikipedia」を始めたころは、記事になるような題材が少なかったので、自分がもっている情報で書ける自分のお気に入りの項目（バスク地方）について、ネットから拾える情報の範囲のなかで編集が完結できていました。そういう意味では、図書館との接点は少なかったですね。完全に一人だけの完結した世界で、パソコンを通じて「Wikipedia」を触って黙々と進めていました。そのころまとめていた記事などは、自分の「Wikipedia」利用者ページにまとめて一覧化しています。

ウィキペディアタウンとの出合い

そうした自分と「Wikipedia」との完結した世界から足を踏み出して、初めてウィキペディアタウンに参加するきっかけになったのは、二〇一四年十二月の「京都オープンデータソン」ですね。「Wikipedia」でこのイベントの情報を見つけたのをきっかけに、ふらっと参加したんです。京都府立図書館が会場で、Open Street Map のマッピングパーティーとの連携イベントとしての開催でした。

ウィキペディアタウンに、一ウィキペディアンとして参加するので、参加者に執筆方法とかをレクチャーしなくちゃいけないのかなと初めは思っていましたが、実際に始まってみると、参加者が「Wikipedia」を書いている様子を見るのが楽しかったです。「Wikipedia」を書いているときって口数が少なくなるし、作業も地味なので、特に初めて「Wikipedia」にふれるような人たちは面白さを感じるんだろうかと思っていました。やはり参加回数を

ウィキペディア
フリー百科事典
利用者ページ　ノート
閲覧　ソースを編集　履歴表示　その他
Wikipedia内を検索
利用者:Asturio Cantabrio
Asturio Cantabrio（あすとぅりお・かんたぶりお）。ウィキペディアタウン等のオフラインイベントではかんたと呼ばれます。
目次 [非表示]
1 自己紹介
2 執筆記事
3 下書きなど
4 参加記録
4.1 オフラインイベント
4.2 執筆コンテスト
自己紹介 [ソースを編集]
バスク地方の記事を増やしたいと思って2014年から参加しています。2015年にはスペイン全土に手を広げ、特に2015年後半にはカタルーニャ地方に進出しました。2016年からは各地のウィキペディアタウンに積極的に参加し、図書館に関する記事を多く作成しています。講師/編集サポート/協力者という立場でかかわり、ウィキペディア/ウィキペディアタウンの説明などをすることもあります。
羅針盤「ウィキペディアンインタビュー Asturio Cantabrioさん」アカデミック・リソース・ガイド、633号
2017年3月21日、アカデミック・リソース・ガイドのメルマガにインタビューを掲載してもらいました。
WikipediaLIB@信州 #01 県立長野図書館
2017年3月20日、講師として県立長野図書館に呼んでもらいました。
WikipediaLIB@信州#02【小諸編】県立長野図書館
2017年8月19日、再び講師として県立長野図書館に呼んでもらいました。
ウィキペディアタウン in福井市東郷 福井県立図書館
2017年11月17日・18日、講師のKs aka 98さんの編集サポートとして福井県立図書館に呼んでもらいました。
ユーザーボックス
ja-4
en-1
This user is able to contribute with a basic level of English.
es-0.5
Bonjour! Yo no hablo sobre todo español.
ロバです

図1　Asturio Cantabrioさんの「Wikipedia」利用者ページ

重ねて、続けていくことに面白さを感じられるイベントなのかなとも思うようになりましたね。

一人で「Wikipedia」を書く場合は、調べる時間を十分にとってから投稿する癖がついていきますが、イベントではなかなかそうはいかないので、特に初めのころは「Wikipedia」の書き方についてもきちんと指導してほしいな、と思っていました。投稿ボタンを押したら、それが世界に向けて発信されてしまうということは、しっかり伝えていくべきだと思うんですよね。このことについては、私もある程度、責任ある側だと思っているので、編集する面白さも感じてもらいながらも、「Wikipedia」に書いて公開することの重みは参加者と共有していきたいです。

図書館で開催するウィキペディアタウン

二〇一四年、京都での初めてのウィキペディアタウンをきっかけに、誰かと共同作業をするということを体験して、ウィキペディアタウンというリアルな場にふれていくことになるのですが、そのころはまだウィキペディアタウンがそれほど開催されていない時期で、次にいつ開催されるかもわからなかったので、さしあたり一五年は二回に一度のペースで、自分が行ける範囲内で参加していました。

図書館でウィキペディアタウンをやることの面白さを確信したのは、二〇一六年三月五日に伊那市立高遠町図書館で開催された「オープンデータデイ2016 in Ina Valley」で開催されたのlocal wikiですね。知り合いは誰も参加していなかったんですが、ふらっと参加してみました。すると、県立長野図書館の平賀研也館長や高遠町図書館の諸田和幸さん（当時）というユニークな図書館関係者の方々がいらっしゃって、たくさんの資料がある図書館でやることの面白さを実感しました。このころ、京都で参加していたときは、図書館は会場になっているだけのケースが多かったように思っていて、図書館でやることの役割が多いとは感じていませんでした。

伊那市の少し前の二〇一六年二月二十日には、「ウィキペディアタウンin瀬戸内市」にも参加していたのですが、やはりここでも瀬戸内市民図書館の嶋田学館長やアカデミック・リソース・ガイドの岡本真さんという面白い方々と出会えて、ウィキペディアタウンに図書館が関わると面白いのかも！と気がつくようになりました。

図書館そのものに関心をもちはじめたのも、ウィキペディアタウンを通してです。たとえば地域にある神社の記事をつくるにしても、図書館が関わらないウィキペディアタウンだと、ネットに出てる情報とたいして変わらない内容の記事しかできません。ところが図書館が関わって地域資料や郷土資料を準備してくれることによって、出典資料の厚みが増してきちんとした内容にまとめることができます。図書館や図書館がもっている貴重な資料が生かせるきっかけになると思います。

まち歩きの面白さ

ウィキペディアタウンでおこなわれるまち歩きの面白さに気がつけたのは、二〇一六年三月の高遠町図書館でのウィキペディアタウンがきっかけでした。そのときは、図書館職員のみなさんだけではなく、まちに詳しいガイドが同行してまち歩きをしました。道中、いろいろとコーディネートしてくれたり、案内してくれたりしたので、まち歩き自体がとても楽しかったんです。京都では、どこか一つのスポットを決めて行って、帰ってきて集中的に書く、というパターンが多かったのですが、高遠ではエリアのなかでいくつかスポットを巡って記事を書く流れでした。まち歩きの面白さというもの、ウィキペディアタウンの魅力だと思います。まちの歴史に関心をもつことで、初めて行ったまちや場所の歴史についても興味が湧いたり、調べたりしたくなっていきましたね。

まちを歩くときは、特に最初はなにも考えず、そのまちの面白いポイントを見つけようとしています。すでに本に書かれていたら「Wikipedia」に掲載できるので、まちのなかで面白いポイントを見つけたら、本に書かれていないかどうかをすぐ探すようにしています。このころから、ウィキペディアタウンに参加した記録としてブログをつけはじめました。まだウィキペディアタウンが知られてなかったので、少しでも情報発信していきたいと思ったんです。とても魅力的なイベントだと自分でも確信をもっていたので、全国に広まってほしいなと。このころからカウントして、現在までに私がウィキペディアタウン関連のイベントに参加した数は、だいたい五十回ほどになっていると思います。

継続開催の難しさ

私は主催者とか運営側になるのは向いていないと思うので、これからも基本的には一参加者として参加していきたいと思っています。ここ数年で、全国のいろいろなところでウィキペディアタウンが開催されるようになったとは思っていますが、継続的に開催しているところはまだ少ないのが現状です。一度、ウィキペディアタウンを企画・開催してみると、なかなか大変なイベントだと感じられる方も多いと思うんですよね。たとえば、四回開催した名古屋市では、この先、公共図書館が主催して開催するのは難しいかもしれないとも感じています。というのも、名古屋市の場合は一回ずつそれぞれの地域館ごとに開催する試みをおこなったのですが、調整や準備やらで、かなり労力がかかったと聞いています。

これまでは図書館が主催者になって開催するケースが多くみられましたが、これからは市民が主導していくかたちになるといいんじゃないかと思っています。特に図書館の方にとっては、それなりに意義がある企画であることは理解いただいていると思いますが、成果がはっき

図2　Asturio Cantabrioさんのブログ「振り返ればロバがいる」(http://ayc.hatenablog.com/)

りみえるものではないので、ウィキペディアタウン開催後にも意義があるイベントだったということを感じられるのか、疑問に思うところもあります。この数年、図書館側から強い興味が示されているので、これからもウィキペディアタウンと図書館の行く先を見届けたいなと思っています。

図書館と「Wikipedia」の関係

「Wikipedia」の信頼性については、百パーセント信頼できます！と言いきることは絶対にできません。図書館や図書館に関係する方々と交流する前は、図書館の方々は「Wikipedia」について「信頼しちゃいけないもの」として教えられたり理解されたりしているんだろうと思っていました。ただ、実際に交流してみると、「Wikipedia」に対して偏見がなく、きちんと理解している方々が多く、自分の思い込みが覆される驚きはありました。ただ、ウィキペディアタウンを企画したり、参加したりする図書館職員は少数派なんだろうなということも理解しています。「Wikipedia」がどのようなサイトであるかを理解してくれている方がほかの図書館の方々にも広めて、「Wikipedia」を生かしてもらったらうれしいと思っています。

一方、私もウィキペディアタウンに講師として呼んでもらうことが増えてきたなかで、ただ「「Wikipedia」の編集ができる人」として参加したくないという思いもあります。そのまちに興味をもって参加するということ、図書館についての知識をしっかりもって、図書館の方々と話をしたいと思っています。なので、ウィキペディアタウンに参加するときには、イベントの前後どこかの時間で、まちの図書館に訪問するようにしていますね。まちの図書館にふらっと行って、実際に写真を撮らせてもらったりレファレンスをお願いしたりするんですが、それだけでも図書館がそのまちのなかでどのような雰囲気なのかはだいぶわかるようになってきました。図書館の訪問記録もできるかぎりブログで紹介しています。

私が暮らしている愛知県の図書館については、すべて訪問しました。五十四自治体のうち四十八自治体に図書館があります。そこに足を運ぶ主な目的を図書館にして、それぞれの地域の観光をするような感じでした。ある程度の数の図書館を訪問すると、図書館サービスの全貌がわかったきて、その図書館独自のサービスをしているときに、それが特筆すべきものだとわかるようになっていきました。図書館そのものの存在もとても面白いものなんだなと気がつけたように感じています。ウィキペディアタウンを開催する際、そのまちにある図書館のページが「Wikipedia」に存在することが、イベント開催の種まきにつながると思って、なるべく作成するようにしていましたね。

二〇一七年三月二十日（月曜日・祝）には、県立長野図書館で「WikipediaLIB@信州」という図書館職員を対象にしたウィキペディアタウンが開催されました。私は講師として参加させてもらい、長野県の図書館を執筆対象として編集していきました。会場になった県立長野図書館はもちろん、市立小諸図書館や小布施町立図書館まちとしょテラソ、諏訪市図書館など、八つほどの図書館の記事を作成していきました。このように属性を絞ってウィキペディアタウンをやる試みは以前からあったのですが、一般市民を対象とするだけではない面白さや可能性が感じられますね。大学研究者を対象とした一六年三月二十一日（月曜日・祝）の「Open GLAM JAPAN 博物館をひらく 東京工業大学博物館編」でも、専門の人たちが集まるとすごい勢いで出典がつけられ、記事が作成されていきました。

いろいろな属性で参加対象を絞ってみても面白いかもしれません。

ウィキペディアンの視点から

ウィキペディアンとしてウィキペディアタウンのプロジェクトに関わるとき、大きな目的としては、やはり「Wikipedia」のアウトリーチ活動になります。つまり、「Wikipedia」の参加者を増やしたり、「Wikipedia」の書き方を知ってもらったりすることで、いい記事を書いてもらいたいという視点から、ウィキペディアタウンのプロジェクトは始まっているんです。ただ、この目的については、いまおこなわれているウィキペディアタウンの目的と必ずしも一致していない現状があります。

表1　Asturio Cantabrio作成の図書館記事

新規作成した図書館記事　62件		
岩手県	1件	陸前高田市立図書館
長野県	3件	上伊那図書館、伊那市立図書館、木曽町図書館
福井県	2件	鯖江市図書館、越前市立図書館
静岡県	5件	浜松市立中央図書館、浜松市立城北図書館、浜松市立佐久間図書館、静岡市立御幸町図書館、熱海市立図書館
愛知県	42件	岡崎市立額田図書館、一宮市立図書館、一宮市立尾西図書館、瀬戸市立図書館、豊川市図書館、津島市立図書館、安城市図書情報館、西尾市立吉良図書館、西尾市立幡豆図書館、西尾市立一色学びの館、犬山市立図書館、江南市立図書館、稲沢市図書館、新城図書館、おおぶ文化交流の杜図書館、知多市立中央図書館、知立市図書館、尾張旭市立図書館、高浜市立図書館、岩倉市図書館、豊明市立図書館、愛西市中央図書館、清須市立図書館、北名古屋市図書館、弥富市立図書館、みよし市立中央図書館、あま市美和図書館、長久手市中央図書館、蟹江町図書館、大口町立図書館、扶桑町図書館、東郷町立図書館、東浦町中央図書館、武豊町立図書館、美浜町図書館、阿久比町立図書館、佐屋町立杉野図書館、飛島村図書館、幸田町立図書館、設楽町民図書館、愛知芸術文化センターアートライブラリー、名古屋都市センターまちづくりライブラリー
滋賀県	2件	近江八幡市立図書館、江北図書館
京都府	2件	宮津市立図書館、京丹後市立峰山図書館
兵庫県	1件	赤穂市立図書館
岡山県	2件	瀬戸内市立図書館、高梁市立図書館
島根県	1件	海士町中央図書館
香川県	1件	男木島図書館

大幅加筆した図書館記事　17件		
富山県	2件	TOYAMAキラリ、富山市立図書館
石川県	1件	金沢海みらい図書館
岐阜県	2件	みんなの森 ぎふメディアコスモス、多治見市図書館
愛知県	12件	岡崎市立中央図書館、半田市立図書館、春日井市立図書館、豊川市中央図書館、碧南市民図書館、刈谷市図書館、豊田市中央図書館、西尾市立図書館、常滑市立図書館、東海市立中央図書館、日進市立図書館、田原市図書館

先ほどもふれたように、素晴らしい記事を書くためにはある程度の訓練が必要なので、短時間・単発のウィキペディアタウンで到達できるものではないからです。「Wikipedia」側の多数派の意見としては、質が高い記事を書いてほしいけど、ウィキペディアタウンはそうなっていないという意見が多く、そういった意味では、「Wikipedia」側からすると、いまのウィキペディアタウンのイベントそのものには、うまみのようなものはないといえるかなと感じます。あくまでも「Wikipedia」側の視点は、素晴らしい記事を書いてほしいという視点なので、どうしても実際におこなわれているウィキペディアタウンの目的とのズレが出てきているんですね。

ただ個人的には、この視点にこだわりすぎると、こちらが疲れてしまうだけだなあとも思うので、ウィキペディアタウンを開催する意義は、「Wikipedia」側が想定するものとは別のところにあると考えるようにしています。それはたとえば、その場に集まった人同士の交流やコラボレーション、新しいまちや情報との出合いだったりするんだと思います。

初めてウィキペディアタウンに参加した人が、「Wikipedia」側のそういう思惑まで理解して期待に応えようとする必要はないと思います。最近であれば、何度かウィキペディアタウンに参加したことがある方々のなかにこちら側の期待を理解してくれる方も増えていきているように感じるので、それは素直にうれしく思っていますが。ウィキペディアタウンの大きな目的が、優良な記事を書くことだということに気がついていない方がまだまだ多いなかで、「Wikipedia」への理解を少しずつ促してもらえることは、「Wikipedia」側にとって実はそれがいちばん望ましいことだったりもします。

この部分については、「Wikipedia」側のコミュニティーと図書館といったウィキペディアタウンを開催するそのほかのコミュニティーとの歩み寄りが大切になってきます。「Wikipedia」と図書館のよりよい関係性は、これからつくっていくプロセスがまだまだ必要なのかなと思っているので、ウィキペディアタウンというそれぞれをつなげるプロジェクトとしてどうなっていくのか、見守っていきたいと思います。

（インタビュー：下吹越香菜）

エッセー

アフターコロナのウィキペディアタウン

二〇二〇年以後には新型コロナウイルス感染症が世界的に流行し、ウィキペディアタウンの開催にも大きな影響が出ています。開催を計画しながらも中止せざるをえなかったイベントも多く、コロナに対する国や自治体の対応に振り回されています。そもそも「Wikipedia」とは各地の参加者によるオンライン活動ですが、複数の参加者が顔を合わせて活動することに意義を見いだしたのがウィキペディアタウンです。オンライン開催はイベントの趣旨を見失ってしまう可能性があるため難しい。二二年現在は各地でイベントが復活しつつありますが、その開催方法については模索が続いていて、今後どう展開していくのかはわかりません。ただし、公共図書館や行政が関与する大規模で公的なイベントから、市民有志による少人数で私的なイベントに移行しつつあるのは間違いなく、ウィキペディアタウンから始まった「Wikipedia」活動が細々とでも長く続いていく成功例を多くつくりたいところです。

司書名鑑

No.21

内田麻理香

［サイエンスライター／サイエンスコミュニケーター］

略歴

内田麻理香（うちだ まりか）

現在は東京大学教養学部科学技術インタープリター養成部門特任准教授。東京大学大学院工学系研究科修士課程修了。各種媒体を通じサイエンスコミュニケーターとして活動しながら、同大学院学際情報学府博士課程に社会人入学。博士（学際情報学）。

理系と文系の間で悩んだキャリアパス

物心ついたころから理科の実験のようなことが好きでした。親がいないときに、柑橘類の絞り汁で絵を描いたあとに熱を加えて可視化する「あぶり出し」の実験を再現しようと、コンロを使って火事になりかけたこともありましたが、科学や不思議だなと思うことに対する好奇心が強かったですね。ただ得意なのは文系の教科で、特に歴史が好きだったんです。いまでいう歴女で、歴史を学ぶ学者になりたいとも思っていたのですが、中学生のときに『機動戦士ガンダム』（日本サンライズ、一九七九―八〇年）を見てスペースコロニーにものすごく感動したんです。宇宙空間に人が住めるのはすごいことだと。それで、スペースコロニーをつくる仕事に就くにはどうしたらいいのか、逆算して考えたんです。あんなに巨大なものをつくろうと思ったら、国家公務員になるのがいいだろうと。そのためには東京大学の理Iだということで受験し、入学しました。

大学に入ってからも、科学技術行政に関わる仕事がしたいと思っていたのですが、私は理系としても中途半端だということに気づくんです。研究室の優秀な先輩たちは一つのことを突き詰め、掘り下げて考えることができる人たちばかりなのですが、自分の場合、科学に対する興味はあっても、浅いところで理解が止まってほかのことに興味が移りやすかったのです。とはいえ、いまさら文系としても中途半端なわけです。博士課程まで進学したものの、研究者には向いていないのではないかと疑問をもって、官僚と弁理士を将来の候補として考えました。文系と理系の間にあるような仕事です。その後、修士課程、博士課程に進学したのですが、その後の進路をどうしたらいいかは、ずっと悩んでいました。

暮らしのなかに潜んでいた「見えない科学」との出合い

博士課程に入ってすぐに結婚をしまして、研究者への道に確信をもてなかったこともあり、退学して専業主婦になりました。向いてないとは思いながらも、科学と縁が切れてしまったことは残念で、どうしたらまた接点がもてるか、どこかで考えていましたね。

そのころ、家でよく料理をしていたのですが、あんかけをつくるときに小麦粉と片栗粉を間違えたり、メレンゲをつくるのに卵を一ダース無駄にしたりと、失敗ばかりしていたのですが、その日はフードプロセッサでパンをつくっていたら生地がドロドロのまま固まらない。どうしたことかと思っていたら、塩を入れ忘れていたことに気づいてハッとしました。グルテンは塩分がないと弾力性が出ない、つまり失敗の背景に科学があることに気づいたんです。ここで科学と出合い直せるのか！という発見がありました。

家事があまり好きになれない私に、少しでも楽しむための要素として、科学が再び私の前に現れたように思いました。そしてそのときの科学は、教科書や実験室にある「わかりやすく見える」科学とは違って、暮らしのなかに潜んでいる「見えない科学」。いったん科学の世界から離れたからこそ、家庭のなかで「見えない科学」と再会できたんだと思いました。

われながらこの出合いは面白いと思って、私が好きな科学と苦手な家事を組み合わせたウェブサイトを立ち上げてみました。それが「カソウケン（家庭科学総合研究所）[1]」です。当時二〇〇一年ごろ、まだブログがなかったので、ドリームウィーバーでつくってＣＧＩで掲示板を立ち上げたらコミュニティーができました。もともと理科が好きといういわゆる元理系の主婦もいましたが、理科は関係なく、料理に対する強い探求心からきた方もいました。それなりにアクセス数があったのですが、これだけでは読者層は広がらないと思い、あれこれ考えました。就職せずに家庭に入ったので、カソウケンをなんとか仕事につなげたいという思いがあったんです。それでネットサーフィンをしていたら、当時、読者と一緒に企画をつくる人を募集していた「ほぼ日刊イトイ新聞」を見つけたんです。それで連絡をしまして、〇三年から「主婦と科学。家庭科学総合研究所（カソウケン）ほぼ日出張所」という連載を始めることになりました。

サイエンスコミュニケーターとして　さまざまな試行錯誤

「ほぼ日」での連載はのちに『カソウケン（家庭科学総合研究所）へようこそ——おうちの中の非実用？サイエンス』（講談社、二〇〇五年）という本になりまして書評が新聞に出たり、テレビの出演依頼などをいただいたりしていくなかで、子ども向けの実験教室や次の雑誌の連載などにつながっていきました。

当時から、日常生活のなかに科学を見いだしたり、逆に科学的な事柄を日常の目線で説明したりする企画というのは、本にしてもウェブサイトにしてもたくさんあったんです。そうしたなかで「家庭科学総合研究所」として、メンバーを家族にして主婦アピールをしたのは、そういう看板を掲げることで対話を広げることができるのではないかという私なりの狙いがありました。

『カソウケンへようこそ』を出版した二〇〇五年は「サイエンスコミュニケーション元年」と呼ばれた年で、科学技術振興調整費がついた年でしたが、自分としてはサイエンスコミュニケーションという言葉を知らずに活動をしていたんです。サイエンスコミュニケーターと名乗るようになったのは、周囲からそう呼ばれることが多くなったからです。

サイエンスコミュニケーター、つまり「世の中と科学の間に立つ人材」として、どうやってそこをつないでいけるのか、メディアに出たり、執筆をしたり、科学教室をしたりして試行錯誤をしていたのですが、二〇〇七年

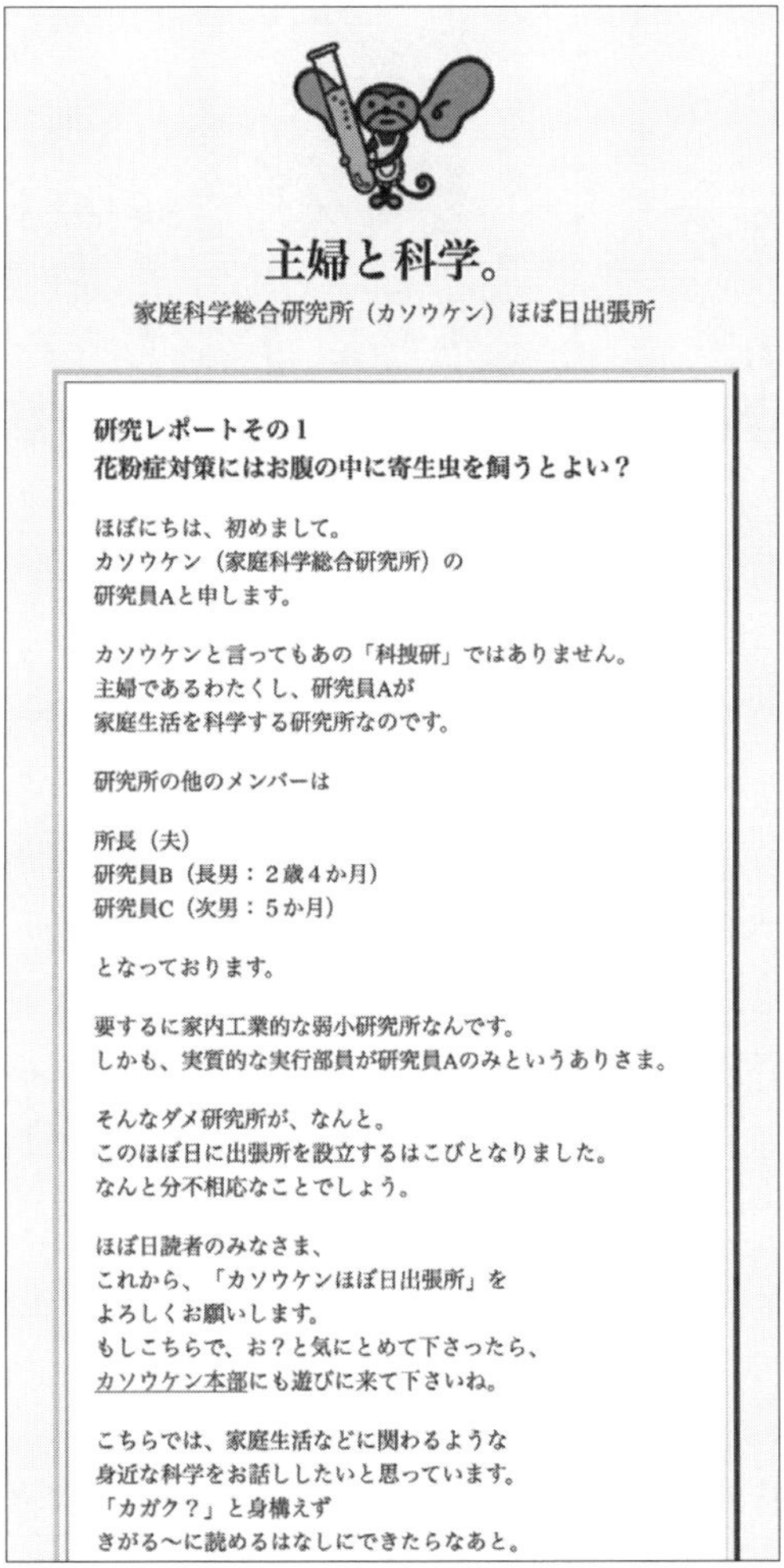

主婦と科学。

家庭科学総合研究所（カソウケン）ほぼ日出張所

研究レポートその１
花粉症対策にはお腹の中に寄生虫を飼うとよい？

ほぼにちは、初めまして。
カソウケン（家庭科学総合研究所）の
研究員Aと申します。

カソウケンと言ってもあの「科捜研」ではありません。
主婦であるわたくし、研究員Aが
家庭生活を科学する研究所なのです。

研究所の他のメンバーは

所長（夫）
研究員B（長男：２歳４か月）
研究員C（次男：５か月）

となっております。

要するに家内工業的な弱小研究所なんです。
しかも、実質的な実行部員が研究員Aのみというありさま。

そんなダメ研究所が、なんと。
このほぼ日に出張所を設立するはこびとなりました。
なんと分不相応なことでしょう。

ほぼ日読者のみなさま、
これから、「カソウケンほぼ日出張所」を
よろしくお願いします。
もしこちらで、お？と気にとめて下さったら、
カソウケン本部にも遊びに来て下さいね。

こちらでは、家庭生活などに関わるような
身近な科学をお話ししたいと思っています。
「カガク？」と身構えず
きがる〜に読めるはなしにできたらなあと。

図１　「主婦と科学。」（出典：「ほぼ日刊イトイ新聞」）

に東京大学からかつて自分が在籍していた工学部の広報の仕事のオファーをいただき着任しました。ところが科学広報という仕事は、サイエンスコミュニケーターが大切にしている対話がないんですね。「なに」を伝え、「どのように」表現するか、という一連のプロセスで、「なに」の部分は所属している機関・組織から手渡されるわけです。それに異を唱えることはできません。重要なのは効率的に、あるいは魅力的に相手を説得するために「どのように」表現するのか、という部分だけなんです。「なに」の部分を自分で考えられないのはつらかったですね。

とはいえサイエンスコミュニケーターの仕事も、あれもこれもうまくいっていませんでした。私としては科学に興味・関心があまり高くない方に情報を届けたいのですが、実際に受け取ってくれるのはもともと科学に興味がある人や、マニアックな楽しみ方をしてくれている人が多い印象でした。レシピと科学的説明を組み合わせた本を、料理本のコーナーに置かれることを期待して書いてみたり、あの手この手をやってみたのですが売れず、どうしてうまくいかないのか悩んでいました。

それで、サイエンスコミュニケーションという学問分野があるのであれば、きちんと勉強してみたいと思って、二〇〇九年に東京大学大学院の学際情報学府に入ることにしました。教職員の立場で院生も兼ねるのは社会的に難しかったのと、そこまで魅力を感じなくなったこともあり、広報の仕事は退職しました。

自分の意義を見つめ直す機会になった震災

フリーランスになった翌年、東日本大震災が起きました。

この震災は、サイエンスコミュニケーターとして、自分の意義を見つめ直す機会になりました。というのも、私はそれまで「科学を通じて楽しさを共有したい」という意味での、いわばカッコ付きでの「楽しいサイエンスコミュニケーション」をやってきたのですが、「楽しいサイエンスコミュニケーション」というのが批判的な文脈で語られるようになったのです。震災にも役に立たない、低線量放射線被曝に対する人々の不安も解消できないでなんの役に立つんだと、かなり批判を受けました。リスクコミュニケーションとサイエンスコミュニケーションを一緒くたに批判するような動きも起き、私のように本や新聞を中心に活動する対話型でないサイエンスコミュニケーションには意味がない、とも言われました。

そうしたなか、当時、日常のなかの科学を紹介する「おうちの科学」という連載を「東京新聞」で書いていたのですが、のんきな連載を書いていいものかどうか悩みました。それで担当者に問い合わせたら、続けてくださいと言ってくださったんです。こういうときこそ科学のあり方や意義を認めてくれる人がいるということが、とても心強かったです。ただ、なにを書いたらいいのか迷ったのはよく覚えています。結局、ホッとする話題を入れたかったので、コーヒーの香りについての話を書きました。

当時、批判を受けるなかで痛い痛いと感じながらも、本当にそうなんだろうかと自問自答を繰り返した先にいまの自分の活動がありますし、今回、書き上げた博士論文にもつながっていると思っています。

現在の仕事

二〇一三年から「毎日新聞」の書評委員になりまして、いまも楽しく続けています。科学ジャンルの論文や書籍を緻密に読んで、正しく意図を読み取ってまとめていく作業は自分の研究にも役立ちますし、年間八万点もの本が出るなかで、いい本をピックアップしてまとめて伝えるというのは一種のサイエンスコミュニケーション、学術コミュニケーションだと自分のなかで位置づけています。

新聞の書評欄というのは読み物としてちょっと特異で、書評欄だけを読む人がいるんです。ということは書評を書くという行為は「書評ファン、書評マニア」のコミュニティーのなかに科学の情報を投げ入れるということでもあって、そういう意味ではサイエンスコミュニケーションにつながるのではないかと思っています。

書評委員のほかに二〇一八年からは、東京大学の科学技術インタープリター養成部門(2)の特任講師として、大学院生の教育プログラムのコーディネーションをしています。このプログラムが目指しているのは、サイエンスコミュニケーター育成というよりは、自分の専門知を生かして社会とコミュニケートできる人材を育てることだと理解しています。副専攻プログラムなので、履修している学生たちの主専攻は生物学や心理学、教育学などさまざまですが、学生のなかにはサイエンスカフェを運営していたり、サイエンスコミュニケーションに興味があったりする人もいて、そういう学生が問題意識を感じて入ってきたときに、それを学問・研究につなげるにはどうしたらいいのか、その難しさを感じながらもなんとかサポートしたいと思っています。私自身が十年間、大学院で迷い続けていることでもあるので、気持ちがすごくよくわかるんです。なんとか助けられるように、仕事をしています。

学生に実践例を紹介するときには、本、新聞、テレビ、実験教室など多様なメディアで私自身が失敗してきた例は必ず伝えるようにしています。材料として使ってもらえたらと思っていますね。

研究者としてのこれから

今年（二〇一九年）、ようやく博士論文を書き終えたのですが、当初、問題意識としてやはりあったのは、科学への興味・関心が高くない人に向けたサイエンスコミュニケーションをどうしたらいいのか、ということでした。「サイエンスコミュニケーションへの潜在的関心層」という言葉を使ってその層を特定し、アプローチしたかったのですが、潜在的関心層とはどのような層なのかを明らかにすることはできませんでした。仮にそのような人たちがいたとしても、私の実践でどのように変化したかはわからなかったのです。なので、論文のなかでは潜在的関心層という言葉を使わなかったのですが、心残りなので、なんとかこの問題に挑んでいきたいと思っています。

アカデミック・リソース・ガイドの岡本真さんは著書のなかで、学ぶことの関心を図書館から引き出してもらい、成長されてきたという自身の体験を常に書いていますが、“Knowledge is Power”という言葉のとおり、人間は学ぶことでしか成長できません。そういう意味でも、図書館はコミュニティーの中心になるべきだと思いますが、人々をどのようにつなげていくか、そこを摸索される岡本さんの試みは、私の問題意識ととても近いように思っています。博士論文では、コミュニティーをつくるコミュニケーションとして、ジェイムズ・W・ケアリー（一九三四―二〇〇六年。アメリカのコミュニケーション研究者）の議論を持ち出しました。コミュニケーションの情報のやりとりの機能ではなく、コミュニケーションによってコミュニティーが形成される過程に注目する儀礼的コミュニケーションです。

儀礼的コミュニケーションという考え方がもともと参考にしているのは宗教のあり方ですね。あるシンボルがあって、それを信じる人が集まってコミュニティーができていく。たとえば低線量放射線被曝を例にしたとき、危険だと考える人もいれば、安全だと考える人もいるのですが、両方にシンボルがあって、良くも悪くもそのシンボルが機能してしまう。

人々を巻き込むようなシンボル的なものはないんだろうかなんていうと、ヤバいことを考えているとよく言われるのですが（笑）、科学なら科学、図書館なら図書館といったフィールドで、すでにある既存のコミュニティーに閉じずに開いていくためには、やはりいい洋服を着せてあげて、それをほかのコミュニティーに投げ込んで信者（新規参入者）を集めるようなことを考えることも必要だと思います。

「ニコニコ学会β」などは江渡浩一郎さん（産業技術総合研究所）が数多くの工夫をして、信者ならぬ眠れる野生の研究者をたくさん召喚しましたよね。江渡さんには、インタープリター養成プログラムにも来ていただきましたが、イベントのネーミングやロゴにいたるすべてで考え抜かれているように思います。

いま振り返ると、「カソウケン」はサイエンスコミュニケーターとしての最初の体験でした。家庭科学総合研究所という架空の研究所をつくり、メンバーを家族にしたのは、科学が好きな人も好きでない人も家庭のなかで科学をめでるコミュニティーをつくりたいと思ったからです。そこはうまくいった部分もあったのですが、もう少し理論的に構築できないかと思っていて、コミュニティー形成の機能に注目した儀礼的コミュニケーションの研究については、これからも続けていきたいと思っています。

（インタビュー：鎌倉幸子、記事化協力：羽村太雅）

注

（1）老若男女が楽しめるこのサイトは、ニフティホームページグランプリ特別賞を受賞。

（2）二〇〇五年に科学技術振興調整費がつき、東大のほかに北海道大学の高等教育推進機構科学技術コミュニケーション教育研究部門（CoSTEP）、早稲田大学のジャーナリズムコースJ-Schoolが開設された。

エッセー

理論と実践の架け橋を目指して

いまも変わらずサイエンスコミュニケーションの研究と実践と教育に携わっています。連載記事が掲載された当時よりは、少し落ち着いて自分の立ち位置やこの分野でなすべきことが見えてきた気がします。サイエンスコミュニケーションという分野にかぎりませんが、この分野も理論と実践の乖離があります。多くのサイエンスコミュニケーターは、あまり研究成果を参照しないようにみえます。これは、彼らが勉強不足だからというわけではないでしょう。これらの理論が、実践家としての自身の実感に合わない、役に立たないと思われていることに起因するのではないでしょうか。研究と実践の双方に関わる私は、実践家にとってより使い勝手がいい知を提供することが自分の役割だと考えるようになりました。また、すでにサイエンスコミュニケーションの分野でも多くの優れた知見があります。これらを実践家が「ふれてみる価値がある」と納得できるようなものとして紹介していきたいと考えています。

司書名鑑

No. 22

清田陽司

［LIFULL AI 戦略室主席研究員／博士（情報学）］

略歴

清田陽司（きよた ようじ）

現在はLIFULL AI戦略室主席研究員として、不動産テック分野の研究開発に従事。FiveVai取締役CDOを兼職し、看護・教育・流通などの各業界でのAI社会実装を事業として推進。人工知能学会編集委員長（二〇二〇―二二年）、Code4Lib JAPAN共同代表（二〇一一年―）、情報科学技術協会会長（二〇二二年―）などを担当。博士（情報学）。

小学校から高校時代の図書館体験

私は、ちょっと変わっていたというか、小学校のシステムになじめない、いわゆるいじめられっ子だったので、図書館は居心地がよくてかなりのヘビーユーザーでしたね。学校の図書室も、公立の図書館もよく利用していました。司書にお薦めの本を聞いて借りたり、サイエンス系のシリーズ本が好きでかなり読んでいたりした記憶があります。図書館の整理されたシステム自体に憧れていた部分もありました。

もともと、地下鉄の路線図や首都高速の地図とか、トポロジーやグラフ構造的なものが好きなんですね。初めての街へ行くと、地図を見ながらその街の成り立ちを考えてみたりするんです。欧州では、環状線やトラムが走っているところは、城壁だった場所の場合が多い。そういう街の構造の共通点のような、トポロジーやグラフの構造が好きなんです。それが自然言語処理に興味をもった一つのきっかけではありますね。大学の専攻も電気系ですが、電気回路もグラフ構造ですし、すごく抽象的ですがそういう構造自体に、心引かれることが昔からありました。

中学と高校は久留米大学附設中学校・高等学校へ通ったのですが、学校の図書館の蔵書数が約八万五千冊と充実していました。ここの図書館司書教員から受けた影響は大きかったですね。毎回、授業のあとにお薦め本を教えてもらっていましたが、よく覚えていることとしては、「本を読むこと、特に古典の本を読むことは、死者との対話である」ということですね。もう一つは「本は孤独と向き合うための手段だ」ということです。人は生まれてくるときも死ぬときも独りなわけで、孤独とどう向き合うのかということが大事、読書にはそういう価値があるということを教えてもらいました。

大学での図書館体験

京都大学に入ってからは、授業には出ていましたが、大学三年生まではかなりアルバイトをしていたので、大学の図書館を頻繁に使うようになったのは、卒論を書きはじめてからですね。アルバイト先は、家庭教師を紹介する創業二年目の会社でした。家庭教師の登録をしようと思って事務所に行ったのですが、「システム組める?」と聞かれて、会社の給与振り込みなどのシステムを一人でつくることになったんです。十八歳か十九歳でなぜかそういう仕事を任されてしまい、全部独学で対応しました。Excelではなく Lotus1-2-3の時代ですね。

学部は工学部電気系学科だったのですが、四年生で研究室を決める時点で、半導体だったり、論理回路だったり、いろいろな研究室を見学したなかで、すごく興味をもったのが構文解析などの自然言語処理の研究でした。卒論生として師事した長尾真先生の研究室には、KNPと呼ばれる日本語構文・格・照応解析システムがありました。そのデモを見て、言葉の曖昧性をきちんと解析するというのは、すごく面白いなと思いました。構文木もグラフ構造ですしね。

卒論のテーマは、ニュース記事を自動分類する仕組みをつくるという内容でした。インプレス社のオンラインニュース「PC Watch」の記事を、自然言語処理技術を使って分類して評価しました。文章は読む人の用途によって分類の仕方が変わるんです。デバイスや周辺機器の話といった製品カテゴリー別で見たい人もいれば、メーカー別で見たい人もいます。そういう視点で分けるとき、基本的にメーカー名は主語で出てくることが多く、「は」とか「が」という助詞が付いて出てくる。製品カテゴリーの名前は「で」とか「を」が付いて出てくる。なので、クラスタリングするときに、助詞によって重み付けをする。すごくシンプルな仕組みで、たわいない研究だったのですが、分類というのは目的に応じて変えられるということを学びました。

研究対象としての図書館

研究対象として図書館を意識したのは、博士論文のときからです。修士のときは検索とか自動要約システムとか、ＫＷＩＣインデックス（文脈付き索引）についての研究をしていました。研究内容が検索から「対話」寄りになってきたときに、いろいろなサーベイをするなかで、ある論文に出合います。図書館利用者の探索行動について調べた論文で、情報検索や対話の研究のときに頻繁に引用されるロバート・S・テイラー博士の「Question-Negotiation and Information Seeking in Libraries」（一九六八年）です。そのなかに、情報ニーズの四段階という話が出てきます。検索システムをつくるとき、ユーザーは情報要求を明確に定義できるという前提でつくりがちなのですが、実際にはそんなことはないんですね。そもそも、自分がなにを欲しているかわからない状態から検索はスタートします。情報を必要としているかもわからない状態が第一段階。なにか情報が必要だと認識するのが第二段階です。第三段階は、なにを欲しているかを表現する段階。最終段階は、それをどう表現したら検索できるかという段階。そういう四つのステップで成り立っているという考え方です。

この考え方に影響を受けて、図書館情報学はすごく重要だと考えるようになりました。ですので、博士論文を書くときには、図書館情報学の発展の過程でどういう苦労があったのかなど、かなり関心をもって調べました。

博士論文は「対話」の研究をしたのですが、相当苦労しました。対話の研究は、実験室で得られるデータだけでは限界があって、実サービスとしてやらないと十分な評価が難しいんです。対話とか検索についての本質というのは、アカデミアの世界に閉じていては辿り着けないだろうと思っていたのが、のちに会社をつくった一つのきっかけになっていると思います。その後、ご縁があって二〇〇四年に、東京大学の情報基盤センター図書館電子化研究部門の教員として採用されることになりました。情報基盤センターでは、図書館情報ナビゲーションシステムや事例レポートのテキストマイニングなどに取り組みました。図書館の方と密な接点があるところでしたので、そういうフィールドも活用して研究しました。具体的には、修士の学生と取り組んだのが、レファレンスでの質問の分類です。カウンターにくる質問を分類し、そのなかから自動化・システム化できるものを探り、FAQをつくるといった内容です。もう一つは、図書館の分類法をどううまく使うかという研究です。NDC（日本十進分類法）や件名標目表に入っているキーワードは限られていますが、ユーザーはもっと広いキーワードで調べたい。この二つをどう結び付けられるのかと考えたときに、当時ウェブでは「Wikipedia」が使えるようになってきていましたので、これを言語リソースに使ってみるという着想に至りました。ウェブの検索で多くの人が使っている言葉とNDCの世界を結び付けるということです。この研究が、図書館情報ナビゲーションシステム「リッテルナビゲーター」や国立国会図書館「リサーチ・ナビ」の発想のもとになっています。

図書館情報ナビゲーションシステムで起業

東京大学発ベンチャー企業としてリッテルを共同創業したのは二〇〇七年です。「リッテルナビゲーター」などの図書館情報ナビゲーションシステムを商材として起業しましたが、それだけではマーケットが小さすぎるため、ビジネスをピボットしていくなかで、Hadoopやテキストマイニングなども手がけるようになりました。ナビゲーションシステムの開発という意味ではやりたいことをやれていたと思っていますが、ビジネスとしては正直、うまくいったとは思っていません。ビジネスは、マネタイズして成長させる仕組みをつくりあげる必要がありますが、そこまではできていなかったと思っています。

その後、リッテルは二〇一一年にネクスト（現在のLIFULL）にバイアウトされます。ネクストは社長の井上高志さんが、不動産業界の不合理な点をテクノロジーで変革していきたいという思いでつくった会社です。ビッグデータとかAIという言葉はまだ一般に認識されていませんでしたが、リコメンデーションなどの技術を使ってユーザー体験を変えていきたいという井上社長の思いと合致するところがあり、一緒にやっていくことになりました。

当初は不動産のことはほとんど知識がなかったのですが、図書館の情報の考え方と共通する部分はあると感じていたので、関心や面白さはありました。ただ、実際にやってみると、全然違うということがわかり、三年くらいはかなり悩みましたね。試したことがうまくいかずに悩んだこともありましたが、うまくいかなかったことを整理すると、不動産ならではの面白さもわかってきました。家を買うというのは、仕事を探すとか結婚するというのと同じくらい重めの意思決定ですが、そこにサイエンスがあるのか？と思ったときに、ここは未開拓の分野で、新しいサイエンスの分野として開拓することができると感じました。ほかの分野でよく使われているリコメンデーションの手法である協調フィルタリング（複数の情報を用いてお勧めするリコメンド機能で、Amazonの「この商品を買った人はこちらの商品も～」が有名）が、不動産ではまったく効かないのです。

不動産会社でよく知られている接客の手法に、最初に「これは買わない」と思うような物件を見せるというのがあります。「これはない」と否定することが、決断へ一歩近づくことにつながります。「これはない」を四回くらい繰り返して、次にいい物件を見せると、断る理由がなくなるんです。自発的にユーザーが選ばない物件を見せることで、成約率を高めることができます。これは、行動心理学にも通じる話なので、それまでふれるきっかけがなかった行動心理学も勉強しはじめました。ある種の人生での意思決定というのは、一つのテーマにしたいと思うようになりました。

不動産業界での本業と並行して、図書館情報分野でも活動

リッテルやLIFULLの本業と並行して二〇一〇年には、アカデミック・リソース・ガイドの岡本真さんと共同発起人になり、図書館の未来を探る勉強会マイニング探検会（通称：マイタン）を始めました。マイタンは、いろいろな方に集っていただき、お題を提供してみなさんでアイデアを話していただいたり、合宿でアイデアソンやハッカソンをしてプロトタイプをつくったりということをしていました。その後、一一年からは図書館関係のプログラマーやシステム技術者のコミュニティーCode4Lib JAPAN（コードフォーリブジャパン）の活動にも参加することになりました。実はこういった活動は、本業でやっていることと一見結び付かないことでも、本質的なところをとらえると通じる点があったりして、いまに至る研究のなかに生かされていると感じます。

不動産の仕事も、どうやってデータをつくっていくかという営みはすごく大事なんですね。でも、残念ながらいまの日本の不動産テックのなかではあまり重んじられていないところがあって、結局お手軽にウェブからスクレイピングしてきたデータが使われていたりします。ただ、それだとなかなか本質的なイノベーションは起こせません。コーパスづくりにも通じることですが、人が額に汗かいてデータをつくるという営みがリスペクトされてデータが成り立つという考え方をしないと、ビジネスはつくっていけないと思っています。そういう考え方は図書館の世界でも同じで、マイタンとかデータセットをつくるということにつながっています。

図書館の可能性、新しいマーケットを自らつくっていく

いまの図書館業界は、お金やリソースをどうするかという大きな課題があると考えています。出版業界も、以前は大きなお金が回っていましたが、いまは苦しい状況になっています。その状況に重なる部分があると思うの

ですが、ビジネスが回っているからこそできることがたくさんあると考えると、やはり新しいマーケットを自ら開拓していくという視点が必要です。そして、新しいマーケットは必ずあると信じています。

たとえば協業やM&Aなどのビジネスマッチングの現場でやっていることと、リファレンスライブラリアンがやっていることは、本質的には大きな違いはありません。司書資格をもっている人はたくさんいますが、ビジネスマッチングの現場では業界情報や知財情報を活用できる人はぜんぜん足りていません。ちょっと視点を変えて、自分たちでスキルを生かせるマーケットをつくっていくという考え方が必要だと思います。図書館あるいは情報のプロに関する意義、ミッションの再定義をしないといけない時代に入ってきたのだと感じています。情報のプロが社会のなかで果たせる役割はたくさんあると思うので、私自身もそうした仕組みづくりに向けてできることをやっていきたいと考えています。

（インタビュー：李明喜）

エッセー

人生の残り時間の使い方を考える

私が「司書名鑑」に寄稿した「ライブラリー・リソース・ガイド」第二十七号は、恩師である長尾真先生の「情報学は哲学の最前線」が掲載された号でもありました。研究対象として図書館を選び、研究成果をもとに起業したこと、データセットの整備などを通じた研究コミュニティーへの貢献を意識するようになったことなどは、いずれも長尾先生から大きな影響を受けたように思います。

二〇二一年五月、長尾先生の訃報に接したことは、人生の残り時間の使い方をあらためて意識するきっかけになりました。大学教員との兼業でスタートアップに関わっていた時期、国立国会図書館の館長室にうかがうたびに勇気づけられる言葉をかけていただいたことを、いまでも思い出します。

二〇二二年に入り、生まれ育った九州・福岡の地に二十七年ぶりに生活の拠点を移しました。七月には、情報科学技術協会（INFOSTA）の会長職を引き受けました。「長尾先生から受けたご恩を、次の世代の方々に恩送りするために何ができるか」を日々考え、行動を続けていきたいと存じます。

司書名鑑

No.23

茂原 暢

【渋沢栄一記念財団情報資源センター／センター長、専門司書】

略歴

茂原 暢（しげはら とおる）

現在も渋沢栄一記念財団情報資源センター長。「実業史錦絵絵引」、デジタル版「実験論語処世談」など、渋沢栄一や実業史に関するデジタルアーカイブの制作などをおこなう。記事に『渋沢栄一伝記資料』とデジタル化の現在」（「カレントアウェアネス－E」第四百二十七号）ほか。

音楽図書館の司書から情報資源センターへ

私の父は旧国鉄に勤めていて、東京と関西を行ったり来たりする転勤族でした。私は、たまたま父が東京にいたときに生まれたので、東京出身ということになります。大学・大学院ともに東京学芸大学で音楽学（音楽史）を専攻し、修士課程を修了しました。

最初の就職先は日本近代音楽財団です。この財団の理事長だった遠山一行さん（一九二二―二〇一四）は、日興證券の創業者である遠山元一さんの長男で、クラシック音楽に造詣が深く音楽評論家として活躍されました。一九六二年に遠山音楽財団を設立、六六年に附属図書室を開室されています。八六年に遠山音楽財団が日本近代音楽財団へと改組され、翌八七年に開館したのが日本近代音楽館（二〇一一年に明治学院大学図書館付属遠山一行記念日本近代音楽館へ引き継がれる）です。明治以降の日本の洋楽資料を収集・公開している専門図書館で、ここに最初はアルバイトとして勤めはじめました。その後、九二年から十年ほど正職員の司書として働きました。

　二〇〇三年三月に日本近代音楽館を退職したのですが、当時、ちょうど渋沢栄一記念財団（現在は公益財団法人。以下、財団）の実業史研究情報センター（現・情報資源センター、二〇一五年に改称）が立ち上がるころで、職員を募集していることを知り、応募しました。公募でしたので、たくさんの応募があったと思いますが、ずっと音楽畑にいて渋沢栄一（一八四〇―一九三一）となんの接点もなかった私が採用された理由はいまもよくわかりません。

　私が着任したのは二〇〇四年二月で、前年〇三年の十一月に国際文化会館からセンター

図1　情報資源センター
（出典：渋沢栄一記念財団「情報資源センター」〔https://www.shibusawa.or.jp/center/〕）

長として来られた小出いずみさんに続く二人目の職員でした。渋沢栄一の名前は聞いたことがありましたが、なにをやっていた人かはよく知らず、採用時の面接にあたり猛勉強したという……お恥ずかしいかぎりです。その後、一五年に二代目のセンター長になって現在に至っています。

グッドデザイン賞とライブラリー・オブ・ザ・イヤー優秀賞を受賞

センター設立から六年目にあたる二〇〇九年に公開した「実業史錦絵絵引」が、幸いにもグッドデザイン賞（日本産業デザイン振興会主催）を受賞しました。「実業史錦絵」というのは私たちがつくった言葉で、明治初期に刊行された錦絵のうち産業シーンを描いたものをそのように呼んでいます。そして「絵引」は渋沢敬三の造語です。民俗学者でもあった渋沢敬三は渋沢栄一の嫡孫で、彼はもともと、中世の絵巻物に描かれているアイテムを抽出・分類して索引をつくり、字引のように引けるようにできれば、学術研究のうえで役立つのではないかというアイデアをもっていました。「実業史錦絵絵引」は、渋沢敬三のアイデアを渋沢栄一が活躍していた時代の視覚資料である実業史錦絵にあてはめ、現代のテクノロジーで実現したものなのです。グッドデザイン賞の受賞

図2　実業史錦絵絵引
（出典：渋沢栄一記念財団「実業史錦絵絵引」〔https://ebiki.jp/〕）

は、私たちの活動の一つのトピックでした。そして「実業史錦絵絵引」だけではなく、デジタルアーカイブをつくる、というセンターの活動自体を認めていただいたと最初に実感したのが、ライブラリー・オブ・ザ・イヤー優秀賞（知的資源イニシアティブ主催）の受賞でした。閲覧室という施設をもたないライブラリーとしては初の受賞だったと聞いています。

二〇一九年、デジタルアーカイブ学会第一回学会賞実践賞受賞

センターには、企業史料プロジェクト担当の松崎裕子さんや専門司書の門倉百合子さんなど、高い専門知識をもつスタッフが在籍していました。スタッフの資質や才能は独立したものですが、その独立していることがセンターの大きなポテンシャルにつながっています。それぞれに特徴があり、それぞれの役割を与えられ、その成果を一つにまとめたときに大きな世界が実現するというのが理想的なかたちです。

そのことに確信をもったのは、今年二〇一九年三月にデジタルアーカイブ学会主催の第一回学会賞で実践賞を受賞したときのことです。ある方が、私たちの強みについて、「データベースとかデジタルアーカイブをやっているところはたくさんあるけれども、ビジネス・アーカイブズという基礎をきちんと固めたうえで、社史のデータベースや渋沢栄一の情報を公開しているところは、ほかにはない」と言ってくださったのです。

センターの事業を三角形のピラミッドで表すと、企業活動のなかで作成され蓄積されていく記録資料を扱うビジネス・アーカイブズがいちばん下の土台部分にあたり、その上に社史や錦絵など実業史に関わる事業があり、さらにその上に渋沢栄一の事績に関する資料・情報を資源化する活動がある。小出さんもそんなふうに考えていたとは思うのですが、それが社会的に認知されたことで、がっちりと固められたように感じました。

『渋沢栄一伝記資料』デジタル化プロジェクト

その三角形の頂点の一角に、『渋沢栄一伝記資料』デジタル化プロジェクトというものがあります。『渋沢栄一伝記資料』（以下、『伝記資料』と略記）は渋沢栄一の事績に関する資料を集めた資料集で、財団の前身にあたる渋沢青淵記念財団竜門社が編纂しています。全六十八巻（本編五十八巻、別巻十巻）、計約四万八千ページもあるので、ここから必要な情報を網羅的に見つけだすのは『伝記資料』に精通した研究者でなければ難しいといわれています。しかし、デジタル化されていれば、たとえば「図書館」といったキーワードで検索することによって、情報を串刺しにすることができるはずです。実際にデジタル版『渋沢栄一伝記資料』を検索してみると、「図書館」を含むページは二百三十六ページも見つかります。センターのデジタル化プロジェクトとは、『伝記資料』に収められた内容にアクセスの改善を加え、さらに『伝記資料』から漏れてしまった資料を発見・収集・資源化することで、渋沢栄一と日本近代史の一大情報源をつくりだそうとするものなのです。

　そもそも、渋沢栄一の活動の記録を「伝記」ではなく、『伝記資料』という資料集

公益財団法人
渋沢栄一記念財団
Shibusawa Eiichi Memorial Foundation
デジタル版『渋沢栄一伝記資料』
デジタル版『渋沢栄一伝記資料』TOPページ
このサイトでは『渋沢栄一伝記資料』全68巻の本文テキスト・ページ画像を公開します。
2016年11月現在、本編1〜57巻を公開中です。更新履歴は「更新履歴」をご覧ください 。
『渋沢栄一伝記資料』の概要や詳細な内容・構成については、「『渋沢栄一伝記資料』」をご覧ください。
デジタル版凡例については、「凡例」をご覧ください。
使い方：メニュー
1. 単語（フリーワード）で検索する
自由な単語で『渋沢栄一伝記資料』の中を検索することができます。
2. 各巻リンク（『渋沢栄一伝記資料』の内容・構成）から探す
章立てや巻から、読みたい内容を探すことができます。
3. 第1巻 目次【綱文】から探す
巻ごとの詳細な目次から、出来事を探すことができます。
※英訳【綱文】（ベータ版）：本編1〜7巻 → English translation of content summaries
4. 第1巻 資料リストから探す
本文に収録されている引用資料のリストから、資料を探すことができます。
5. 第1巻 本文を読む
テキストとページ画像で、本文を読むことができます。
6. 著作者別資料リスト／渋沢栄一の著作物リストから探す
個人著作者別のリストから、資料を探すことができます。
7. User Guide (PDF 746KB)
How to use the digital version in English.

図3　デジタル版『渋沢栄一伝記資料』
（出典：渋沢栄一記念財団「デジタル版『渋沢栄一伝記資料』」〔https://eiichi.shibusawa.or.jp/denkishiryo/digital/main〕）

としてまとめようとする行為が素晴らしいと思うのです。渋沢栄一の伝記編纂事業は『伝記資料』までに「六つのフェーズ」にわたっておこなわれてきました。なかでも、一九二六年に渋沢敬三は雨夜譚会《うやたんかい》という渋沢栄一のオーラルヒストリーの会の冒頭で、「つまらないと思われることも、ありのままに出来得る限り集める」「使いたい人には自由に使ってもらう」という二つの考え方を示しています。そうしたなかで集められてきた資料は、『伝記資料』として国内外に広まり、いまではデジタル化されインターネットを通じて、いつでも、どこでも、誰でもアクセス可能になっています。センターは、このように渋沢敬三の考え方を事業の骨子に据えることで、財団のDNAを継承しているのです。将来、もしそれが揺らぐ事態になった場合には、センターだけではなく財団自身のアイデンティティが崩壊することになるでしょう。

デジタルアーカイブを継続するために

二〇〇三年のセンター設立から十六年、デジタルアーカイブ関連事業をここまで継続してこられたのは、「挑戦するライブラリアン」という姿勢を崩さなかったからだと思っています。いまは主なスタッフが第二世代に代わり、本質を見据えながら、第一世代の仕事をどのように持続可能なものにしていくかということに気を配っています。

技術的な面でいうと、新しい領域を開拓するというよりは、既存のコンテンツを、どうやったらより適切なシステムの上に乗せていけるかということを考えています。たとえば、先日「渋沢栄一関連会社名・団体名変遷図」(https://eiichi.shibusawa.or.jp/namechangecharts/)をリニューアルしました。これまで内容を更新する際、掲載データを変遷図ごとにExcelシートにまとめてウェブサイト制作会社へ渡し、スタティックなページをつくっていましたが、変遷図が百枚を超え、そろそろ別な方法を考えないと事業の継承が難しいというところまできていました。そこで、データの全体像が明確になり、変更履歴も残しやすくなるよう、コンテンツをデータベース化することにしました。このように、レガシーなやり方を少しずつ修正しながら事業に持続性をもたせることが、いまの時期の重要な仕事だと思っています。

また、私たちのコンテンツにはデジタル版と銘打ったテキスト系のデジタルアーカイブが二つあります。一つは、先ほどお話ししたデジタル版『渋沢栄一伝記資料』、もう一つがデジタル版「実験論語処世談」です。両者とも『伝記資料』デジタル化プロジェクトの一環として作成されたものですが、構造や内容が異なるので、マスターデータやシステムのあり方がまったく違うものになっています。しかし、これではデータの包括的な管理やコンテンツ同士の連携もやりにくいので、マスターデータに「TEI」（Text Encoding Initiative、人文学資料を適切にデジタル化するための国際的なガイドライン）のようなデファクト・スタンダードの導入を進めようとしているところです。

渋沢栄一の根本にあるものをどのように使ってもらうのか

最近、私たちのコンテンツは、ネットの肥やしだと思うことがあります。ネット空間を通じて社会を豊かにする、あるいは社会の問題を解決するための肥やしです。私はセンタ

図4　デジタル版「実験論語処世談」
（出典：渋沢栄一記念財団「デジタル版「実験論語処世談」」〔https://eiichi.shibusawa.or.jp/features/jikkenrongo/〕）

ーの役割を外へ向けて説明するとき、二つのことに取り組んでいると説明しています。一つは渋沢栄一を「社会に埋め込むこと」、もう一つが「埋め込むための器《うつわ》をつくること」です。埋め込むものは「渋沢栄一の事績や考え方」であり、社史プロジェクトや実業史錦絵プロジェクトは渋沢栄一を埋め込むための器です。

今後もデジタルアーカイブを充実させていくなかで、私たちがやるべき仕事というのは、渋沢栄一の根本にあるものをどのようにして社会で共有し永続的に使えるようにするか、だと思っています。渋沢栄一は理想的な社会を目指し、そこへ近づくためにさまざまな事業を手がけました。私たちにとって重要なのは、渋沢栄一の記録をさらに資源化し、器となるコンテンツと統合することで、その根本にあるものを〝社会の〟肥やしとして末永く使ってもらうことなのです。

（インタビュー：岡本真、執筆・構成：酒井直子）

写真1　青淵文庫前で、茂原さんとインタビュアーの岡本真（右）

エッセー

情報資源センターの発足二十年を目前として

情報資源センターの前身である実業史研究情報センターの発足から、二〇二三年で二十年になります。センター発足の翌年から参加した自分にとっては「あっという間」でしたが、走り続けてきた同僚たちの苦労や努力には計り知れないものがあることをよく承知しているつもりです。

初代センター長とは、よく「来年のいまごろ、何をやっているのか想像もつきませんね」という話をしていました。まさにそのとおりで、このインタビューからちょうど二カ月たった二〇一九年九月九日にはNHKから渋沢栄一が主人公になる大河ドラマの発表があり、二一年には『青天を衝け』の放映、「渋沢栄一ダイアリー」「渋沢栄一フォトグラフ」の公開が続きました。

現在、私たちの社会は新型コロナウイルス感染症、異常気象、軍事侵攻など、さまざまな試練に直面しています。また、二〇二四年から流通する新しい一万円札には、渋沢栄一の肖像が描かれます。渋沢栄一の根本にあるものを社会で共有し広く活用していただくために、来年や再来年のいまごろ何をやっているのか。想像もつきません。

No.24

福島幸宏

［東京大学情報学環］

略歴

福島幸宏（ふくしま ゆきひろ）

現在は慶應義塾大学文学部准教授、東京大学大学院情報学環客員准教授。日本近現代史、アーカイブズ、デジタルアーカイブ、MLA連携、図書館情報学。京都府立総合資料館・京都府立図書館に勤務後、東京大学大学院情報学環特任准教授を経て現職。日本歴史学協会常任委員、デジタルアーカイブ学会理事、日本アーカイブズ学会委員など。

岡山や関西で地域資料にふれる

私が生まれ育った高知は、四国四県のなかでも独自性がある県だと思います。他県は瀬戸内海越しに対岸に接していますが、高知は太平洋を向いていて対岸がなく、どちらかというと意識が東京へ向いているんです。高校時代の同級生の半分くらいは東京の大学へ進学したのではないかと思います。

私は、基本的にあらゆる地域は根源的には豊かであると思っていて、もしそういうふうに見えていないとしたら、それは豊かさを掘り出せていないことに問題があると思っています。ですから、高知についてそういう面では心配はしていませんが、現実の生活の面では、大学進学率も平均年収も低く、そのわりに物価が高いといった特徴があります。そのなかでも家産も家名も家職も、ついでに文化資本もない状況でしたが、両親がまじめに生活して子どもにも投資をしてくれたおかげで大学をなんとか出て、大学院に進むことを選択できました。その後、京都府で公務員を十四年やったあと、二〇一九年四月から東京大学大学院情報学環の特任准教授をしています。

学部は島根大学で歴史学、それも日本の近代史を専攻しました。地方大学にいると、中央にある資料を閲覧することが難しい状況があります。その事情と、そのときの教員の指向性もあって、地域に残っている資料で勝負することになりました。卒業論文と修士論文では、岡山県立図書館や岡山県史の編纂室にこもって延々と資料を読みあさり、カメラを担いでフィールドに出て、地元の家々を訪ねて資料を掘り起こすということをしていました。そのため、二十代の前半に地域の資料のいろいろな状況を体験することができました。

修士課程で通った京都府立大学でも、地域資料の調査にかなり連れていってもらいました。いまはちょっと下火になりましたが、自治体史の資料調査です。どこのお家やお寺、役所などにもあり、また図書館にもあるだろう古文書や近代資料をマイクロフィルムやカメラなどで撮影しながら目録をつくるという現場を踏ませてもらいました。実際のところは目録づくりにはまったく役に立っていなかったのですが、にぎやかし要員として参加していました。しかし、ここでも地域資料をいろいろな場で見せていただいたことが、いまとなってはすごくありがたい経験になっています。その後、京都府立大学が当時は博士課程を設置してなかった関係もあって、大阪市立大学へ行きました。しかし、日本史の研究者としてはうまくいったとはいえない状況で路頭に迷いかけていました。いわゆる「高学歴ワーキングプア」というやつですね。

京都府立総合資料館でアーキビストに

二〇〇二年五月に京都府立総合資料館が所蔵していた「京都府行政文書」という京都府の公文書が重要文化財に指定されました。そのため、近代史がわかって資料を多少扱える人が必要になり、公募が出ました。これに応募したところ、二年間の任期付きの職員として雇われたんです（その後、任期なしに）。〇五年四月のことでした。総合資料館に勤め、アーキビストとして育ててもらえたこともいまの自分の基礎になっています。

総合資料館には十年いましたが、アーカイブズの「実務」を極めたかというと、自信をもっては言いきれません。その後、移って四年いた京都府立図書館でも、企画調整課だったので、いわゆる図書館の「実務」という点では自分は弱いという自覚があります。しかし、その間にいろいろな方に声をかけていただいて、細々と論考を書いたり発言したりしてきました。たぶん、声をかけてもらえた要因の一つには、いくつかの学会や集まりに顔を出して、いろいろな方に覚えていただいていたということがあったのではないかと思います。

しかし、研究で自分の柱を立てられているかというとまだまだです。ただ、総合資料館の特殊性もあって学芸員の世界も業務範囲だったこともあり、MLA連携とデジタルアーカイブというセットが、現在の自分の立ち位置になっています。現場にもよらず、研究にもよらず、技術にもよらず、だけどもともと歴史を指向していることもあるので、「少し先の未来を考える」という自分の立ち位置の特殊性をいいように考えて、大事にしたいと思っています。肩書は変わってきましたが、自分のなかでは志向していることとやっていることはほとんど変わっていないと思っています。

アジア歴史資料センターから受けたインパクト

私がデジタルアーカイブの威力を実感したのは、これはもう、二〇〇一年十一月に設立されたアジア歴史資料センター（アジ歴）につきます。アジ歴の設立プロジェクトを担当した牟田昌平さん（一九五四―二〇〇九）には、一度だけ、アジ歴の説明会で遠くから拝見して質問をしただけですが、アジ歴と牟田さんの存在は衝撃的でした。私が大学院で研究していた中盤くらいの時期の設置です。同世代の人なら共感してくれると思いますが、研究している途中で紙の世界が急にデジタルの世界に大きく切り替わったんです。その後、国立国会図書館でも「長尾構想」によるデジタル化が進みました。それ以前の状況を利用者として知っているだけに、デジタルの威力を肌で感じました。このことで、極力資料をオープン化する、デジタル化して遠くまで届ける、使いやすく出す、ということに目覚めたというか、「これだ！」と思いました。

アジ歴は、村山富市政権時代（一九九四―九五年）に発表された平和友好交流計画の一つとしてスタートし、国立公文書館をはじめ、外務省や防衛省が保管する近代日本とアジア近隣諸国との関係に関わる歴史資料をインターネット上で提供しています。計画がスタートした経緯や扱う資料の特性もあり、いろいろ難しいところがあったと思うんです。でも、牟田さんをはじめアジ歴を立ち上げて運営に関わった方たちは、きちんとこれを育てられた。一般的には、一種のヘゲモニー（覇権）を取りにいくと説明されていましたが、それだけにとどまらず、資料公開の仕方や戦略などが見事だったと思います。

公文書管理法施行時に感じていたアーカイブズの課題

二〇〇九年に公文書管理法が施行されて今年（二〇一九年）で十年を迎えます。京都府職員だったとき、京都府の公文書に関する条例の検討を少しだけやったことがあります。実際、そのときの上司と一緒に、国の公文書保管法に合わせた京都府の条例策定について、法務や文書管理担当者と何回か話したことがありました。

また、全国歴史資料保存利用機関連絡協議会（全史料協）では、いまのデジタルアーカイブのスリムモデルの発想のもとになったゴールドモデル、ミニマムモデルのような話をしていました。正直なところ、京都府の予算が少ないこともありましたし、将来の日本経済や社会がシュリンクしていくだろうことも就職氷河期世代としては身にしみて感じていたので、お金がなくても、もしくは施設がなくてもできる公文書館というものを考えはじめていました。

たとえ条例がつくられて、きちんとした施設が京都にだけできたとしても、それを全国津々浦々に普及させるにはもっと違う方法が必要です。全史料協の研究会では、ミニマムなモデルで、公文書館機能を全国の図書館や博物館の一部に入れられないかという議論をしていました。公文書管理法ができてよかったと思うよりも、これを持続可能なものとして広めるためになんとかしなければという思いのほうが強かったです。

アイデアは座談から生まれ発言でつながり実現していく

私は、基本的に人とまとまった議論や堅い話から、いろいろな話をするのが好きなんです。趣味のようなもので、人がスポーツをするのが好きというのと同じようなレベルで、話をするのが好きなんだと思います。研究会などに行くと、機会があれば終わったあとに人をつかまえて、アルコールがあってもなくてもいいので、しゃべろうと思うわけです。カラオケはまったくやりません。カラオケは時間の無駄だと思っています（笑）。それだったら議論していたいですね。

戦後初期のいろいろな活動を見ると、かなり広い分野を横断して話をしていたことがわかります。そういうやりとりのなかで、誰かから刺激を受けたり、与えたりすることが、物事が変わるきっかけになる可能性があります。

私が関わった仕事のアイデアのいくつかは、座談から生まれています。ライブラリー・オブ・ザ・イヤー二〇一四をいただいた「東寺百合文書 WEB」のライセンスのアイデアもそうです。「なんか使いやすくしたい」といって、議論をしているなかで教えてもらったことを実装した感じなんです。でもあとから振り返れば、その一年前ぐらいに発想のもとになるメモはつくっていました。そのときも、座談からアイデアをもらっていたと思います。

自分にプロデュースする能力があるとはまったく思っていませんし、そういうことは意識していません。ともかく、これは必要だと思うことやビジョンが見えはじめると、見境なく「やりたい」と口にするわけです。そうすると、それを聞いて、「やれやれ……」と付き合ってくれる人がやってきて、実行するために必要なことを考えてくれて、物事が動きだす。そういうことが、たまに、自然に起こっている感じです。もちろんトライをたくさんすることもあって、さまざまな失敗があり、迷惑ばかりかけています。

僕のこのダメな状況は別として、プロデュースするという観点はあらゆることに必要で、特に行政の仕事をする人にはもっていてほしいです。また、一方でプロモートされやすい存在であることも重要な気がします。そのときどきで、どちらの立場にもなれることが重要です。お互いに、お互いをプロデュースしあえる社会が理想かなと思います。

公務員を辞めて新しい道へ進むことはチャレンジなのか

現在の職は二年七カ月の任期付きです。十四年勤めた公務員を辞めたことについて、みなさんからチャレンジングですねと言われますが、私はあまりそんなふうに思っていないんです。公務員だった時代から、この先は三つのパターンのどれかになると思っていました。一つ目は、人件費だけが確保されて事業費がほぼゼロになる世界。二つ目は、すべての職員が任期付きになって人件費が切り下げられ、事業費が少しでも残る世界。三つ目は、人件費も事業費も漸減しながらもなんとか確保できる世界です。ですが、どう考えても三つ目はないでしょう。まあこれが当たるかは別にして、たとえばいま三十歳の人があと三十五年間、いまと同じ条件で公務員を続けられると考えることこそ、チャレンジングだということはちょっと情報を並べて検討してみればわかります。

就職氷河期に社会に出たわれわれは、ずっと社会実験にさらされている世代だったと思います。そもそも、多数の人々が四十年間も同じところに勤め続けられたのは、第一次ベビーブーマー、われわれの親の世代だけだったんです。私は、そういう意味では、みんなチャンスがあればつかみにいって、ダメだったら次へ移ればいいと思うんです。自ら流動化すればいいと思っています。もちろん社会保障の仕組みが追いついていなくて、流動化に躊躇する気持ちもわかりますが。

日本の文化資源、地域資源をきっちり残せる社会

私が目指しているのは、日本の文化資源、地域資料をきっちり残せる社会をつくることです。そこへ向かって、デジタルもＭＬＡ連携も、どういう問題を析出して、実装へ向けた議論をしていくか、だと思っています。そして、あらゆる機会を狙って少しずつ試していくことが重要です。われわれが資料だと認識するものが、文化資源の定義だとすれば、文化資源自体はますます増えていく構造になりますが、それらをやっぱり残したい。今年の台風十五号・十九号など、ああいう大規模な災害が、これからも多発するのが目に見えているわけですし、日常から資料は失われています。それをなんとか少しでも食い止めていくということでしょうか。あとは、正しく食べていけることも重要です。最後は正しくなくとも生き残ることが重要だとは思っていますが、まずは正しく。

社会実験されてきたわれわれの世代は、生き方のモデルをどんどんつくっていくことで、こちらから社会実験を仕掛けていくことも重要だと思います。それが撤退戦のなかでの「蹉跌と敗北の歴史」になろうともです。

（インタビュー：岡本 真）

エッセー

立ち位置を変えながら「正しく食べる」

司書ではないのに「司書名鑑」にインタビューを掲載されて三年になります。そのときに、「現場にもよらず、研究にもよらず、技術にもよらず、だけどもともと歴史を指向していることもあるので、「少し先の

未来を考える」ということを申しました。この軸はいまも大事にしています。このインタビューを受けたあとぐらいから「図書館機能の再定置」ということを一種のスローガンにして、いろいろと書いたり発言したりしてますが、そのときにもこの軸は動いてないと思います。

なお、二〇二一年四月から慶應義塾大学文学部図書館・情報学専攻に所属することになりました。その意味では大きく立ち位置は変わってきています。また、インタビューの最後に「正しく食べていけることも重要です」と述べていました。そのときに何か予感があったのかもしれませんが、その後、社会全体が大きく変わり、今後はこの〝正しさ〟がますます問われることになるでしょう。友人・知人、そして関係するみなさんと相互に、この〝正しさ〟を考えていきたいと思います。

司書名鑑

No. 25

佐藤 翔

〔同志社大学免許資格課程センター准教授〕

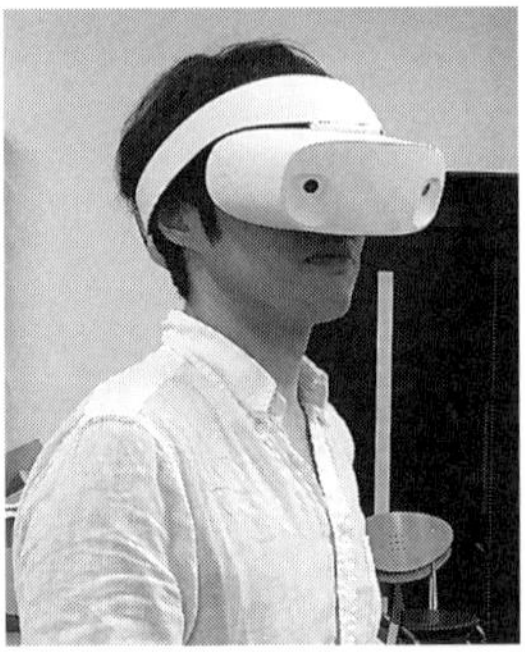

略歴

佐藤 翔（さとう しょう）

現在は同志社大学免許資格課程センター准教授。図書館司書課程を受け持ちながら、図書館情報学に関する多様なテーマを研究。二〇二二年現在、「ライブラリー・リソース・ガイド」で「かたつむりは電子図書館の夢を見るか LRG編」、「企業会計」（中央経済社）で「アカデミズムに何が起きているのか?」という、まるで毛色が異なる二つの連載を担当中。

司書を目指して筑波大学へ

私は生まれが宮城県なのですが、高校まで北海道で育ちました。大学受験を前に「図書館で働きたい、司書になりたい」という思いがすごく強かったのですが、司書資格はほとんどの国立大学で取ることができず、取れたとしても卒業単位以外にたくさんの単位を取らなければなりません。根が怠惰というか、効率を重視して生きたいという気持ちが強いこともあり、卒業単位だけで司書資格が取れるお得な国立大学はないものかと、北から南に順に調べてみたところ筑波大学があったわけです。そんな理由から、推薦入試を受けて二〇〇四年に筑波大学の図書館情報専門学群（現在の情報学群知識情報・図書館学類）に入学しました。あとから知ったのですが、南から調べても結局、筑波大学[1]しかありませんでした。

「かたつむり」ブログの始まり

「ライブラリー・リソース・ガイド」で連載中の「かたつむりは電子図書館の夢を見るか　LRG編」は、筑波大学の学部三年の三学期にあたる二〇〇七年二月に当時の「はてなダイアリー」（現在の「はてなブログ」）に書きはじめたブログがもとになっています。もう十三年も前の話になりますね。当時はまだ、ブログを書いている学生はあまりいなかったかもしれません。「はてなダイアリー」は、同じキーワードを使っているエントリーが相互につながる機能があり、図書館関係のタグがだいぶ盛り上がっていました。指導教員だった逸村《いつむら》裕《ひろし》教授にトラックバックを使ってブログ同士で議論をするという文化を教えてもらい、面白そうだなと見ているうちに、自分でも書きはじめました。最初は本のレビューとか思いついたことを適当に書く、いわゆるブログらしいブログでしたが、だんだんとイベントに行ったときにしか書かなくなり、イベント記録になっていきました。特に意識してそうしたのではなく、せっかく行ったのだからアップしておこうという軽い気持ちでした。取れるだけ記録を取ってそのまま公開するというのは、ある意味怠惰な行為ですよね。どれを残すべきかを考えて編集して掲載するほうが、アクセス数も伸びるはずです。でも、イベントに行ったあとにそこまで手を入れるのは面倒という思いもあって、

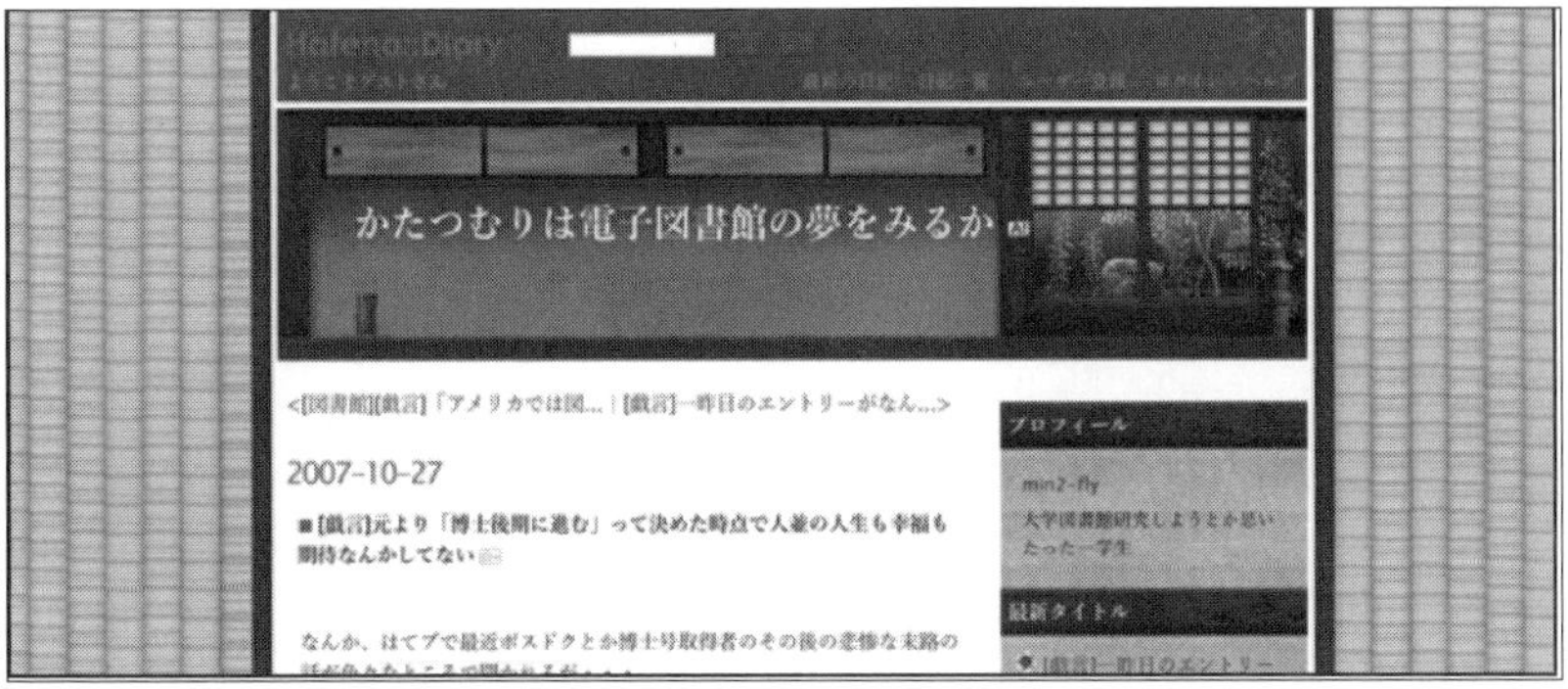

図1　「かたつむりは電子図書館の夢をみるか」（「はてなダイアリー」版）
（出典：Wayback Machine）

ほとんどそのまま掲載していました。

いまなら、動画で記録という手もあると思うのですが、根がせっかちなのか二時間のイベントを二時間かけて見るというのが性に合わないというか、文字で読んだほうが早いと思ってしまいます。もう一つ、イベント記録を書いていた理由に、手を動かしていないと眠くなるということもありました。大学教員になってからさらに実感していますが、座ったまま人の話だけを聞くのは本当に眠くなります。だから、手慰みに全部記録を取って公開していたというところが大きいですね。

「逸村研究室」という大きな選択

大学に入って間もないころ、現在はTRC-ADEAC社の相談役をされている石川徹也教授が授業で話されたことをよく覚えています。「司書になりたい者は手を挙げたまえ。残念ながら、君たちの未来は暗い」と言って、図書館員への道がどれほど狭き門なのか、また図書館が今後どのようにしてIT技術に取って代わられるかを熱く語られました。当時はまだ素直だったので「そうか暗いのか」と、図書館員になろうと思っていた気持ちが若干、下がりました。

その後、いろいろな教授の話を聞いているうちに、研究しているほうが面白そうだなと感じるようになり、ゼミに入るころには院に進もうと考えるようになりました。ゼミを選ぶ段階では研究テーマを公共図書館にするか、大学図書館にするかは決めていませんでした。当時少しずつ進んでいた図書館の民間委託について研究してみたいと思い、いくつかのゼミにその話をもっていったのですが、いちばんフィーリングが合ったのが当時、筑波大学に来たばかりだった逸村裕教授でした。逸村教授と馬が合うと見抜いたことは、自分の人生のなかでもでかしたなと思うところです。逸村研究室に入っていなければ、全然違う道をたどっていたと思います。人に助けられながらの人生だという自覚があるのですが、なかでも逸村教授にはとりわけ助けていただいています。逸村教授が大学図書館の研究者だったこともあり、卒業論文は大学図書館のアウトソーシングについて書きました。

理論研究よりもデータ実証が好き

研究をしていくなかで痛感したのは、自分の興味・関心はトピックよりもデータをどう扱うかにあるということでした。卒業論文でアウトソーシングの研究をしたのですが、先行きの暗い話ばかりで気がめいるので、大学院ではテーマを変えることにしました。最初はラーニングコモンズの研究に興味をもっていたのですが、ラーニングコモンズを実践している大学は日本ではまだ数えるくらいしかない状態だったので実地調査は現実的に難しく、文献を読んで理論に基づいてインタビューをまとめるという方法にならざるをえませんでした。そこで二〇〇八年、大学院一年の夏休みに、ラーニングコモンズの文献を次から次へと読みあさったのですが、そのときに理論論文を読むことも理論研究もそんなに好きじゃないということに気づいたのです。それよりもなんらかの数字データが出てきて、それを「こう解釈すればいいのだ」といえるほうが好きだったわけです。もちろん研究者としては、考察を深める部分とそれをデータで実証する部分の両方が必要になります。でも、どちらが好きかといえばデータで実証するほうが好きなわけで、逆にいうとデータで実証できるのであれば、領域はなんであれ楽しくやれると気づいたのです。

そんな自分の特性を確信する少し前、逸村教授がほかの大学と機関リポジトリのデータ分析を進めていて、アルバイトを探していました。それでデータ分析のアルバイトを始めてみると、こちらは実際のデータを扱っていて、バシッと分析データが出てくるわけです。やっぱりこっちのほうが好きだということになって、修士からはオープンアクセスと機関リポジトリの研究へシフトしました。あの当時、もう少しラーニングコモンズが世の中に普及していて実地調査ができるようになっていたら、ラーニングコモンズの研究にいったかもしれません。そうしたら、アカデミック・リソース・ガイドで李明喜さんがやっていることとも近いことをしていたかもしれません。(2)

大学図書館変革期の面白さ

二〇〇七年から研究を始めて一三年に博士課程を終えたのですが、この時期は大学図書館がどんどん変わっていく面白い時期でした。電子ジャーナルは、私が学部生のころの筑波大学でもまだ契約していない状況でしたが、博士課程が終わるころにはほとんどの大学に普及していました。機関リポジトリもラーニングコモンズもしかりです。一年違うと、状況がかなり異なっていました。そういう時期に、いい意味で学生・院生を自由に野放しにしておく、という筑波大学図書館情報の文化もありましたし、技術的にもＳＮＳ（交流サイト）やブログが流行してきたということもあり、若手でも簡単に新しい情報を発信できました。共有、発信、相互コミュニケーションといったことがウェブや世の中に広がっていく時期に、図書館業界でもオープンアクセスやライブラリー2.0、ラーニングコモンズといったコモンズ的なことがトレンドになって、若い学生や院生たちが外とつながるということが注目された時期だったのだと思います。

基礎的データの収集

学術情報流通は大学院時代から続けている研究テーマではあるのですが、最近はどちらかというと公共図書館関係のテーマに力点を置いています。たとえば、貸出や来館データの分析、館内の行動の分析みたいなところです。実は本当に基礎的なことで、先行研究を探してみるもののデータが見つからないということがあります。たとえば、今回の本誌での連載で取り上げた「天気や気温が変わると来館者数がどれくらいどう変わるのか」や「本棚の何段目が一番見られているか」（「ライブラリー・リソース・ガイド」第二十三号連載）といったことです。本棚なら上のほうの段がよく見られているだろうなとわかっていても、具体的なデータがないわけです。建築や空間を考えるとき、あるいは図書館の施策を考えていくときに、もとの数字がなければ現状を変更した場合にどれくらい来館者数や来館者の行動が変わったのか正確には把握できません。そういう意味で、よくわかっていいないことが多すぎるなと感じています。

私の場合は、図書館をどうしていきたいという思いよりも、根本的にわかっていないことを明らかにしたいという思いがまさっているのです。学問、研究として基盤になるところを案外みんながやっていないので、そこの地固めからやっていきたいと思っています。もちろん二十世紀初頭とか、日本でも戦後すぐのなにもわかっていなかったころには、いろいろな研究があったと思います。でも、そこから更新されていない部分が多いので、そこを更新して現代版をつくったうえで、データや結果と対話しながら検証できるようになったらいいなと思っています。どちらかというと「図書館情報学」というより「図書館学」と呼ばれていた時代に関心をもたれていたようなテーマなのですが、いまはその図書館学の基礎を見直すことが、個人的にいちばん興味をもっている部分です。近年はＩＴ技術の飛躍的な進歩もあり、いろいろなことを実証しやすくなっています。アイトラッキング（人間の視線の動きを追跡・分析する手法）も、筑波大学にいたころは発電機にデスクトップパソコンをつないでデータを取っていましたが、いまはノートパソコンだけでできますし、必要な費用も半分ですむようになりました。そういった環境の変化もあり、データがあったうえで議論しようというマインドをもった研究者は増えていると思います。たとえば、筑波大学の辻慶太准教授や焼肉図書館研究会（http://www.nikulib.org/）のメンバーである同じく筑波大学の池内淳准教授、亜細亜大学の安形輝《あがたてる》教授らの活動は意識しているところです。

頼れる図書館情報学者

現在は、同志社大学で司書課程の教員をしているのですが、このあたりの研究課題については、学生たちにもわりとざっくばらんに話しています。たとえば図書館の経営を考えるときに説明責任や費用対効果などが話題に出てくるのですが、すべてのことが明らかになっているわけではなく、今後研究が進むと変わってくることもあるということは伝えています。司書課程のカリキュラムなので、話さなければいけないことは決まっていますし、文部科学省として定めた単位を取れば司書資格は取れます。でも、本当に必要なことが全部そこに詰まっているわけでもないし、そもそも本当に必要なことがすべて明らかになっているのでもありません。ただし、それを研究する手法はあるわけです。それを図書館のなかの人だけでやるのは大変なので、図書館情報学の研究者と一緒に解決してもらえればと思っています。困ったことがあるときに頼れる図書館情報学者が世の中にいるということは、頭の片隅に置いてほしいと思います。

新しい図書館像のための学術的指標と評価

いまも公共図書館でのデータ収集と分析をしていますが、研究者としては、出てきた数値が仮に想定したものと異なっていたとしても、データには真摯でありたいと思っています。私は現場に出た経験がない研究者ですので、現場での経験や知識がある研究者の方と比べたら現場がわかっていないのです。そういう人間であるからこそ、信念よりもデータのほうに真摯であるべきだと思っています。私自身はゴールを明示することはできません。「こうありたい」というのは、現場の方の信念の領域だと思っています。現場の方の明確なゴールが示されているときに、その方向にいくためにどういう路線があるのかというオプションをデータで示すことはできます。理想の未来に近づくためになにを指標として立てられるか、そこを考えることが自分の仕事だと思っています。

少子高齢化などの社会的課題がたくさんある時代の新しい図書館像を考えていくなかで、その意思決定のプロセスに必要な情報は○か一かではなく、段階的であるほうがいいと思っています。そのグラデーションをどれくらい細かく設定して分析できるかが、研究者としてやらなければならないところだと思っています。もちろん、図書館を利用してくださっている方々の笑顔は魅力的ですから、それをむげにはできないですよね。それをむげにはできないということ込みで、アカデミックに取り組んでいきたいと思っています。

（インタビュー：岡本 真、李明喜）

注

(1) 筑波大学は二〇〇二年に図書館情報大学を合併していて、その流れが現在の情報学群知識情報・図書館学類、大学院博士課程図書館情報メディア研究科へ引き継がれている。

(2) 「それはそれで面白かったのでは」(校正確認時の話者コメント)。

エッセー

意外と(?)有言実行に研究遂行中

「司書名鑑」インタビュー当時は今後の研究について、公共図書館の利用者行動に関する基礎的なデータを収集し、知見を蓄積していきたい、案外みんなやっていないので、という話をしていました。新型コロナウイルス感染症禍で残念ながら、図書館現場での実験などはおこないにくくなってしまいましたが、それ以外は当時の方針をそのままに、いまも研究を進めています。「本棚の何段目がよく見られているか」のほかにも、「天候や曜日、イベントの有無と毎日の図書館利用者数(来館者数・貸出冊数)の関係をモデル化する」とか、「自治体の人口動態・産業の状況、および図書館の規模などと貸出冊数の関係をモデル化する」とか。ありがたいことに佐藤についてはこの「司書名鑑」が掲載されていた「ライブラリー・リソース・ガイド」に、そうした日々の研究を紹介する連載枠をいただいていますので、ちゃんと有言実行しているのかどうか、ご興味ある方はぜひご購読ください!(隙あらば宣伝をしていくスタイル)。

司書名鑑

No. 26

相宗大督

［大阪市立図書館／日本図書館協会認定司書］

略歴

相宗大督（あいそう だいすけ）

現在は大阪市立城東図書館館長。地域の情報を記録し共有する「思い出のこし」の企画・立案者。業務外ではオープンデータ「戦国時代を舞台にした歴史小説」の作成・公開などやＴＲＰＧをテーマにしたオンラインでのブックトークの実施などの活動をしてきた。巣箱型図書館「まちライブラリー＠ぐうたら文庫」主宰。日本図書館協会認定司書。

百科事典が好きだった子ども時代

私の生まれは京都市上京区の西陣ですが、三歳のときに引っ越しをしたので、育ちは洛北《らくほく》です。山のなかにある鞍馬《くらま》と貴船《きぶね》の近くに自宅があったので、いちばん近い図書館は小学校の図書室でした。

そのような環境で私が小学校低学年のときに好んで読んでいたのは、物語よりもウルトラマンやガンダムなど、特撮やアニメに関する本でした。当時、ゴジラやガメラ、怪人、怪獣などを特集した子ども向けの豆本「ケイブンシャの大百科」シリーズ（勁文社）を、親にねだって買ってもらった覚えがあります。

小学校五年生のときに『機動戦士Ｚガンダム』の放送（日本サンライズ、一九八五年三月開始）が始まり、「月刊ニュータイプ」（角川書店、一九八五年三月創刊）というアニメ雑誌が創刊されています。私はこの雑誌を愛読していたのですが、アニメだけでなく深夜放送の海外ドラマや映画も取り上げていたので、海外でどんな映画がつくられているといった知識も得られるようになりました。

また、小学校高学年のころに、親が買った平凡社の『世界大百科事典』が家に届いたときのことが非常に印象深く残っています。当時は難しそうな本がきたなと思いましたが、一年ごとに社会でどんなことが起こったか、流行語がどんなものだったかなど、見開きで紹介されている年表部分には興味をそそられました。たとえば、連合赤軍や鬼熊事件、津山事件など、有名な事件が載っているのを飽きずにずっと読んでいた覚えがあります。

中学校に上がると京都市街地へ自転車で出かけるようになり、書店に行ってはさまざまな映画の本を読むようになりました。小説を読まなかったわけではないのですが、私にとって、本というものは自分の興味があることに対して知識の幅を広げてくれる存在だという感覚が強かったです。

司書を目指す

高校に上がってもやはり本は身近で、友達と図書室に入り浸っていました。図書室には、学校司書の先生だけでなく学科の先生たちもいて、そこで先生たちと話をするのが好きでした。また、週末には京都の博物館巡りを楽しんでいました。京都にはたくさんの博物館があるので、行き先には困りません。

そんな高校生活を過ごし、二年生のころには博物館か図書館で働きたいという思いが芽生えていました。司書の先生に相談すると、どちらにしても進学して資格取得の勉強が必要だと教えられ、学芸員と司書の資格を取得できる大谷大学に進学することを決めました。

大学に入ると勉強はそこそこに、車で京都周辺や常照皇寺《じょうしょうこうじ》、峰定寺《ぶじょうじ》などの京都市北郊にある山寺を巡っていました。自分が育った鞍馬の自然や文化を誇りに思っていたこともあり、この地区を訪ねて新しい発見をすることに面白さを感じていました。卒業が近づき将来を考え始めるような時期になると、いちばんなりたかった博物館の学芸員は資格はあっても大学院を出ないとなかなかなれるものではないことがわかり、公務員になって司書を目指すことにしました。しかし、最初に合格したのは、裁判所事務官でした。その後、大阪市で司書の募集があることを知り試験を受けましたが、落ちてしまいます。しかし、これが妙に悔しくて諦められませんでした。裁判所に勤めながら猛勉強をして、翌年再度、大阪市の試験を受けて司書として採用され、いまに至ります。

公共図書館から市会事務局の図書室へ

司書としての最初の配属は、城東図書館でした。六年間勤めていましたが、仕事に慣れるのに精いっぱいだったのと、自分が当初イメージしていた図書館の仕事と実際の仕事にギャップがあり、このころの仕事内容をあまり覚えていないというのが正直なところです。

次の配属で、中央図書館の郷土資料担当になりました。この時期くらいから、レファレンスで家族の暮らしていた写真はないか、といった地域情報に関する問い合わせを受けるようになります。答えられないときは不満が残るものの、それと同時に面白さも感じていましたね。

大阪市立図書館の勤務歴
城東図書館：一九九八―二〇〇四年
中央図書館：二〇〇四―〇七年
市会事務局図書室：二〇〇七―〇九年
港図書館：二〇〇九―一二年
住吉図書館：二〇一二―一四年
住之江図書館：二〇一四―二〇年

そして、中央図書館に三年勤めたあとに市会事務局の図書室へ配属されます。上司は契約局や総務局の人たちだったこともあり、それまでの図書館とは職場の空気がまったく違いました。主な仕事は資料整理とレファレンスでしたが、役所のなかで仕事をするためのさまざまなノウハウをここで教えてもらい、それらはいまにつながっていると思います。たとえば、企画を思いついたときに誰に相談してどんな進め方をすればいいのか、企画書をどう書けばいいのかなどは、ここでの仕事で身につけました。こうしたスキルは、図書館での仕事だけではなかなか身につけられなかったと思います。

いまにつながる考えが固まった港図書館時代

二年間の市会事務局勤務のあと、教育委員会に所属が戻り港図書館へ移ることになりました。このころくらいから、いろいろな取り組みに挑戦しはじめるようになります。図書館の運営に指定管理制度を導入するかもしれないという話が聞こえてくるようになっていたこともあり、それならいまのうちに自分たちにしかできない仕事をやっておこうという考えもあったからです。

たとえば、区役所が市民と一緒に子ども向けのイベントを開催するから本を貸してほしいといった依頼があると、「読み聞かせに行きましょうか」と言って積極的に図書館外での活動にも参加していました。また、商店街の道の真ん中で読み聞かせをしたり、お休みの銭湯で絵本展を開催したりといった取り組みを始めたのがこのころで、それと同時に、その面白さに気づきはじめた時期でもあります。

同じくらいの時期に、「図書館総合展／学術情報オープンサミット」に初めて参加したりもしています。大阪市の顧問を務めていた慶應義塾大学総合政策学部の上山信一教授と、アカデミック・リソース・ガイド代表の岡本真さんほか二人が講師を務めた「図書館総合展運営委員会主催：財政危機をチャンスに変える思考と戦略――低成長時代の図書館サービス指導理念」（二〇〇九年十一月十日、パシフィコ横浜）を聞きにいきました。また、当時の伊那市立図書館の館長を務めていた平賀研也さん（前・県立長野図書館長）を知ったのもこの時期です。平賀さんの話は、私にとってはすごく刺激的で、私が考える図書館の楽しそうな仕事を片っ端から実行しているという印象でした。平賀さんの話を聞くことで、自分が考えていることをもっと自由に実行してもいいと思えるようになったのでしょう。

この二つの経験は大きかったですね。いまにつながる考えが固まってきたのは、このころからだと思います。

実行に移しはじめた住吉図書館・住之江図書館

そして、「思い出のこし」という取り組みを始めることになります。時期としては、港図書館の三年勤務を経て、住吉図書館に移ったあとです。経緯はあとで詳しく説明しますが、この取り組みの実感として、地域の人から集まる情報は、地元に暮らす一個人としても面白く、図書館としてもいい情報が集まってきているということを感じていました。何よりも、それまでに自分が知らなかった風景が出てくる発見の面白さがありました。

その後、住之江図書館に移ってからも、さらにこうした考えが加速していきます。住之江図書館は、閲覧スペースが四百平方メートルない小さな規模で、事務室を出たらすぐそこになじみの利用者がいるような図書館です。そんな図書館で「思い出のこし」をやっていると、利用者に話しかけることができるので、すぐに顔の見える関係をつくっていくことができました。

住之江図書館では、「思い出のこし」だけでなく「福袋展」という取り組みも始めています。本の福袋をつくるのですが、選書を図書館の人がやるのではなく、利用者にしてもらいます。利用者同士が本を紹介しあってもらえたら面白いなと思い、始めた取り組みです。

「思い出のこし」の原点、レファレンス回答での悩み

図書館での仕事をしているとよくある話だと思いますが、レファレンスでうまく回答できない質問を受けることがあります。たとえば、「高齢になった母親が昔のことを話してくれるが、何の話をしているのかわからない。昔のことを思い出すのはいいことだから、話すきっかけになるような昔の写真などはないか」といった問い合わせです。大阪の難波や新世界であれば古い写真集を見つけることもできますが、人々が暮らし育ってきた路地裏の写真などになるとなかなか見つけられず、回答をすることが難しいのです。

そんなレファレンスのなかでも、「思い出のこし」につながった経験としてよく紹介するエピソードがあります。港図書館に勤めていたとき、ある作家がアルバイトしていた一九六〇年前後(昭和三十年代)にあったストリップ劇場の場所を知りたいという問い合わせを受けました。

ストリップ劇場となると自治体史のなかには出てきませんし、住宅地図を端から端まで見たとしても、見落としてしまう可能性もあります。手詰まりだなと感じていたなかで、ふと思い立って、新聞を読みに来ている常連のおじさんや図書館を拠点に読み聞かせをおこなっているボランティアに聞いてみました。そしたら、「ああ、あそこや!」と、なんとすぐに答えが返ってきたのです。

またもう一例、大阪市港区にあったキャプテンバーガーという店の情報がほしいという問い合わせに関するエピソードもあります。船が着岸する築港地区に戦後間もない一九五〇年代後半から七〇年代ごろ、外国人を相手にしていたのか、当時としてはハイカラな店があったというのです。結局、これについては正確な住所まではわかりませんでしたが、間口が広かったとか、道路に面したカフェ席があったとか、浮き輪のディスプレイがあったなど、店構えや雰囲気に関する情報を、地元の人に聞くことで得ることができました。

こうした経験から、地域の人たちが覚えていることをきちんとかたちに残すことは、図書館の資料になるし、

レファレンスに役立つという考えをもつようになりました。

遠隔地の人にも届けたい思い出

「思い出のこし」事業を実行する決定的なきっかけになったのは、住吉図書館に勤めていたときに受けた、鹿児島に住む訪問美容師からの問い合わせに対するレファレンスです。終戦後に鹿児島へ移り、長く暮らしてきたおばあちゃんが、「以前は大阪市住吉区の長居に住んでいた。暮らしていたころの様子が知りたい」と言っているというのです。もし紹介できる地域資料があったとしても、鹿児島県の図書館に大阪の地域資料があるとは思えませんし、こちらがもっている資料をコピーして送るには著作権上問題があるなど、いろいろ悩ましいことがありました。こうした遠隔地にいる人にも地元の情報を提供する方法はないかと考えたときに、港図書館でやっていたように情報源を住民の人たちに求めることができないか、と考えたのが始まりです。

このように、「思い出のこし」を始める起点としては自分の思いがあったのですが、この事業をきちんと実現するには、それだけではきっとうまくいかなかったと思います。きちんと話を聞いてくれて、「やってみいや」と言ってくれる上司がいたということも大きかったと思っています。

まずはやってみる

企画を実行するときは、基本的に失敗することもあると思いながらやっています。成功する見通しが立ってから始めたのでは面白くないですし、もし自分が失敗したとしても、誰かが修正して成功してくれればいいのです。その点で、図書館の世界は自分だけのものではないと思っています。

そしてもう一つ、オリジナルの企画というよりも、人がやっていることをまねして始めてみるというやり方もあります。「ぐうたら文庫」の名前で公開しているオープンデータの「戦国時代を舞台にした歴史小説――calilリンクつき」(図1)も、そうやって始まりました。当時、京都府立図書館にいらした是住久美子さんがやって

図1 「戦国時代を舞台にした歴史小説――calilリンクつき」
（出典：「Link Data」〔http://linkdata.org/work/rdf1s2256i〕）

図2 「京都が出てくる本のデータ」
（出典：「Link Data」〔http://linkdata.org/work/rdf1s1294i〕）

いる自主学習グループ「ししょまろはん」が作成した「京都が出てくる本のデータ」（図2）に刺激を受けて、見よう見まねで個人的につくってみたのが「戦国時代を舞台にした歴史小説」です。是住さんとは、二〇一三年ごろリンクト・オープン・データ・イニシアティブの高橋徹さんらが開いた勉強会に参加したときに、たまたま隣に座ってあいさつしたのがきっかけでつながりをもちました。「戦国時代を舞台にした歴史小説」は、港図書館にいたときに自分が好きだった戦国時代の歴史小説の展示をやったことがあり、そのときのデータをもとにつくっています。

どんなことでも、やってみないとわからないことがあります。ですから、まずはやってみる。やってみたあとなら、いろいろ言えるようになります。

本や資料、図書館を通したつながりをつくっていきたい

これからも、図書館の活動が目に見えるかたちでどんなインパクトを与えられるのかということを、実験的にやっていきたいと思っています。特に、本や資料、図書館を通じて、人と人がつながることができる取り組みを続けていきたいと思っています。

住之江図書館は、熊本地震のとき応援展示をしました。観光産業がダメージを受けるときだからこそ、その地域の魅力を知ってもらいたいという思いと、もう一つは、熊本でつらい思いをしている方々に、できることは少ないですが、気にかけて応援している人がいることを伝えたいという思いでやっていました。

図書館は、長い間「変革のときだ」と言われています。図書館はこうあるべきだよねという話題のなかでは、その問いは現場で働く自分たちに投げかけられていると思っています。

「ライブラリー・リソース・ガイド」[1]の「都道府県立図書館サミット2019」特集に掲載されていた福島幸宏さんの図書館の再定置についての問いかけを読み、地域情報にとって「思い出のこし」はどういうインパクトを与

えられているのだろうと考えました。
現場として、未来の図書館はどうあるべきという答えを探すのは楽しいことです。そのためにも、何ができるかを考える作業を繰り返していきたいと思っていますし、それが大事だと考えています。

注

（1）福島幸宏「都道府県立図書館レポート「都道府県立図書館の使命を再定置する」」「ライブラリー・リソース・ガイド」第二十九号、アカデミック・リソース・ガイド、二〇一九年、六四―七三ページ

エッセー

図書館とは何かと考え続けてしまっている

人間、生きていればいろいろあるものだということはわかっているのですが、ときには思いもよらない出来事に見舞われテンパったりするのです。二〇二一年の春、かつて新規採用のときに配属された大阪市立城東図書館の館長職を拝命しました。本文のなかで「このころの仕事内容をあまり覚えていない」と言い放った城東図書館です。なんとなく気まずいです。言わなきゃよかった。

それはともかく、長く司書をやっていると図書館というものが社会からどのように位置づけられているか、その移り変わりのようなものが見えてくる気がします。課題解決だとか、サードプレイスとか、市街地再生の中心とかですね。次から次へと図書館を取り巻く新しい文脈が出てくるなかで、自分ははたしてちゃんと「図書館」というものをできているのだろうかと考えてしまうことも少なくありません。

かつては何者でもなかった自分が、この社会でどうにか生きていけているのは間違いなく本や映画などを

通じてさまざまな経験があったからで、そういう経験を咀嚼して他者に向けてどうにかするのも含めて「図書館」じゃないかなと最近は思います。これからも模索が続くでしょう。

司書名鑑

No.27

岡崎朋子

［須賀川市中央図書館司書］

略歴

岡崎朋子（おかざき ともこ）

一九九五年、須賀川市職員に採用、司書として図書館に配属される。二〇一九年一月、市民交流センター須賀川市中央図書館勤務となる。二二年四月から中央図書館主任主査。大勢の職員とともにシフト制で働く環境にあって年々ワークライフバランスの加減の難しさを実感しながらも、交流を生み出しにぎわう職場に身を置けることを幸せに感じている。

図書館好きになった小学校時代

私の図書館に関する原体験は、小学校の学校図書館にあります。最初は学校の先生が管理されていたと思うのですが、ある時期、学校司書が入られました。そのとき初めて、図書館専属の職員という仕事があること、そしてそうした人のことを「司書」と呼ぶことを知りました。だんだんと頻繁に本を借りるようになった私を見て母は、そんなに本が好きならば、と市立図書館へ定期的に連れていってくれるようになりました。自宅からは少し離れた場所だったので毎回車で連れていってもらい、借りては返し、借りては返しを繰り返していました。

仕事として司書を意識する

中学生のとき職業について考える授業があり、実際に自分が何をしたいのかを考えたときに、司書という言葉がポッと頭に浮かんで「図書館で働く」と言ってみようと思ったのが、司書を仕事として意識したきっかけでした。高校へ進学してからは、司書を目指すには公務員試験を受ける必要があると考え、まずはそこを目標に進学先を検討しはじめました。具体的に司書になるための勉強を始めたのは、大学生になってからです。司書以外の職業については、自分にできそうなことが思い浮かばなかったというのが正直なところです。いくつかアルバイトはしてみましたが、接客業は覚えが悪く長くは続かず、事務仕事は退屈に感じてしまい、どちらもしっくりときませんでした。最終的には、やはり子どものころになりたいと思った司書を目指してみようと考えるようになりました。

司書という仕事に対しては、本がたくさんあるところで働けるとはなんていい職業だろうという単純な考えがありました。本に対する興味が、司書になりたいという思いを支えていたように思います。自分が体験した本の面白さをほかの人にも体験してもらいたいという気持ちも、司書になりたいと思った動機の一つです。

須賀川市図書館へ

大学四年を迎え、就職活動をしていたところ、ちょうど須賀川市が司書の正規職員を一人募集していました。その年は電算化を始めるために職員を採用する予定になっていたのですが、それまで嘱託司書だった方と私の二人が正規職員として採用されました。本当にありがたかったですね。そして一九九五年春、図書館へ配属されました。最初の二カ月くらいは目録カードを作成したり、貸出申込書を手書きで記入してもらうなど旧来のカウンター業務を経験しましたが、それから休館して電算化の準備に入りました。

当然ですが、思い描いていた図書館での仕事と実態にはギャップがありました。利用者のニーズは千差万別ですし対応方法もそれぞれに異なりますので、サービス業が向いていないとは言っていられません。市の職員として採用されたからには事務仕事もあります。これまた当たり前なのですが、「本が好き」だけでは務まらないことを痛感しました。

一九七〇年代に建てられた須賀川市図書館（写真1）は、二階建てで延べ床面積が一階と二階を合わせても千百平方メートル程度のこぢんまりとした建物でした。狭いなかでも工夫をしながら書架を拡充していましたが、当初予定のキャパシティーを大幅に超え、本がギュウギュウ詰めの状態になっていましたので、残念ながら利用者が選書しながらゆったりとくつろぐことは難しい図書館だったと思います。それでも、カウンターで少し言葉を交わすことで、だんだんと利用者の方たちの好みがわかってきて、次に来たときには「この本を薦めてみよう」といったことを考えられるようになり、コミュニケーションが楽しくなっていきました。受付業務は、利用者が喜ぶ姿をダイレクトに見

写真1　旧須賀川市図書館（写真提供：中央図書館）

ることができるので、とても励みになりましたし、もっと知識を身につけようというモチベーションにもつながりました。

私は二十数年ずっと図書館（二〇一九年に組織改編により中央図書館へ名称変更）に勤めています。長く勤めたことでよかった点として、経験を積み重ねることで地域のことがわかるようになった点を挙げられるかと思います。地域資料を見る回数が必然的に多くなりましたし、地元の利用者の方との会話から得られる情報もあり、ある程度の土地勘がついたことで、地域を深く知る手段を得られたように思います。

東日本大震災

二〇一一年三月十一日の東日本大震災が起こった時間は日中でしたので、利用者もいましたし一階と二階のカウンターには職員がいました。私は一階にいたのですが、二階にいた職員が立っているのが耐えられなくて恐怖を覚えたというくらいの大きな揺れが起こり、固定していない本棚がバタバタと倒れて、あっという間に本の海になってしまいました。一階にいた利用者も、二階から降りてきた利用者も、本を踏み越えながら外へ避難しようとするのを、必死に誘導したことを覚えています。二階の職員に聞いたところ、倒れてくる本棚を必死に押さえてくれた利用者がいらしたそうなのですが、あとから考えると下敷きになる危険もあり

写真2　岡崎さんが撮影した震災時の図書館内の様子

ましたので危なかったと背筋が凍る思いでした。余震の合間に二階へ上がると足の踏み場もない状況で、一人でいた職員はどれだけ心細かっただろうと思いました。残っている利用者の避難を誘導して、職員も建物から避難しました。

少したってから記録を残さないといけないという使命感に駆られ、館長に許可をとって写真を撮りに図書館へ戻りました。膝くらいまで本が積み重なった館内に入り、万が一、本の下敷きになっている利用者がいたらどうしようと思いながら、点検をしながら写真を撮って回りました（写真2）。次の日でもよかったのかもしれませんが、そのときはその日のうちに絶対に記録を残さなければいけないと強く思ったことを覚えています。

図書館再開作業

すぐに市役所の隣の体育館に避難所ができたのですが、図書館としてできることを考えて最初にしたことは、避難者に雑誌を持っていくことでした。図書館職員に対して具体的な指示が来たのはもう少しあとになってからで、割り当てられた業務は、壊れた家屋の調査や罹災証明書発行業務の対応でした。それまでは、主にぐちゃぐちゃになった図書館の整理をしていました。本の海のなかから一冊ずつ本を拾い、仕分ける場所をあけ、NDCの番号順に仕分けをしていきました。ガラスや蛍光灯も散乱していたので、本のなかからガラスの破片を拾うこともしていました。本を拾い上げたあとには壊れた本棚も撤去しました。とにかく一冊ずつ本を拾っては仕分ける作業を果てしなく繰り返したことは、強烈な記憶として残っています。

正確には覚えていませんが、作業を始めて十日くらいたったころ、外に出てみると、利用者が開館していると思って来ていました。被災と片づけの状況を伝えて「まだ開館していない」という会話を交わしたことを覚えています。その方に「何か手伝うことがあったら手伝うよ」と言っていただいてとてもホッとしたというか、このような状況でも必要な場所として認められていることは、胸に込み上げるものがありました。

須賀川市民交流センター tette

二〇一三年、図書館も移転入居することになる須賀川市民交流センター tette の事業発表がありました。私が図書館に関する詳しい内容を知ったのは、基本設計業務委託先が石本建築事務所と畝森泰行建築設計事務所に決まったあとに須賀川アリーナで開催された会議のときでした。そこで見せられた青写真には、建物のいろいろな場所へ書架が配置されるという案が提示されていて、プロポーザルのときと異なる内容だったため、何が話されているのかわからなかったというのが正直な印象でした。

それまでの経験上、貸出手続きを通さずに行方不明になってしまう本もあったため、複合施設のなかの図書館であれば、図書館の場所を限定してゲートをつくって盗難防止をするなど、管理を強めなければならないという考えが自分のなかにありました。当然新しい施設でもそうなるものと思っていたので、書架が建物全体に配置されるという提案は驚きでした。

変化する図書館の潮流を知り tette に生かす

そういった自分のステレオタイプな図書館像が変わったのは、図書館コンサルタントとしてプロジェクトに参加していたアカデミック・リソース・ガイドの岡本真さんから、優れた日本の図書館の事例を映像で見せてもらったときからです。さまざまな取り組みを紹介してもらい、日本のあちこちで、自分が知っている図書館とは違う新しい図書館がつくられていることを知りました。また、他図書館への視察体験もとても大きかったです。レクチャーだけではどうしても理解が及ばないところがありました。「百聞は一見に如かず」と言いますが、実際に自分の目で見るとはこういうことなのかと感じました。視察をすることで、「そうか、そういうやり方もあるのか」と、それまでと違うやり方を自分のなかで消化できるようになりました。

何より須賀川市が、震災からの創造的復興を目指してそれまでにない図書館をつくろうとしていました。そのなかで提案された「融合型」をどうしたら実現できるのか、最初は戸惑いを隠せずにいたのですが、新しい図書館像を知り視察を重ねたことで、こうすればできるかもしれないと、だんだんとチャレンジしていこうという気持ちに変わっていきました。

視察したすべての施設に、それぞれ参考になる部分がありました。tetteは、それらのいいと思われる先行事例をかなり参考にして取り入れているのではないかと思います。もちろん図書館でも、あちこちに取り入れさせてもらっています。そうしたことを積み重ねて、初めて経験する図書館づくりを少しずつ形にしていきました。

居心地がいい図書館像

「融合型」を自分のなかで納得できたときに、それまでの図書館の「静かに使ってくださいね」という雰囲気も変えたいと思うようになりました。以前の図書館では、少しでも音がしたら視線が飛ぶようなところがあり、いま思うと気軽に利用するという雰囲気からは遠かったと思うのです。新しい図書館は、誰かが多少音を立てても注意をしにスタッフが飛んでいかなければならないような図書館にはしたくないと思いました。居場所という役割が図書館にあるとすれば、おしゃべりできないのはへんだと思うし、気軽に来てもらえる施設にしたかったのです。

開館前は、ホールの音が図書館まで聞こえたら利用者はうるさいと思うかもしれないなど、音に関するいくつかの心配事がありました。しかし開館してみると、周囲のワイワイとした話し声や物音に対して、利用者が気にするそぶりは思ったほどにありませんでした。図書館は静かな場所という考えは私たちの思い込みであり、以前の図書館では施設の狭隘《きょうあい》さと合わせて、静かにしなければならない雰囲気がかたちづくられていただけなのかもしれません。利用者は、場所に合わせて上手に利用してくれるものだと気づかされました。開館前にいろいろなことを想定して対応策を検討することは大事なプロセスでしたが、tetteに関して言えば、幸いなことにそこまで心配する必要はなかったなと思うことがいくつもありました。

コミュニケーションのなかからの気づき

tetteのプロジェクトは自分のなかにある枠の外へ目を向け、いろいろなことに気づくいい機会だったと感じています。多くの人との出会いが、自分を変えるきっかけになりました。もちろん、それまでの図書館利用者とのコミュニケーションのなかにも変わるきっかけはありましたが、今回のプロジェクトはそのスケールがとても大きなものだったと感じています。いまのtetteも図書館も完成形ではなく、これからも利用者や関心をもつ人たちとのコミュニケーションのなかから気づきを得て、さらに進化していきたいと思っています。

チームだからできること

以前の須賀川市図書館の司書は三人でやっていた時期が長かったのですが、現在tetteのなかにある須賀川市中央図書館は会計年度任用職員の司書も合わせて司書は十五人。図書館職員は事務職員や事務補助も含め全体で四十一人になりました。人数が増えたことで手分けして考えたり実行したりと、できることが多くなりました。二階、三階、四階に分かれて計画的にテーマ配架を実行できているのは、人材がそろいチームで対応できる点がいちばん大きいと思っています。私たちは、書架ごとのテーマ配架を一年間手探りで実行し、利用者の反応を確認しながら徐々に経験値を蓄積してきました。整備プロジェクトが始まった当初、私がレクチャーだけではわからなかったことを視察で実感していったように、いまのスタッフも口頭の説明ではなく実際に経験しながら学んできています。いまは、tetteの目標が一人ひとりに見えていて共有できていると感じます。これからは、年を重ねるごとに新たな欲も出てきて、新しい目標も見えてくるのではないかと思っています。

今後の夢

tetteのアンケートに「須賀川にtetteがあるから住みたい」という声があったという話があるのですが、私が目指しているのはそう言ってくださる方を増やしていくことです。

「tetteがあるから須賀川の住人になって、tette（図書館）を使い倒したい」と言ってくださる方が一人でも多くなることが、私のいまの夢です。ここを使っている子どもたちが巣立っていき、将来「tetteがあるから戻って来たよ」と言ってもらえたら最高ですね。

エッセー

tette開館五周年に向けて

「人を結び、まちをつなぎ、情報を発信する場の創造」が基本コンセプトの須賀川市民交流センターtetteは、開館四年目になりました（二〇二二年八月現在）。オープン当初は多くの来場者でにぎわい、幸先がいいスタートを切ったものの、新型コロナウイルス感染症の影響で交流が制限されてしまったり、地震の被害を受けたりで、当初とは異なる運営をせざるをえない状況が続いています。施設の中核を担う図書館もまた、どうしたらその役目を果たせるか、日々試行錯誤のまっただなかです。

久しぶりに行動制限がなかった二〇二二年の夏は、tetteでも地域でもイベントがおこなわれ、感染対策を徹底したうえで交流を楽しむ人々の姿が見られました。夏休みで来館する子どもたちや家族連れ、旅行客や帰省者などで連日にぎわい、その様子は開館初年度を思い起こさせます。依然として新型コロナウイルス感染症の収束が見通せないなか、これからもそのときそのときで最善を尽くし、tetteでの活動や交流、そして図書館で過ごす時間を楽しんでもらうことを大切にしていきたいと思います。

まもなく開館五周年を迎えます。多くの方々のおかげでここまで歩みを進めてこられたことにあらためて感謝する機会であり、コンセプトに沿った運営を今後も続けていくための一つの節目でもあります。これからが正念場です。

司書名鑑

No. 28

真野理佳

［西ノ島町コミュニティ図書館いかあ屋司書］

略歴

真野理佳（まのりか）

大学卒業後、小学校教諭として隠岐島内の小学校に勤務。司書教諭として学校図書館業務もおこなう。早期退職後、公民館図書室で臨時職員として勤務。二〇一七年に司書資格を取得。一八年から西ノ島町コミュニティ図書館に司書として勤務し現在に至る。二〇年から島根県子ども読書推進協議会委員を務める。「令和四年度子供の読書活動優秀実践校・図書館・団体（個人）に対する文部科学大臣表彰」を図書館として受賞。

始まりは本の倉庫から

出身は、西ノ島町と同じ隠岐諸島ですが、隣にある島後地域の隠岐の島町です。大学を卒業後、隠岐の島町で教員になって、結婚をきっかけに島前地域の西ノ島町に引っ越し、ここでも小学校教員を長く務めました。島の子どもたちを通じて島内にたくさん知り合いが増えました。現在、役場に勤めている職員のなかには、私が以前担任していた児童がいることも珍しくありません。小学校教員を早期退職したあと、当時の公民館図書室のリニューアルを手伝ってほしいと依頼されました。当時、まだ司書資格はもっていませんでしたが、本が好き、本に関わる仕事がしたいという気持ちで、本の倉庫状態だった図書室を、どうにかまちの人に利用しやすいかたちにリニューアルしていきました。配架を工夫したり、イベントを企画したりして徐々に利用者が増えていったという経緯があります。島の人もこんなに本を読むんだ！ということが少しずつまちのなかに浸透していって、その流れでトントン拍子に新しく図書館を建てるという話が出てきました。西ノ島町コミュニティ図書館構想検討委員会が立ち上がり、私も迷わず参加しました。そこから開館までずっと計画に関わり続け、いまの仕事につながっています。なので、開館してからも、予想していたイメージと違ったということがないですね。もちろん、計画はしたもののまだ実現できていないことはたくさんありますが、ほぼ思っていたとおりの図書館になってきていると思います。これは、私一人の意見が反映されたということではなくて、最初に図書館を考える構想検討委員会にたくさんのまちの人たちが入ったことで、本当の意味でまちのみんなの思いが詰まった図書館の始まりを考えられたことが大きいですね。

島のみんなが集まる場所へ

二〇一八年に西ノ島町コミュニティ図書館いかあ屋が開館して、一九年には隣の敷地に放課後児童クラブの施設が完成しました。図書館のスタッフの多くは、図書館運営と学童をかけもちしてシフトを組んでいます。私も図書館と学童どちらでも働いていて、たいへんさはありますが、お互いの連携がとりやすいという利点もあります。島の子どもたちへの支援は、図書室時代からずっと続けていますし、私自身が元教員ということもあって、特に子どもたちは大切にしていきたいなと思ってやっている部分はあります。小さな子ども向けの「おはなしのへや」というイベントや、学校や学校司書と連携した学校への支援などに力を入れてきました。ところが、コミュニティー図書館として立派な施設ができたことで、ありがたいことに、いまは一般の人の利用が多くなってきています。利用される方たちは本を借りに来る人ばかりではなくて、コミュニティー機能として併設されている和室やカフェ、キッチンを利用する方も多いですね。図書館の近所のおじさんたちはよく男子会をされています（笑）。七十歳代のおじさんたちが三、四人で集まってお茶を飲みながら、釣り談議をしている様子が見られるとちょっとうれしくなりますね。ああいう風景を見ると、島のおじさんたちも集まる場所がほしかったんだなあと思います。本を読むだけではない使われ方もいいなあと思っています。

開館前から始まった「縁側カフェ」での議論も大きかったと思います。「いかあ屋をどう使いたい?」「いかあ屋で何したい?」というテーマのときには、部屋がいっぱいになるぐらいの参加があり、思い思いの考えを出してもらいました。そのときの思いが実現していることも多くありますね。

人と人をつなぐレファレンス

これまでずっと図書館がなかったまちなので、特に郷土資料については蔵書数が多くありません。利用者からいろいろな質問や相談をされることも少しずつ増えてきていますが、郷土資料に関する質問が特に多いので、そのときは本当に頭を悩ませています。まだまだ専門的研究のレファレンスというレベルまではいけていないので、まさに職員総出で勉強中です。私ももっと勉強しなくっちゃ!、司書としての出番だな!と思っています。みなさん、どこで聞いてきたのかわからないほど詳しいことを聞いてきてくださるのですよね。「まちのどこかにこんな石があるって聞いたから調べてほしい」とか「あそこにこんな神社があるって言われたので詳しく知りたい」といった相談がありました。そういう質問をいただくたびに、町史を調べたりとか関連する郷土資料を調べたりとかするのですが、なかなかこれだ!という情報が見つからないんですよ。そうすると、資料にないものはまちのことを知っている人に聞くしかない!となるんですね。まちの歴史や自然に非常に詳しい方で、図書館の活動を応援してくださっている方が確実に二人はいらっしゃるので、図書館の資料で足りない部分については、その方々を頼らせてもらっています。郷土資料関係はいちばんしんどいですが、だからこそ、まちの人に頼りながら情報を集めています。資料になっていないまちの情報がまだまだたくさんあるので、これらをどうやって収集・保存していくかが今後の西ノ島町の図書館として重要な役割だなとも感じています。

まちの基幹産業との連携

離島のまちの産業として、観光は切り離せない要素です。ですので、図書館をつくる構想段階から、観光客にも使ってもらえる図書館ということは強く意識していました。西ノ島町に来てくれた人が、いろいろな本やモノや人の情報にふれて、ここでの滞在時間をより充実したものにしてもらえたらなと思っています。図書館に入ってすぐの場所には、西ノ島に関するテーマ配架や「しまポータル」（写真1）というデジタルサイネージなどを置き、観光客にも知ってもらいたい資料や情報を集めて、気軽に島の情報を得られる工夫をしています。いまは西ノ島町観光協会と連携して、パンフレットにいかあ屋の情報を載せてもらったり、観光客に図書館のことを案内してもらったりしています。最近はレンタサイクルの充電スポットを図書館につくって、島内観光の途中に寄れる場所としても使ってもらっています。

屋内でゆっくり過ごせる場所というのが、なかなか西ノ島にはないので、開館してからは、館内を回りながら本を眺めて過ごしている方もいますし、ゆっくり

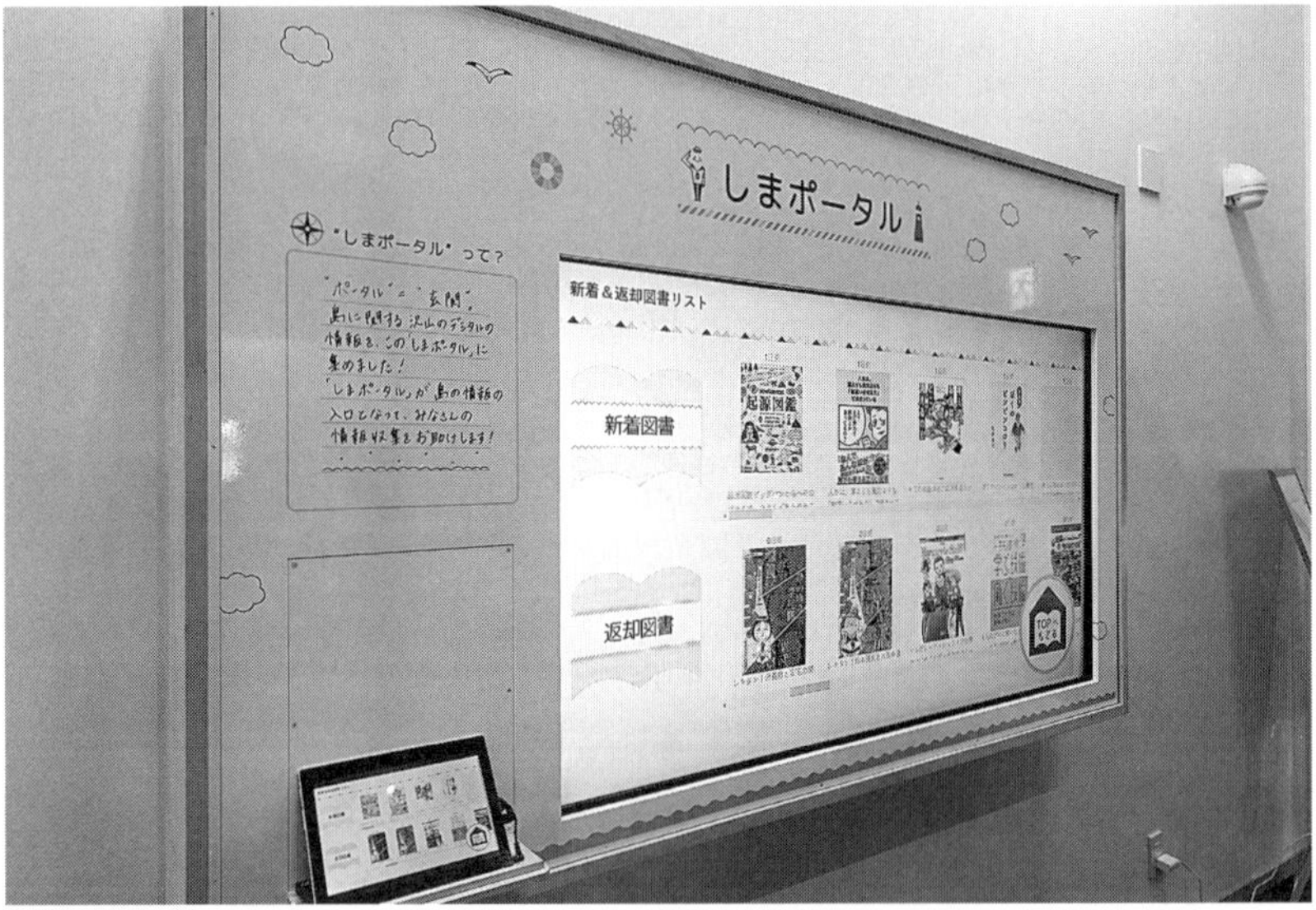

写真1　しまポータル

過ごしてもらう場合が多いですね。西ノ島の場合、観光は天気に左右されることも多くて、天気が悪いとどこにも行けないし何もできないときがあります。せっかく島に来てくれたのに退屈な時間になってしまうのは残念なので、そういうときにこそ、ここに来て喜んでもらえているかなと思います。

広がる連携の輪

開館してから「まちで人がいちばん集まるところ」というイメージがだいぶ根づいてきたようで、ずいぶん知名度が上がっています。ただ一方で、どうしてもお年寄りの人口が多いまちなので、車がないと行けないとか、動くのが大変だ、という人たちもいて、図書館に行きたくても行けない人たちがいる地域もみえてきました。そこで、自分たちが本を持ってその地域に届けたいという話を図書館スタッフのなかで進めていました。そのタイミングでこの夏に、まちの社会福祉協議会が主催する生活支援ネットワーク会議というものに図書館員も呼んでもらえて、地域支援の一環として移動図書館を考えていきたいというお話をさせてもらうことができたんです。図書館がもつ資料や情報が、その地域に住んでいる人たちの刺激になったり、ちょっとした元気のもとになったりしたらうれしいなと思いますし、私たちもこの地域の人たちとおしゃべりすることで元気をもらいながら、まちや地域の情報を交換しあえるといいなあと。図書館を知ってもらうための移動図書館というよりは、その地域の人のためになる図書館になるよう、この秋から動いていく予定です。

ただ、図書館スタッフだけでは人手が足りなかったり、地域とのつてがなかったりするので、そこは社会福祉協議会が協力してくれることになりました。すでにネットワークをもっている社会福祉協議会が地域で主催する体操教室や健康教室などのイベントに「一緒に行きましょうよ！」と言っていただいて。いまは、どんな本を持っていったらいいのかなと職員で相談していますね。みなさんの生活の様子もよくわかっていないので、どんな本が必要なのか、自分たちなりに調べながらも、回数を繰り返してやっていくことで、学んでいきたいなと思います。これまで図書館や本に興味がなかった人たちに、ちょっとでも興味をもってもらえたらなと思います。

保健所からも食生活改善の展示についてコラボの相談がきているので、まちのなかでの横のつながりも少しずつできているのかなと思います。地域も行政もからめて、今後も広げていきたいですね。

いかあ屋とコロナ禍

新型コロナウイルス感染症禍でも休館は一切しませんでした。まちの上層部の人たちも、この図書館がまちの人にとってすごく大事な施設だという思いをもっていたようです。ただやはり非常事態宣言が出たころは、貸出と返却だけの利用制限とし、長時間の滞在は遠慮してもらうことにしたので、コミュニティー部分は使えない状態になりました。また、利用も町内の人に限定するというお知らせもしました。ただ、離島という特性から、本土の方々よりもかなり危機感が強くて、もし島で感染が広がったらどうしようという思いがあって、わりとみんなが慎重になっていたと思います。なので、感染予防してくださる方はできるかぎりお迎えしたいなという思いでいました。

こういう対応をすると、もちろん来館者はすごく減るんですよね。島にとって、ゴールデンウイークや夏は観光シーズンでもありますし、帰省してくる人たちも毎年たくさんいるので、今年（二〇二〇年）はそれがほとんどできなくなって、去年と同じ時期の三分の一まで減りました。でも、驚いたことがあって、資料の貸出数は、ほぼ変わらなかったのです。いろいろな活動に制限がかかる生活のなかで、まちの人と本とのつながりを支えられたことはよかったと思っています。一方で、これまで本を借りることをメインに図書館を利用してくれていた人たちと、コミュニティーとして集まったり、おしゃべりしたり、趣味の活動をしたりすることに利用していた人たちの差が明確になって、これだけの人に利用されていたんだなということが、逆によくわかってきたところです。

相互的な情報発信拠点を目指して

これまでどおり、たくさん使ってもらいたいし、ここがモノや人や情報に出会ってもらえるような場所であり続けたいなという思いはあります。今後、力を入れていきたいと思うのは、外に向けたPRや発信ですね。こちらからいろいろな情報を発信することはもちろんですが、相手からも反応が返ってくるような発信の仕方を工夫していきたいです。まちのなかだけではなく、ここに来てくれた人が感じたいろんな思いを返してくれるような、双方向でのやりとりができる仕掛けができたらいいなと思っています。図書館の入り口に、「しまアトラス」（写真2）という島の地図を描いている大きなホワイトボードがあるのですが、これを使って島の情報のいろいろなやりとりをしています。来た人が直接書き込んだり付箋を貼ったりして、自分が知っている島のことを書き込めるようになっています。今後は、これをもっと活用できるといいなと思いますね。写真が登場したりとか、デジタルとうまく組み合わせるようなイメージで、「しまアトラス」を活用できた

写真2 「しまアトラス」

らいいと思っています。一方で、常に発信し続ける難しさもありますし、図書館スタッフのなかでもデジタルのスキルに差があるので、この部分も自分たちなりに工夫しながら、みんなで取り組めたらいいですね。

まちの活性化へ、変わらない思い

基本的に図書室時代から私の姿勢は変わっていないです。この場所に来た人たちといろいろな話をして、子ども連れのお母さんたちや小さな子どもが来たときに、困っていらっしゃるようならすぐ声をかけるようにしています。何か探し物をしているかなとか、困っているかなと思ったら様子を見ながら声をかけていますね。この場所が過ごしやすくて、居心地がいい場所になってほしいなという思いは、施設が大きかろうが小さかろうが変わっていないです。

私自身、開館するタイミングに合わせて司書資格を取得したばかりで、ほかの図書館での勤務経験もないので、今回、「司書名鑑」という連載に掲載させてもらうのも、ちょっと申し訳ない気持ちです。いかあ屋自体が良くも悪くもこれまでの図書館らしくない部分があるので「これでいいのかな?」と不安になることも多いです。ほかの施設と比べることはもちろんできないので、何が正しい図書館なのか、正しい司書なのかはわからないですが、私個人としては、図書館を運営しながら、このまちを活性化していって、ゆくゆくは図書館がまちづくりの中心になればいいなという思いがずっとあります。図書館で働いてはいますが、逆に図書館を使わせてもらっているという気持ちもあって、これからもまちづくりについて考える機会をもらいながら、三年目、四年目と自分たちにできることをしっかり考えて動いていきたいと思っています。

エッセー

西ノ島町コミュニティ図書館のいま

西ノ島町コミュニティ図書館いかあ屋が開館して四年がたちました。職員は、ほぼ経験がない者が集まってスタートしました。町の居場所として、情報館としての役割を果たすべく、みんな手探りでやってきました。いまでは積極的に、やってみたいことを起案したり、もっとよくするにはこうしたらいいのではと提案したりするようになり、利用してくださる方、町のことを考えて、動いてくれているのを感じています。人口二千六百人あまりの島の図書館にしては、多くの方に利用していただいていることをありがたく思っています。どこの図書館も同じだと思いますが、コロナ禍のなか、思うように活動ができないこともありました。いまは、Withコロナで、できることをやっていこうと、新たに始めたこともあります。男の人による読み聞かせ「おとうさんのおはなし会」、一部の地域ですが「移動図書館」、保育園との交流「出張おはなしのへや」、高校生が企画・運営する「高校生フェス」など。これらの活動を通して、図書館に関わる人も増えてきました。開館前からおこなっていた「縁側カフェ」も毎月開催し、町のこと、図書館のことを自由に話しながら自主的に集まりをもつ人たちも出てきたのはうれしいことです。まだまだ始まったばかりですが、これからも、人のつながりを広げて、町が盛り上がればいいなと思っています。

司書名鑑

No.29

盛 泰子

［伊万里市議会議員］

略歴

盛 泰子（もり やすこ）

現在は図書館フレンズいまり役員、伊万里市議会議員。共著に『図書館づくり運動実践記』（緑風出版）、論考に「市民のための図書館を生み・育てる」（「月刊社会教育」第六百七十六号）、「図書館づくり運動から、議会の改革へ」（「月刊社会教育」第七百九十四号）、「議会は「目指したくなる職場」ですか？」（「地方議会人」二〇二二年一月号）など。

日本史を学びに奈良へ

私は東京で生まれ、地元の公立小・中学校を経て、高校は自らの希望で調布市にある桐朋女子高校へ進みました。国語の授業が作品別にクラス分けされるなど、高校生活は刺激的で面白く、そのころの経験がいまの私に深く影響していると強く感じます。英語が好きだったこともあり、大学は英語に関する学科へと考えていたのですが、自分には西洋的なことよりも「もののあわれ」のほうがしっくりくるという思いもあり、最終的には日本古代史を選び、奈良女子大学に進学しました。初めての関西でしたので、誰も知っている人がいない環境でしたが、大学と修士課程の六年間、今日知ったことを明日自分の足で歩くという醍醐味を味わいながら過ごしました。

子ども時代の本に関する記憶

小・中・高と学校が家から遠かったためか、通学の途中に図書館へ寄ったという記憶はあまりありませんが、ほしい本は買ってもらえる家庭環境で、ピアノを習っていたこともあり作曲家などの偉人の伝記はほとんど読んだ記憶があります。一つのことに興味・関心をもつと、わりと集中する子どもだったかなと思います。

歴史学は社会科学

大学では、奈良時代の政治史を専攻しました。藤原四兄弟が亡くなり、聖武天皇が東大寺盧舎那仏像をつくらせた時代です。専攻課程に入る前の二年生の終わりごろ、担当教授から言われたのは「歴史学は社会科学だということを常に意識して学んでほしい」ということでした。歴史小説や歴史ドラマは、脚色されていて史実そのものではない可能性があります。それをフィクションとして楽しむのはいいのですが、学問として深めていくには、社会科学であることを肝に銘じる必要があるということです。とはいえ、奈良時代の歴史を掘り下げるための資料は少なく、『日本書紀』や『続日本紀』など限られたものしかありません。それもあとの時代に編纂されたものですから、編纂した人たちに都合がいいように脚色されている可能性があります。そこで、私たちが研究する際に重要視していたのは、考古学的な知見や地理学的な分析でした。

実は、高松塚古墳[1]が発掘されたのは、私が高校生のときでした。桐朋女子高校の校長は日本史が専門だったこともあり、学生へ向けた月一回の校長講話で「高松塚古墳の発見で、これまで語られてきた歴史が一変するようなことが起こった。けれども、それは悲しいことではなく、また次なる道を深めていくことにつながるからこそ歴史は面白い」というようなことを話されたのを覚えています。この話を聞いたことで、余計に「自分が進むのはこの道で間違いない」と思ったのを記憶しています。

結婚を機に伊万里市へ

大学三年生のころから、奈良文化財研究所（奈文研）の飛鳥藤原宮跡発掘調査部でアルバイトをしていました。室内で所員が書いた原稿を清書する仕事が主でしたが、たまに現場に出て橘寺（奈良県高市郡明日香村）から発掘された塼仏《せんぶつ》(2)を洗ったりしていました。同じ時期に佐賀県から奈文研に研修に来ていた夫と、そこで知り合いました。その後、夫は伊万里市の学芸員としての採用が決まり伊万里市へ。私は、大学院を出てから一年東京へ戻り、文化庁の記念物課でアルバイトをしたのち、一九八二年に結婚して伊万里市へ移り、いまに至ります。

伊万里市に来たときは、未知の土地ですし、方言がまったくわかりませんでした。夫しか知っている人がいないのですから、最初の一年は引きこもりのような状態で、たまに友人が結婚すると聞くと、丸々一カ月実家へ帰ってしまうなど、まったく伊万里になじもうとしない自分がいました。ただ一年後に上の娘が生まれたとき、「この子にとっては故郷となるのだから、親がこれではだめだ」という気持ちの切り替えがありました。

大したことではありませんが幼稚園の役員を引き受けたりすることで、地元の人々とのつながりが生まれるようになり、都会に住んでいたときには必要とは思わなかった車の免許を取ったことで行動範囲も広がりました。そうして参加した活動の一つに、親子読書会がありました。佐賀県内では親子の読書会の活動が盛んで、「佐賀県親と子の読書会協議会」(3)（設立時の名称は「佐賀県母と子の読書会協議会」）という相互連携組織がいまでもあります。娘が通う幼稚園にもその組織があり、市内各小学校にあった読書会の人たちが中心になって「伊万里市にもっとまともな図書館がほしい」と始めた活動が、一九八六年に発足した「図書館づくりをすすめる会」でした。

図書館づくりの市民活動から伊万里市議会議員へ

当初は、まだ子どもが小さかったので、どちらかというと「図書館づくりをすすめる会」へは夫が参加していました。私は会報を担当し、市議会で図書館に関する一般質問があると聞くと、取材のために何度か傍聴席へ行きました。質問をする議員は事前に私たちの会へ来て、どんなことを希望しているのかをヒアリングされていましたが、実際の議会ではいちばん聞いてほしい山場になると、「まあ、あとはいっちょよろしく！」という感じで終わってしまうことが多く、メモを取りながら「なんなんだ、これは」と思うこともしばしばでした。でもその時点では、まさか自分がそちら側にいくとは思っていませんでした。ところが、一九九三年に代議士の選挙違反事件があり、市議会議員三十人のうち二十二人が逮捕され、補欠選挙が降って湧いたのです。そのとき、「この会のメンバーのなかから議員が出たら面白いかもしれんね」とつぶやいた人がいました。「盛さんは、連れ合いが市役所の職員だから、無理やろね」と言われ、「私は夫の所有物でもないし、落選しても失うものは何もないから、私にできることならやってみよう」と、告示の三日前に手を挙げました。選挙運動のせの字も知らない人たちの集まりでしたが、公職選挙法を学びながら手づくりの選挙をおこない、親戚も同級生もいないなか、みなさんの人脈で当選させていただいたというのが正直な

写真１　立体模型による説明（立って説明しているのが設計者の寺田芳朗さん）

ところです。ある方が「地縁・血縁がないなかで、これは文化縁の勝利だ」と言ったことを覚えています。

伊万里市民図書館の新築オープンはその二年後の一九九五年になります。議員になった当時、設計はすでに寺田芳朗さん（当時は山手総合計画研究所所属、現在は寺田大塚小林計画同人）に決まっていて、立体模型による説明（写真1）がなされるなど、「これこそが本物の市民参加だ！」と実感できる方向へ進んでいましたが、それまでの経験を踏まえると、いつなんどきひっくり返るかわかりませんでしたので、あのときに議員になってよかったと思っています。そして、二十数年たったいまでも、私にとっての原点は紛れもなく図書館です。起工式のあとには「建設用地を歩く会」やヘルメット着用の「中間見学会」がおこなわれるなど、主役であることを実感した市民が図書館を育てることになるのも自然な流れでした。

歴史学の基本が市議会議員の信条へ

あとになって大学の恩師から、「あなたは大学に残ると思っていたが、違う道へ進んだね」と言われたことがありました。そのとき私は、「先生から薫陶いただいた、「何かを証明しようと思ったら可能なかぎり資料を集めて、そのなかから使えるものを取捨選択して議論を組み立てていく」という手法は、いまの仕事にとても役立っていますよ」と伝えたところ、とても喜んでくださいました。それは、何年議員をさせていただいても変わらない、私の信条になっています。地方自治法など法学の知識があるともっといいと思ったことがありますが、ある方から「いいブレーンをもつことが早道だ」と言われ、ときにはレファレンスも利用しながら実践しています。

図書館を支える市民グループ「図書館フレンズいまり」

「図書館づくりをすすめる会」は新図書館の開館とともに発展的に解散し、「協力と提言」を旗印に新図書館を守り育てることを目指す友の会「図書館フレンズいまり」[(4)]（以下、フレンズ）が発足しました（写真2）。

フレンズの活動は「協力と提言」という言葉に象徴されていますが、別の言い方をすると「体《てい》のいいお手伝いに成り下がらない」ことだと説明しています。図書館は図書館として凛とした運営がなされていて、それに対してフレンズができることであれば側面から支援したいという思いから、みんなで「協力と提言」という言葉を考えました。ボランティアの立場でやってもいいことと、すべきでないことをきちっと分けながらやっていくというのが、スタートのときからの基本理念になっています。たとえば、一階の書架について、どの本をどの位置にどんなふうに展示するかは、司書の専門性に関わることなので、フレンズは一切手を出しません。一方、二階の公開書庫については番号順に並べるだけなので、職員の人手が足りないこともありフレンズが関わる場合もあります。

活動資金は自分たちで「稼ぐ」

いちばんの誇りはフレンズの活動資金は自分たちで「稼ぐ」ということです。収益の一つは

写真2 「図書館フレンズいまり」の活動拠点「フレンズコーナー」(撮影：盛 泰子)

自動販売機です。一九九〇年に先行して開館した福岡県の苅田《かんだ》町立図書館(5)を視察した際に、当初設置していたものの住民の声で撤去した、という話を聞いたこともあり、開館当初はいらないと思っていました。しかし、滞在型図書館である伊万里では昼食や飲み物を持ってくる方もいて、空き缶ゴミの管理面から考えても設置したほうがいいという話になり、図書館との協議の末、フレンズが設置することになりました。せっかく導入するなら炭酸飲料などではなく、なるべく体にいいものを入れようと、試飲までして選びました。

また、寺田さんがつくられた図書館を紹介する小冊子を、「販売してフレンズの活動資金にされたらいい」と譲ってくださいました。視察に来られた方がその仲間に情報共有できるものがあればと思っていましたので、まさにそれを販売することで活動資金を得ることができました。ほかにも、伊万里市の人材派遣事業でアメリカの図書館視察に行ったメンバーが持ち帰った布製の図書館バッグを参考にして、生協の出資金のようにして有志に一万円ずつ出していただき、制作・販売しました。出資金に利息はつきませんが、多くの方の賛同を得て、バッグも好評でしたので、ほどなく完済できました。それから寄贈本などによる古本市も定期的におこなっていて、一回で三万円の売り上げがあるときも。

このように自分たちで「稼いだ」お金で、図書館に関する講演会を実施したり、プランターの花を季節ごとに植えたり、和室会議室の雪見障子や濡れ縁の補修をするといったことを自主的にやっています。そしてもう一つ特筆すべきは、図書館内外で絵本の読み聞かせなどをしている「伊万里おはなしキャラバン(6)」や布の絵本をつくる「てんとう虫の家」、市民図書館専属の「いすの木合唱団」など、図書館を拠点に活動するいろいろなグループに対してフレンズから助成金を出していることです。これは、よそではあまりない取り組みではないかと思います。

代表任期を決めて交代制で理解者を増やす

フレンズの前身である「図書館づくりをすすめる会」は、読書会のお母さんたちを中心に発足しました。ただ、当時は女性ばかりの会はなかなか市民権を得にくかったので、あるメンバーの連れ合いの男性に代表をお願いしました。人望の厚い方で、その方が入られたことで男性メンバーが増えましたし、温厚で行政とけんかするようなことは好まず、私も含めはっきり物を言う女性陣とのバランスもとれていました（笑）。そのような事情もあり、代表はずっとその方にお願いしていました。一方で、開館後に発足したフレンズの活動はすそ野を広げる意味でも代表の任期を会則に謳ったほうがいいという意見があり、「二年を一期とし二期を超えない」としました。実際に二期を務めてくれた人もいらっしゃいますが、多くは一期で次々変わっていますので理解者も増え、いいことだと思っています。

伊万里市民図書館設置条例

現在の伊万里市民図書館設置条例は、新図書館開館に先立つ一九九五年三月に議会で制定されました。かつて伊万里市立図書館館長を務めていた森田一雄さん（元「朝日新聞」編集委員）が中心になって起草されたと聞いています。「図書館づくりをすすめる会」としては関わっていませんでしたが、条例が議会に提案されたときは、私も議員として議場にいました。首長提案に異論を唱えることが多い某党の大先輩議員にさえ「これはよくできた条例だ」と大絶賛されたので、とてもうれしかったのを覚えています。また、開館十周年記念に記念講演をお願いした、当時鳥取県知事だった片山善博さんは条例の内容はもとより、これを図書館入り口に掲げていることに感心されていました（写真3）。多くの方が伊万里市の視察に来られましたが、議長を務めていた二年間、私は可能なかぎり最後までご一緒するようにしていました。その際、視察に来られる自治体の図書館条例を事前に調べておき、最後にいつも同じことを申し上げました。「今日の視察で、すぐ役に立つことはないかもしれません。でも、一つだけできることがあります。おたくの自治体の図書館設置条例はこの無味乾燥な内容でいいのでしょうか。伊万里の図書館設置条例を参考にして、議員提案で修正することを考えてみてはいかがでしょうか」と、ある意味挑発していたわけです。もしかすると失礼な話かもしれませんが、せっかく遠方から来ていただいて、こちらも対応しているのですから、何らかの成果を出してほしいと考えたのです。とはいえ、そこまでするところはないかなという思いもありましたが、ある全国の議員の集まりで、墨田区議会議員の佐藤篤さんが私を見つけて、「盛さん、やりましたよ！」と言われたときは、本当にびっくりしました。二〇一五年十二月、墨田区立図書館条例改正案に対して、議員提案で修正をされたのです。素晴らしいと思いましたし、その後は私の法律ブレーンになっていただいています。

フレンズでの役割

フレンズでの私の大事な役割は、設計者が意図した場のあり方について来訪者にお伝えすることです。私がチョイスした六十四のポイントを説明しながら館内を回りますので、それだけでも一時間以上かかります。それらを知らなくても利用する人にとっては何の不都合もありませんが、せっかく時間とお金を使って来られた見学の方々には見落としがないようにお伝えしたいと思っています。いちばんのお勧めは、まず三十分程度利用者として館内を自由に散歩してもらい、そのあとに説明を聞いてもらうこと。フレンズの活動、公開書庫、おはなしの

写真3　伊万里市民図書館設置条例（撮影：盛 泰子）

部屋、館内某所にある竣工陶板（写真4）、図書館の誕生日を毎年祝う「☆《ほし》まつり」の五点は絶対に外せないポイントです。なかでも開館時にサプライズで披露された竣工陶板は、私たちを感動の渦に包みました。四十七センチ四方の陶板に並んでいたのは、図書館ができるまでの懇話会やヒアリングなどへの参加者名。公共施設にそれをつくったときの首長の名が残るのはよくあることですが、一市民の名が残されるとは！　孫・子の代までの誇りであると同時に、重い責任を感じました。共著『図書館づくり運動実践記――三つの報告と新・図書館づくり運動論』（扇元久栄／盛泰子／栗原進／漆原宏、緑風出版、一九九七年）の冒頭に「伊万里市民図書館には不思議な場所が一つある。伊万里市民でそれを知っている人はあまり多くないのに、むしろ市外、県外から視察にみえた方がそれを知って、少なからず感動して帰られるからである」と紹介した、「市民との協働」の象徴です。

議員として

一昨年（二〇一九年）から佐賀県の超党派の女性議員のネットワークを立ち上げて代表をしているのですが、昨日、このグループの有志が集まって「一般質問の組み立て方」という研修会をもちました。話をしていくと、議会ごとの作法という

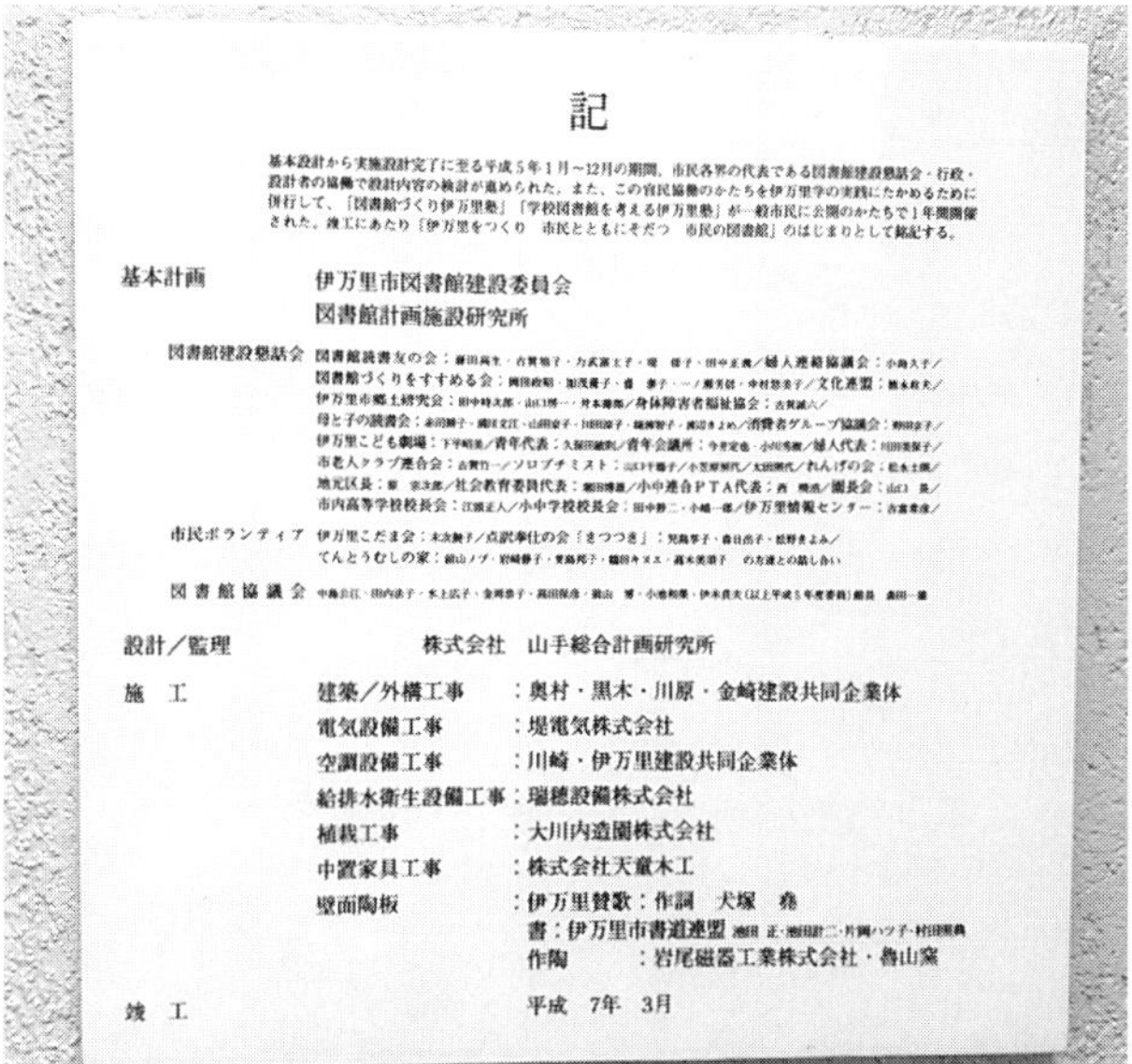

写真4　伊万里市民図書館に掲げられた竣工陶板（撮影：盛 泰子）

か慣習があまりにも異なることに、みんなでびっくりしました。古参メンバーになってきましたので、そういった活動で次の世代を育てる時期に入ってきているのかなと感じています。

注

（1）一九七二年に極彩色の壁画が発見されたことで一躍注目される。壁画は国宝に指定されている。「飛鳥歴史公園ウェブサイト」（https://www.asuka-park.go.jp/area/takamatsuzuka/tumulus/）

（2）粘土で型を抜き焼成したレリーフ型の仏像。

（3）佐賀県内の親と子の読書会相互の連絡と親睦を深め、親子読書運動を推進する目的で、一九七六年七月三日設立。二〇一九年五月時点で五十五の個人・団体（約千人）が所属している。「佐賀県親と子の読書会協議会」「佐賀県立図書館」（https://www-std-pub02.ufinity.jp/saga/saga_plib/?page_id=175）

（4）一九九五年九月発足。前身は「図書館づくりをすすめる会」。「図書館フレンズいまり」「伊万里市民図書館」（https://www.library.city.imari.saga.jp/?page_id=234）

（5）一九九〇年開館。設計は伊万里市民図書館と同じく寺田芳朗氏。「苅田町立図書館ウェブサイト」（http://kanda-ed.jp/）

（6）「伊万里おはなしキャラバン」「伊万里市」（https://www.city.imari.saga.jp/3123.htm）

エッセー

伊万里市民図書館　順調に育っています♪

「盛さん、この本、どこにあったと思います？」。伊万里市民図書館を見学してくださったある大学教授（地方自治の世界では超有名な方）を、ついでに近隣の図書館にお連れしたとき、コーヒーショップで待っていた私に示されたのは『フラガール3・11――つながる絆』（清水一利、講談社、二〇一一年）。ちょっと間をおいて「ハワイ旅行のコーナーにありました」と。これ、ウケ狙いのギャグではありません。おそらくいまでも、同じ状況ではないかと勝手に思っています。

伊万里市民図書館が誕生してから早二十六年。その「容姿」には少々衰えが見え始めて少しずつ改修をしていますが、図書館としての「機能」は見事に成長しています。そのなかでも、司書のチカラの蓄積は素晴らしく、限られた予算のなかで厳選し整理された蔵書は誇りであり、少なくとも最初のエピソードのようなことは伊万里ではアリエナイ。

全域平等の精神で二台の自動車図書館ぶっくんを走らせていますが、その担当者から聞いた話。「今日の巡回コースには推理小説がお好きなAさんがおられるから、推理小説を多めに積んでいきます」と。これまたスタッフのチカラ。単に本を「運ぶ」のではなく「お届け」していますね。

「図書館フレンズいまり」も、変わらず愛情たっぷりに図書館を育てています。みなさんの図書館の成長はいかがですか？　ぜひ、伊万里市民図書館を味わいにお出かけください。

司書名鑑

No.30

額賀順子

【特定非営利活動法人男木島図書館理事長】

略歴

額賀順子（ぬかが じゅんこ）

男木島図書館理事長。ウェブデザイナー。WordCamp Kansai 2014、WordCamp Ogijima 2020実行委員長など、WordPressコミュニティーを中心に活動。現在はWordPressのグローバルコミュニティーチームでデプティを務める。共著に『WordPressのやさしい教科書。』（エムディエヌコーポレーション）がある。「みんなの図書館」（図書館問題研究会）で男木島の生活や文化、図書館について連載中。過去には雑誌「せとうちスタイル」（瀬戸内人）でも連載していた。

本を読むのが好きだった子ども時代

子どものころは、とにかく本を読むのが好きな子でした。逆にいうと本だけあればよくて、幼稚園でも、みんなが遊んでいるときに部屋の隅にある幼稚園文庫のコーナーでずっと本を読んでいるような子でした。出身の福島県郡山市には市立図書館があるのですが、私があまりにたくさんの本を読むので、毎週末に母親が自転車で連れていってくれていました。一つのカードで五冊まで借りられるのですが、母と父と自分のカードを合わせて十五冊借りるといったこともしていました。

郡山市図書館（写真1）は、いまとなっては古い図書館になるかと思いますが、けっこう充実していて、私のなかにある「光が入る図書館がいいな」というイメージには、郡山市図書館の影響があると思います。

写真1　郡山市図書館

読むだけではなく、書くことも好き

郡山市には、市内に在学・在籍する中学三年生が自由に応募できる小説・詩の賞、久米賞・百合子賞というのがあって、これに応募したところ最優秀賞をいただきました。そのころから、自分は本を読むのも書くのも好きなんだと自覚するようになり、文章を書く大学へ行きたいなと、ぼんやりと思うようになっていました。私が調べたかぎりではそのころ文章を書くことを勉強できる大学は、日本大学芸術学部と大阪芸術大学芸術学科の文芸学科だけでした。両方受験した結果、大阪芸大に受かり、進学と同時に大阪へ引っ越します。

芝居の脚本執筆にはまる

入学したころ、大阪では小劇場で活動する劇団がはやっていて、芝居向けの脚本を書きはじめたんです。それまで書くことは一人で完結することでしたが、芝居は共同作業でかたちになっていくところが面白くて、はまってしまいました。結局、はまりすぎて四年で大学を卒業できなくなってしまったのですが、大阪芸大を卒業した人は大成しないという噂があって、その時点で一回自主退学して働きはじめました。でも、社会に出てみたら、やはり大卒のほうがいいなと思うようになり、二年間働いて学費をためてから大学へ戻り一年通って卒業しました。人生のモラトリアム時期が四年プラス三年の合計七年あったことになります。

好きなことと仕事は別

社会人を二年経験したことで、書くことで生活するのはすごく難しいと実感していました。そんなときに、仕事にするならこれだなと思ったのがウェブの仕事でした。ネットで芝居の告知をしたり、自分でウェブサイトもつくっていたりしたので、ポートフォリオをつくって制作会社に持っていき、就職を決めました。よくある就職活動は一切せず、いきなりウェブの世界に飛び込んだという感じでした。

ウェブデザインの仕事

ウェブの仕事では、わかりやすいのでデザイナーと名乗っていますが、実際に自分がやるのは、ディレクションやコンサルティング寄りの仕事も多いです。もしかしたらクライアントも気づいていないかもしれない本当の目的をきちんと聞き出して形にすることを心がけています。ヒアリングだけでなく、ワークショップをするなど、少し変わったつくり方をしているかもしれません。そういうやり方ができるのは、本を読んだり文章を書いてきたりした経験が役に立っているのかなと思っています。

言葉ではない表現方法としての写真

ウェブ以外に写真も仕事にしていますが、きっかけは子育てにすごく疲れて、育児ノイローゼみたいになってしまったことにあります。子どもは本当に思いどおりにならなくて、自分を削らないとやっていけない部分がありります。出産後、半年で制作会社に復帰したものの、毎週の出張や子どもの夜泣きに悩まされ、自分の体とやりたいこととやらなくてはいけないことのバランスがとれなくなってしまいました。

そんな状況のなかで、文字だけで表現することがしんどくなってしまいました。そのときに、自分を助けてくれたのが写真でした。写真は、言葉でないものを切り取って伝えることができます。私のなかで言葉と言葉ではない表現としての写真のバランスがとてもよくて、写真を撮りはじめたことで人生が楽になったんです。

イギリスの図書館で福島の写真を展示

二〇一一年の東日本大震災は、ふるさとのことでもあり、自分にとってすごく大きな出来事でした。何かできないかと思ったときに、農地の放射線量を測るプロジェクトというのがあり、ボランティアでウェブサイトづくりを手伝うことになりました。その一環で、一般の人は入れない立ち入り禁止区域へ行く研究者の方たちに同行したのです。そのときに撮影した写真を見たイギリス在住の日本人から、ぜひ自分の住むまち、エジンバラで展示させてほしいという連絡があり、小規模ですが写真の展示がおこなわれました。その展示会場がまちの図書館ストックブリッジ図書館（写真2）だったんです。それが、場所としての図書館を意識したきっかけでした。図書館はいろいろなことができるということがインプットされたのは、このときだったと思います。

写真2　ストックブリッジ図書館での写真展示（写真提供：額賀順子）

男木島への転居

福島でボランティアをしていたときは大阪に住んでいましたので、ふるさとではあるものの、私自身は福島へ通って活動する「外の人」でした。農地の放射線量の測定も、地元の人が測れるようになってくると、活動内容は地域での場づくりへと変わっていき、私にできることも減ってきて、少しモヤモヤした気持ちが出てきていました。

一方で、夫の出身地である瀬戸内海の男木島《おぎじま》（香川県高松市）（写真3）は超高齢化社会という問題を抱えていましたが、夫も大阪から訪ねる「外の人」なので、どうにかしたいと思うものの、こちらもまたモヤモヤした気持ちを抱えていました。

二〇一三年、三年に一度のトリエンナーレ方式で開催される瀬戸内国際芸術祭の第二回が開催され、男木島では休校になった小・中学校の校舎を使って展示とワークショップがおこなわれました。ちょうどその期間中に、夫が男木島のコミュニティ協議会からウェブサイト制作の依頼を受けて、家族全員で二週間ほど男木島に滞在したんです。すでにフリーランスになり、ほぼリモートワークで仕事をしていた私は、そのとき島でも仕事ができると感じました。そんななか、芸術祭のワークショップを楽しんできた当時小学校四年生だった娘が口を滑らせて、「私、この学校に通ってもいいな」と言いだしたんです。その一言をきっかけに、男木島への移住をまじめに検討しはじめました。当時の男木島の人口は約百八十

写真3　男木島（写真提供：額賀順子）

人で、平均年齢は七十歳ほど、子どもは〇人。学校は休校になっていました。

離島が抱えるシビアな現実

夫の実家がありますので住むところは問題なかったのですが、休校になっている小学校を再開させる必要がありました。これは、思った以上に大変でした。

休校になったとき、「学校に通う子どもがいる家庭が三家族以上あって、新学期の半年前に申し出たら再開校します」という話だったと聞いたので、子どもを通わせたい家族を探してみたところ、すぐに三家族を見つけることができました。そこで、八月末くらいに高松市の教育委員会へ電話をかけてみたところ、とても歯切れが悪く「再開校は難しい、時間がかかる」と言われてしまいました。条件が整えば再開校してくれるものだと思っていたので、どれくらい時間がかかるのかをたずねると「十年かかる」と言われました。それを聞いて、私と夫は、行政は学校を開けるつもりがないと感じました。十年たったら当時十歳だった私の娘は二十歳です。十年後に再開校しても、そのとき入学する子どもがいるかわかりません。子育て世代が住めない島は、あとは滅ぶしかないわけで、自分たちが思っていたよりも状況はシビアでした。「移住できたらいいね」という簡単な話ではなくて、本腰を入れてやらなければと思いました。それからは、主に夫が毎週のように大阪から高松や男木島へ通って再開校のはたらきかけを続けました。そのなかで、「学校は子どもたちのものじゃなくて地域のためのもの。「私たちがほしい」ではなく「地域が必要としている」という話をもってきてください」という話があったんです。そこで二週間で約九百筆の署名を集めて提出したところ、高松市長が再開校を約束してくれて、十一月の補正予算に盛り込まれ再開校が決まりました。そのときについた予算は七億円でした。なぜそこまで高額な予算が必要だったのかというと、東日本大震災後に学校の耐震基準が上がり、基準を満たした校舎でないと開校できなかったからでした。市としては、三家族のためだけに七億円を使うという判断はできないので、地域としての要望が必要だったのです。

子どもたちのための図書館をつくる

それだけお金をかけて再開校したのですから、わが子が卒業してからも学校を続けなければという思いが出てきます。そのためには、学校に通う子どもや移住者を増やすしかありません。そこで私が考えたのが図書館でした。

必要だと思ったのは、子どもの学習環境と島の人たちとのコミュニケーションの場でした。子どもたちが図書館に来て、宿題をしたり自分で能動的に知識を得たりする場所があれば、子どもたちのためになりますし、大人も、本を通じてのコミュニケーションがとれるのではないかと思ったのです。「ブックカフェにしないの？」と言われることもありましたが、カフェだと子どもたちが毎日通えません。ですから、私のなかでは「図書館じゃないと」という思いがあり、右も左もわからないまま図書館づくりを始めました。

二年かけて図書館をオープン

最初は、半年くらいで図書館をつくれたらいいなと思っていましたが、そんなに簡単にはいかず、結局開館まで二年かかりました。まず、図書館にしたいと思う空き家を見つけて、譲ってもらう交渉をしようとしたら、権利者が何人いるかわからないうえに、探し出す費用は権利者一人ずつにかかることがわかりました。そのとき、はじめて大変なことを始めてしまったと気づきました。結局この権利をまとめるのに一年かかり、費用もあっという間に膨らみました。図書館をつくる予算も三百万円くらいでと思っていたのですが、リノベーション費用を見積もったら一千万円かかると言われました。離島なので、資材を運ぶにも、大工に来てもらうにもコストがかさみます。そんな状況だったので、当初予定していなかったクラウドファンディングで、本の購入代金を集めることになりました。そして、信用を得るためにも、私に何かあっても図書館を存続させるためにも、NPO組織をつくることにしました。

移住したい人のよりどころ

私たちが転居してきたとき百八十人ほどだった男木島の人口は現在百五十三人です。自然減には追いつけず全体では二十数人減りましたが、移住者はこの六年で約五十人増えました。八十代がボリュームゾーンなので、未来の展望はまだ明るいわけではなく、どのようにすれば百人を切らずに維持できるかが課題です。娘の卒業後も学校は続いていて、いまは小学生が三人、中学生が二人通っています。二〇二一年度は三人の子どもが入学予定で、未就学児は八人います。

いま図書館は、男木島へ移住したいと思う人が相談できる場所になっています。移住した人に話を聞いてみると、文化的な興味をもっている人がいることがみえたり、文化的素地がある島だとわかったりしたことが大きかったと言われました。

誰のための図書館か

私は、地域ごとに求められる図書館像は、本来は異なるものではないかと思っています。男木島図書館をつくろうと思ったときに、「本は一万冊置きたいで

写真4　男木島図書館（写真提供：額賀順子）

す」と言ったら、何人かの図書館関係者に驚かれました。「百七十人の島に一万冊だと、一人あたり約六十冊ですね、それは公共図書館からしたらすごい割合です」と言われたのですが、むしろその計算に私のほうが驚きました。私は、一人にとっての選択肢として、その図書館に一万冊あるのか十万冊あるのかだと思っていたんです。男木島図書館にも一万冊くらいの選択肢はほしいと思っていましたが、それでも公共図書館に比べたらまったく少ないと思っていたので、一人あたりの冊数で割る計算方法は衝撃的でした。

これは、図書館は誰のためにあるのかという話に通じると思っています。私は「知の平等」とよく言うのですが、離島でも「知識を得られる」とか「知の平等を得られる」ということを、男木島図書館が少しでも体現できたらいいなと思うところがあります。実際には難しいですし、インターネットのほうがそれを実現できるツールだとも思いますが、男木島図書館はそういうことのシンボルでありたいと思っています。

オープンソースコミュニティー

先ほど仕事の話をしましたが、仕事と並行してWordPressのオープンソースコミュニティーの活動も続けてきました。私はプログラマーではないので、ソースを書くというよりも翻訳やコミュニティー活動に関わっています。グローバルなコミュニティーにはデプティと呼ばれる世話役が何人かいるのですが、二人いる日本人デプティの一人が私になります。ボランティアなのでお金にはなりませんが、こういう活動がつながりを生むこともあるので、それでいいのかなと思っています。

オープンソースと図書館との親和性

オープンソースという考え方は、思想の部分で図書館とも親和性があると感じています。WordPressはフリー(自由)であるべきだという思想がとてもしっかりしていて、私もそれに影響を受けているところがあります。

そういう部分を、二〇二〇年五月に始まった「図書館」（仮称）リ・デザイン会議の活動にもうまくつなげられないかと考えています。

「図書館」（仮称）リ・デザイン会議の活動は、とても面白いと感じながら参加しています。私は、知識や教育は国の根幹だと考えているので、図書館を運営している人や関わっている人が、どのように思考し、どこへ向かおうとしているのかを知ることは、とても大事なことだと思うんです。そして、もしそこに少しでも関われるなら、それはとてもすてきなことだなと思っています。ですから、少しでも興味がある人は誰でも参加できる活動ですし、みんなが参加したらいいですね。

エッセー

男木島図書館がここに「あり続ける」ということ

男木島図書館は「今後の展望は？」と聞かれることが多いのですが、「拡大することなどは考えておらず、まずは十年続けることを目標としています」と答え続けていました。図書館がない島に図書館をつくり、島にとって図書館が珍しいものから自然にそこにあるものになれたらいいという気持ちからです。それと、開館するのは瞬発力でどうにかなるかもしれないけれど、続けることのほうが地味で大変なことだと思っていたので自分への言葉でもありました。

新型コロナウイルス感染症禍にあって男木島図書館は島外向け開館を制限していたのですが、二〇二二年の五月に島外向け開館も再開しました。そこには新しい力が関わっています。二二年から香川大学の学生プロジェクト「ここぢから」が図書館開館のお手伝いをしてくれています。極端な話、誰一人来なくても自分がここで本を読みながら開館していたらいいという気持ちもあった図書館なのですが、いまは私が図書館にいなくても図書館が開くようになっています。

　そのときの流れで全然思ってもいなかった方向に辿り着く本と私の旅は、多くの人を巻き込んでいまも続いているようです。

司書名鑑

No.31

乾聰一郎

【奈良県立図書情報館図書・公文書課課長】

略歴

乾聰一郎（いぬい そういちろう）

現在は奈良県立図書情報館職員。一九九九年から新県立図書館の建設準備に携わる。開館後は催事企画や広報・情報発信などを担当。二〇一七年から図書・公文書課課長。二二年から現職。寄稿に「建築討論」第五十三号（日本建築学会）、『大阪公共図書館大会第68回大会記録集』（大阪公共図書館協会）、講演などアーカイブに二〇二〇年度奈良県立大学『実践型アートマネジメント人材育成プログラム』記録集、「「still moving library: これからの図書館」トークレポート」（「たねまきアクア」第七号）など。

大阪生まれ、京阪奈《けいはんな》暮らし

私は、大阪市内の生まれです。母方の祖父母が奈良にいたので一時奈良にいたあと、大学時代は京都で下宿暮らしをしていました。卒業後は奈良に住み、結婚を機に京都府へ引っ越しました。

大学の専攻は哲学で、選んだ理由はありていに言うと「当時いちばん役に立たないといわれていた学問」だったからです。哲学科を選ぶのは人生を捨てたという雰囲気がまだあった時代でしたが、喜々として哲学科に行きましたし、四年間、本を読んでいただけのような気がしますが、とても面白かったです。

就職については、周りから哲学科に通っていることを心配されていて、「教員だったらそこそこの一生を送れるのでは？」と言われ、だんだん面倒になり、たまたま受けた奈良県で採用され一九八五年に教職員になりました。

やりたくないことは、やらなくてもいい

私は結婚するのが遅かったので、上の娘は今年（二〇二一年）大学の四年生、下の娘は高校二年生になります。娘たちは、私が教員だったことを知らなかったようです。

教育観というほどのこともないのですが、そもそも、子どもだから夢とか希望をもたなければならないということもないですし、学校という制度そのものもすべて正当なわけでもないと思っています。

強制されて物事を覚えたり理解したりすることはなかなか難しいことですよね。ですから、「やりたくないことは、基本的にやらなくてもいい」というのが私の考え方です。お互いに期待したりされたりしないほうが楽だという意味ですが。無責任だと言う人もいますが、私は親子の関係は「親しい他人」だとよく言っていて、子どもたちは好きにやればいいと思っています。子どもは周りを見ながら育っていくものだと思うので、周りがきちんとすればいいことだと思うのです。

このことは、図書館のレイアウトやルールをどうするかという考え方にも通じるところがあります。数年前に図書館の設計をしている方と話したときに、「できるだけ目が届かないところをつくらない」という話を聞いて「あれ？」と思ったことがありました。私は不正なことをしないようにするのはハードや規則ではなく、利用する側と運営する側の意識がかたちづくられて、そういう雰囲気ができあがってこないと、長続きしないと思っているのです。「こういうことはしてはいけません」と言われるのではなく、「こういうことはできなさそうだね」という雰囲気がないと、本来のいい使い方というのは生まれてこないのではないかと思っています。外から強制されたり内から道徳的に考えるということではなくて、みんなが共有することで雰囲気ができあがっていかないと、居心地がいい立ち位置をキープできないのではないかということです。

我流で通した教員時代

私は、教員生活十四年間のうち十三年間、ずっと進路指導部にいました。進路について何も考えてこなかった人間を進路指導担当にするのもどうかと思いますが、なぜか長く担当していました。普通の教員は、模擬テストの点数や学校の成績でこの学校に行ける／行けない、という指導をしますが、私は、基本的にそういうものを見ないで指導をしていました。どうしても行きたければ、こういうことをやる必要がある。そのためにやらなければならないことには付き合うよ、という感じです。ですので、そのころは正月三が日以外は、ずっと受験対策の補習授業をしていました。生徒がついてくると言うからやっていただけで、ついてこないならやらなかっただけの話です。そんなスタンスでずっとやってきました。そういう好き勝手にやってきたところは、図書館でいろいろなことをやってきたことと関係があるかもしれません。社会の常識で物事を判断する、そういう能力が欠けていたというのが本当のところかなとも思いますが。

新館準備室からそのまま図書館へ

一九九九年に教育委員会へ異動して、図書館の建設準備室に配属されました。最初の仕事は奈良県の古い絵図や古地図の修復の入札で、わけもわからないままやった記憶があります。図書館の仕事だけではなく、公文書館関係や奈良県関係資料、戦争体験文庫などのいろいろな仕事をさせてもらい、最終的には、設置条例や規則などの原案も作成しました。地方自治法や図書館法、公文書館法などの法律の勉強もしましたので、単にハードをやりました、ソフトをやりましたという以上に、いろいろな経験をさせてもらいました。

二〇〇五年に図書情報館が開館したので、準備室には六年間いたことになります。できあがったら学校へ戻るか他部署に異動すると思っていたら、なぜかそのまま新図書館の職員になっていました。

奈良県立図書「情報」館の名前に込められたもの

新しい図書館は前知事の思い入れが非常に強く、基本構想ができるまでに十年かかっています。単なるリニューアルの構想をもっていったら突き返されて、いまの基本構想ができあがって、やっと準備に入ることができたと聞いていました。

「情報」という言葉を館名に入れたことも前知事の意向だったようです。基本構想のときの正式な仮称は「総合情報センター」で、新県立図書館は、かっこ書きでした。つまり、図書館というよりも、いろいろな情報が行き交い、共有され、発信される情報センターのような場所であってほしいという思いがあったように思います。

二〇〇〇年代前半は各地で新しい県立図書館が立て続けにできていた時期ですが、実は、あまり参考にはしていません。われわれが当時もっとも注目していたのは、せんだいメディアテーク[1]です。私が準備室に入ってきたときも、従来の図書館を建てるという雰囲気はなかったように思います。

写真1　奈良県立図書情報館（写真提供：奈良県立図書情報館）

いまにして思うと、旧図書館にいた司書たちが蚊帳の外に置かれていたように思いますが、だからこそ、発想の自由度が高かったのかもしれません。司書たちが「自分たちが思い描いていた従来の図書館とは、ちょっと違う」と理解するまでには、十年くらいはかかっているような気がします。

司書資格をもたない図書館職員

私のなかでは、図書館で働くことはまったく想像もしていなかったというのが本当のところです。行政職からたまたま図書館に赴任されて、「これはいい仕事だ」と司書の資格を取られ、そのまま図書館にいる方もおられますが、私にはそういう志はなく、二十数年、完全に無免許運転できたことになります。外からどうみえていたかはわからないのですが、予期しない状況に放り込まれて、開き直ってここまできたというのが実感です。そもそも自身には、こういう仕事がしたいということがなかったということもありますが。

戦略的な情報発信の必要性

開館当初は交流担当というわけのわからない名前でイベントや展示の企画などをしたり、その後は総務や施設管理の仕事もしていました。二〇一七年からは、司書側の仕事に移ることになりました。正直驚きましたが、司書側ではないときにはみえていなかった課題がみえてくると同時に、自分が思い描いていたことも間違いではなかったと思うこともあります。外からみていると、残念ながら司書は専門職だとは認識されていません。ですから、司書でなければやれないことは何かを考えていかないと、「司書はいらない、という話になる」と常に言っています。実際、行政職の方が普通にカウンターに座っていたり、指定管理になっている県立図書館もあります。そういうなかで、なぜ正職員の司書という専門職が必要なのかを戦略的に発信しなくてはいけないと思っています。

新たな情報発信の取り組み

そういった考えもあり、この春から図書情報館では、司書がネットで情報発信をする場をつくっています。ポストコロナをどうするのかということは、きっかけの一つにすぎません。さまざまなメディアを活用しながら、リアルとバーチャルを見据えようということで、noteを使って情報発信を始めます[2]。どんなことになるか、挫折するかどうかは彼ら次第です。

また、すでに大阪市立図書館はやられていますが、図書情報館がもっているデジタルデータを二次利用も含めてほぼ自由に開放します[3]。利用できますというだけでなく、司書自らが実際に二次利用をおこなうことでその活用に臨場感をもたせたいと考えています（現在、制作進行中です）。

あとは、公文書館の事業という位置づけですが、リアルで実施すると人気が高い「古文書読解講座」をネット上でやります。それも、外部委託ではなく職員が自分たちで動画をつくって配信します。自分たちでやるには「古文書読解入門講座」という名前

図1　「奈良県立図書情報館【公式】「古文書超入門講座」動画」

は荷が重いので、「古文書超入門講座」(4)という名前にして、少しずつレベルを上げていく予定です(図1)。先のnoteもそうですが、最初は稚拙な出来でも、自分たちでやり、内外からの意見も取り入れ、試行錯誤しながら、少しずつかたちにしていくことが重要だと考えています。丸投げすれば体裁がいいものができるかもしれませんが、思いがこもらない、そして最大の欠点は、手元に何も残らないことだと思っています。

去年はイベントもできなかったのですが、今年は文学と音楽をコラボさせたコンサートをやる予定です。二〇一九年に小説『渦』(文藝春秋)で直木賞を受賞した大島真寿美さんとご縁があり、アントニオ・ヴィヴァルディを主人公にした彼女の小説『ピエタ』(ポプラ社、二〇一一年)と在阪の古楽器の楽団テレマン室内オーケストラ(5)をコラボさせたコンサートを二一年七月に企画しています。このようなイベントや展示でも、司書がどのようにコミットできるのか、この指止まれでチームをつくって、企画に参加してもらっています。

イベントは、続けることが目的ではない

図書情報館には素人《しろうと》が思いつきでいろいろなことをやれる環境があったことは確かで、それはこれまでの図書館像を壊すというものではなく、図書館という場でこんなこともできるのではないかと思ってやってきました。ビブリオバトルもいまでこそいろいろなところで「〇〇部」というような名前を聞くようになりましたが、あれは図書館が主導しないでやっていくにはどうすればいいのかと考えたときに、「部活にすればいい」と考えて名づけたものでした。

きっかけは「自分の仕事を考える3日間」(6)と銘打った「仕事フォーラム」です。一日三百人から四百人くらいの人が来て、その六〇パーセントくらいが県外の方だったので、地元の若い人たちが衝撃を受けたのです。「自分たちも何かやりたい、奈良県立図書情報館で何かできませんか?」「やればいいやん、一緒にやろう」という感じで始まったのがビブリオバトルでした(写真2)。一回目が、二〇一一年の三・一一の翌々日だったと記憶しています。ビブリオバトルは、去年の三月に百回目を迎え、疲れたねと言って、いまはやっていません。「仕

事フォーラム」も三年でやめました。なんでやめるのかとさんざん言われましたが、続けることが目的になるようなことがあったら、そのイベントの使命は終わったという考えで、どちらもやめました。

　ビブリオバトルの部員たちのなかには、その後自分の地元の書店と一緒にやるなど、各地に散らばって活動している人もいます。生駒市図書館の生駒ビブリオ倶楽部(7)の中核メンバーも元部員です。図書情報館でやってきたことは、種をまくというか、いろいろなことを実験していたということはあるかもしれません。うまくいけば、ビブリオバトルのように、もっときちんとしたかたちで活動を始めるところが現れるかもしれないわけです。

部活で「ゆるく、ゆっくり、長く」やる

　部活という言葉を使ったのは、私がもともと教員だったからかもしれません。コミュニティーにしてしまうと閉じてしまうので、グループや開か

写真2　ビブリオバトル開催の様子（会場は正面玄関を入った空きスペースに特設し、偶然の出合いも演出）（写真提供：奈良県立図書情報館ビブリオバトル部）

れた集まりというイメージです。大原則は「ゆるく、ゆっくり、長く」。特に、ゆるくないとだめです。あまりまじめだと、すぐに「会則をつくりましょう」「代表者を選びましょう」となるのでだめなのです。情報発信グループのITサポーターズ(8)もそうですが、図書情報館の集まりには代表者や会則はありません。誰が入ってきてもいいし、去っていってもいいというくらいゆるい。それが、いろいろな変化を許容しながら長く続いていく秘訣かもしれません。

図書館という場で、いろいろな実験をするグループを図書館側がフォローし、実は、回り回って図書館そのものがフォローされている、そういう関係がいいと思っています。気軽に「こういうこともやれるよね」という場として、図書館は最適な気がします。自由度が高く、あまり分野を問わずにリソースがあって、自由に使えて議論ができて、情報交換ができて、共有できる。いいことずくめです。

マルジナリア的な存在としての図書館

話をしているうちに、コモンズという言葉のほうがいいと思ってきました。コモンズという言葉もはやりだしているのでいやなのですが、そこに行くと、何かを得て日常生活に戻っていく居場所というイメージでしょうか。サードプレイスというよりは、みんなが意識すれば、そこはコモンズになるような感じです。それは、リアルな場であれ、ネット上であれ、損得といった経済原則によらない共有と共感がある「共生空間」とでもいった「場」です。

最近、「建築討論」というウェブマガジンの図書館特集に寄稿(9)したときに、そういうことを書きました。図書館そのものが「マルジナリア」という余白がある場だと面白いし、いろいろなものが書き込めたり、共有できたり、化学変化を起こして違うものになったら面白い、そんな気がしています。

注

（1）「せんだいメディアテーク」（https://www.smt.jp/）

（2）「note アカウント「奈良県立図書情報館【公式】」開設について」「奈良県立図書情報館」（https://www.library.pref.nara.jp/news/3560/）

（3）二〇二一年三月二十三日から奈良県立図書情報館が公開している約十万点のデジタル画像が自由に利用できる。「２０２１年3月23日より奈良県立図書情報館が公開している約10万点のデジタル画像が自由に利用できます！」「奈良県立図書情報館」（https://www.library.pref.nara.jp/news/3496/）

（4）「動画「古文書超入門講座」の公開について」「奈良県立図書情報館」（https://www.library.pref.nara.jp/news/3566）

（5）「テレマン室内オーケストラ」「日本テレマン協会」（http://www.cafe-telemann.com/artists/orchestra.html）

（6）「奈良県立図書情報館「自分の仕事」を考える3日間」二〇一一年一月八日（土）―十日（月・祝）（https://www.library.pref.nara.jp/event/talk_2010.html）

（7）「生駒ビブリオ倶楽部ウェブサイト」（https://ikomabiblio.jimdo.com/）

（8）「奈良県立図書情報館ＩＴサポーターズ」「奈良県立図書情報館」（https://www.library.pref.nara.jp/supporter/index.html）

（9）乾聴一郎「「場」としての図書館の可能性――図書館の現場から、奈良県立図書情報館編」、「特集 これからの図書館と建築家」「建築討論」第五十三号、日本建築学会、二〇二一年（https://medium.com/kenchikutouron/A8-cb116e5ef01c/）

エッセー

振り返り、いま考えていること

もともと目的意識もなく教職員になって、図書館建設とはいえ、自らの意思とは関係なく、行政という立場に身を置くことになりました。そして、予想外の図書館職員です。私の職業生活は明確な道筋もなく始まり、終わったという感じですが、最初の教員生活はともかく、それ以降は、常に門外漢として、少し距離感がある立ち位置からのアプローチでやってきたように思います。そのために、専門家といわれるものがもつ、そのイデオロギッシュな権力性（実は業界のきわめて狭いなかでの話なのですが）を避けて通ることができたのかもしれません。私が関わったこの二十数年は、業界のスタンダードからは程遠い試行錯誤の連続だったような気がします。ものを知らないことが幸いだったのかもしれませんが。そんななか、いまも気になっていることを一つ二つ。市民参加という欺瞞。どこまでも市民を代弁できるだけの母数の確保は不可能です。そこに開かれる場の可能性があるにもかかわらず、コミュニティーという名の閉じた場が形成されています。また、コロナ禍で、図書館は「不要不急」の施設だったことが明らかになったと思います（無駄な施設ということではありません）。それを認めることで、図書館という存在の脱構築が可能なのだと思うのですが。まだまだありますが、その強固な足場（スタンダード）を揺り動かし、ダイナミックに駆動する力はあるのでしょうか。深く浸透しているドグマチックな思考からどう脱却するのか、そのようなバトンを渡すことは可能なのか、いま、そんなことを考えています。

［付記］奈良県立図書情報館については、「ソトコト」二〇一三年五月号（木楽舎）の「特集　おすすめの図書館」でも紹介されています。ぜひごらんください。

「司書名鑑」を読み解く

——AIテキスト処理から

岡本 真

AIテキスト処理という試み

「司書名鑑」の全テキストは、実に約二十万字にも及びます。十年近い歳月で積み上げてきた数字には、われながら圧倒されます。さて、この文字数全体に横串を刺してみたら、どうなるでしょう。異なる時間にそれぞれ別々の文脈でおこなったインタビューですが、実は新たな発見があるのではないでしょうか。

こんな思いを常々もっていたところに格好のツールが登場しました。それがユーザーローカル社によるAIテキストマイニングです。このツールを試用してみるという気分で「司書名鑑」の全テキストを分析してみた結果、想像以上に特徴的な結果が出ました。

そこで、その結果を情報科学技術協会（INFOSTA）の

図1　ユーザーローカル社によるAIテキストマイニング
（出典：「User local AI テキストマイニング」〔https://textmining.userlocal.jp/〕）

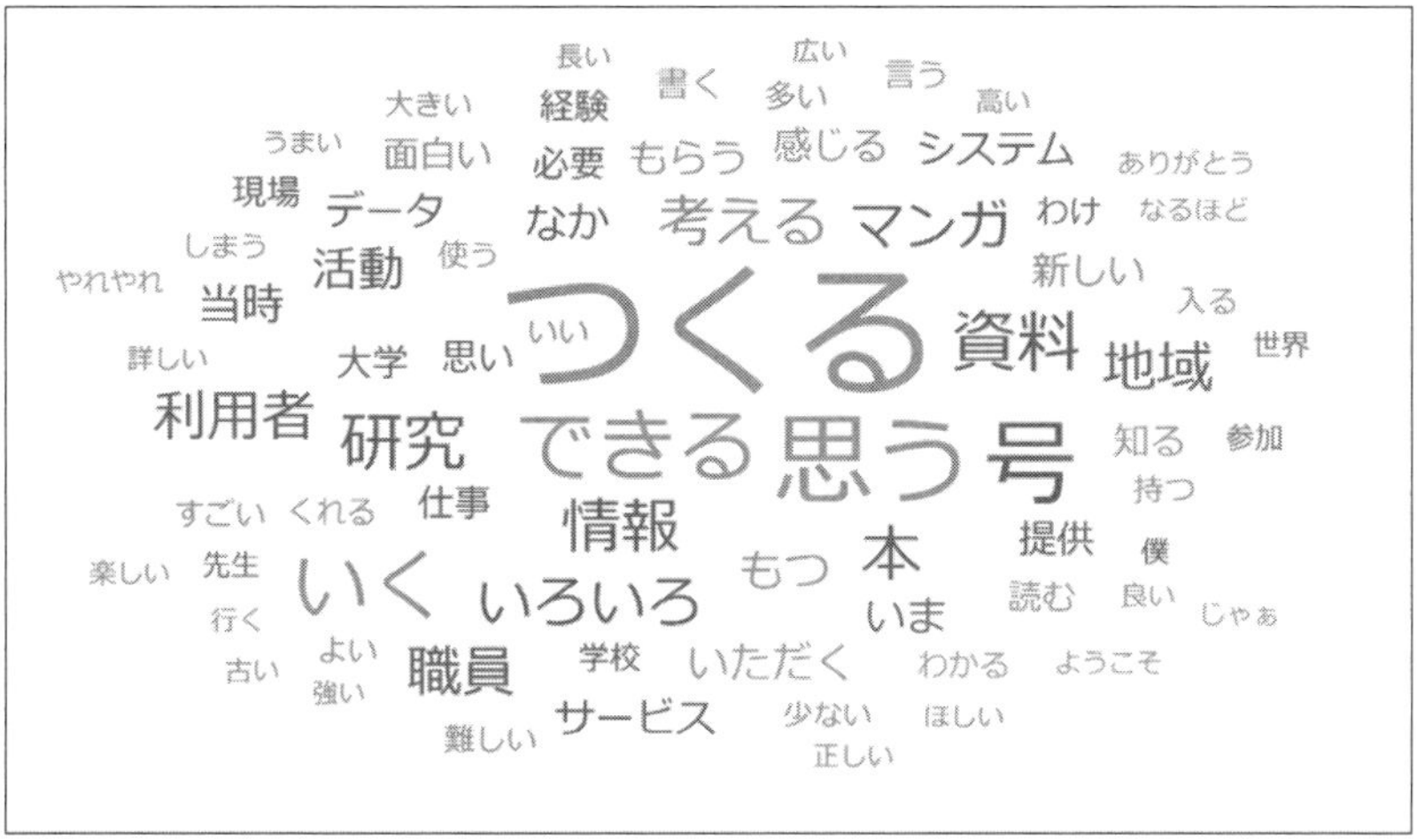

図2　ワードクラウド

セミナー「これからのインフォプロに求められるスキルセットとマインドセット」で発表してみました。題して、「LRG誌『司書名鑑』にみる新時代のインフォプロ像――テキストマイニングによる簡易解析から」。コロナ禍のなかの二〇二一年五月十日（月曜日）にオンラインで開催されたこのセミナーは、手法と内容の両面でそう悪くない評価を得たと思っています。

このとき得た手応えのようなものが、今回、「司書名鑑」を書籍化するきっかけの一つになっています。もちろん、「司書名鑑」そのものを書籍にする構想は当初からあったのですが、弾みをつけたのがこのときのAIテキスト処理の経験でした。ここでは、別々のインタビューのテキストに横串を通すという解析から、「司書名鑑」のもう一つの顔を解き明かしてみます。

ワードクラウドが示すもの

まず、図2を見てください。これはワードクラウドといい、全三十一本・約二十万字の「司書名鑑」をAIテキストマイニングしてみた結果です。登場回数や独自のアルゴリズムにスコアが高い単語を抜き出し、スコアの大小に準じて文字のサイズも大小が決まって表示されています。

なお、最も頻出する「図書館」という単語だけ集計・表示から除外する処理をしています。見た目の印象はいかがでしょうか。どの言葉が印象的でしょうか。もちろん、インタビューテキストには編集の手は入っていません。ですが、インタビューでまったく語られなかった言葉はありません。意図的な編集はないものとご理解ください。

私自身、特徴的な結果と痛感したのは、最もスコアが高いとされた単語が「つくる」だったことです。「司書名鑑」では、意識して図書館司書の資格を有する方や司書という資格で働く方だけに閉じない人選を心がけてきました。インタビュイー選定では、話を聞いてみたい方であることをいちばん大事にし、いわゆる司書であるかは特に気にしていません。結果的に「司書名鑑」に登場したのは、司書の方もいれば、そうでない方もいます。そんな三十一人が語った言葉の集積を解析すると、最も語られたのは「つくる」だったのです。「読む」や「書く」でなかったということですね（この二語は、ワードクラウドには登場しています）。

ちなみに、「つくる」と語られた文脈は、「図書館をつくる」が圧倒的に多いのですが、それ以外の用例も多様です。たとえば、「データをつくる」「社会をつくる」「仕組みをつくる」「企画をつくる」「コミュニティーをつくる」「システムをつくる」「サービスをつくる」「ミッションをつくる」など。全般的に「司書名鑑」に登場した方々の多くが、モノ・コトをつくること、生み出すことに強い情熱をもっていることを感じさせられます。

ほかにも気になる単語はないでしょうか。ちなみに私は、「研究」という単語の登場にあらためて納得しました。この言葉も「司書名鑑」に登場した方々がさまざまな文脈で語っています。用例の多くは、自身が研究するテーマを語っているケースと研究という行為自体の面白さを語っているケースに分けられます。インタビューをいま振り返っても、職業的な研究者である・なしに関係なく、「研究」への熱量の高さが印象的でした。

単語出現頻度に見る肯定姿勢

次に単語出現頻度という解析結果を見てみましょう。ここでは形容詞の出現頻度やスコアを見てください。

出現頻度は文字どおり、登場した回数の実数ですので、短い単語が上位になりがちです。そこに単語としての特徴などを加味したのがスコアになります。スコアが高い単語としては、「面白い」と「新しい」が突出しています。この二語も「司書名鑑」に登場した方々の特徴を示しているように感じます。

この二語以外にも上位にランクインしている単語をみると、「司書名鑑」に登場した人物は物事に対して肯定的に接する姿勢が強いように見受けます。実際、「面白い」「新しい」という二語のインタビュー内での使われ方を探ってみると、非常に前向きであることをあらためて感じます。この点はぜひ実際にインタビューに目を通しながら感じ取ってみてください。

形容詞	スコア	出現頻度
いい	14.80	142
面白い	25.96	86
よい	11.60	76
すごい	12.04	75
多い	13.10	69
新しい	31.96	67
難しい	14.78	45
ほしい	3.55	34
楽しい	2.49	33
良い	0.84	25
少ない	6.31	24
大きい	5.74	24
強い	2.21	23
うまい	4.18	21
長い	2.80	16

図3　単語出現頻度（形容詞）

意図しない集合から見えてくること

ここで紹介したＡＩテキスト処理による解析は、私たちにどんな気づきをもたらしてくれるのでしょうか。解析対象になっているのは、異なる時期にまったく別々におこなわれた三十一本のインタビューです。言ってみれば、ひとまとまりの集合として、読み取られることは意図も想定もしないテキスト群ですが、技術の力を使うことで見えてくるものが確かにあります。

代表的な気づきが、「司書名鑑」に登場した方々は創造や首肯といった振る舞いに前向きであることです。もちろん、すべてが前向きな感情や姿勢で占められているわけではなく、苦しさや難しさも語られています。ですが、全般的な傾向としては、過去・現在・未来に対して積極的に関わっていき、与えられるよりはつくりだそうとする気概や姿勢が感じられます。それこそが、「司書名鑑」でおよそ十年にわたって紡がれてきたメッセージなのだろうと思います。

＊

以上、あくまで概略ではありますが、「司書名鑑」で語られた事柄をＡＩテキスト処理から抽出する試みを紹介しました。紹介しきれなかったいくつかのデータを掲載しておきますので、みな

名詞	スコア	出現頻度	動詞	スコア	出現頻度
本	273.37	195	思う	240.12	689
仕事	78.80	193	できる	167.09	390
情報	255.49	188	いく	158.95	312
号	609.98	176	考える	87.47	189
いま	124.28	136	つくる	394.69	176
研究	317.40	114	言う	18.43	151
資料	331.56	113	もらう	38.38	113
必要	77.47	105	知る	29.71	113
活動	161.77	100	くれる	10.69	96
わけ	51.35	97	わかる	14.29	88
マンガ	222.77	93	いただく	42.36	84
地域	213.62	92	使う	14.14	80
当時	135.31	90	感じる	30.19	79
いろいろ	244.63	86	しまう	9.55	79
学校	40.59	79	行く	4.68	79

図4　単語出現頻度（名詞・動詞）
文章中に出現する単語の頻出度を表にしています。単語ごとに表示されている「スコア」の大きさは、与えられた文章のなかでその単語がどれだけ特徴的であるかを表しています。通常はその単語の出現回数が多いほどスコアが高くなりますが、「言う」や「思う」など、どの文章にもよく現れる単語についてはスコアが低めになります。

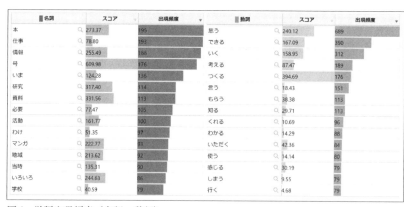

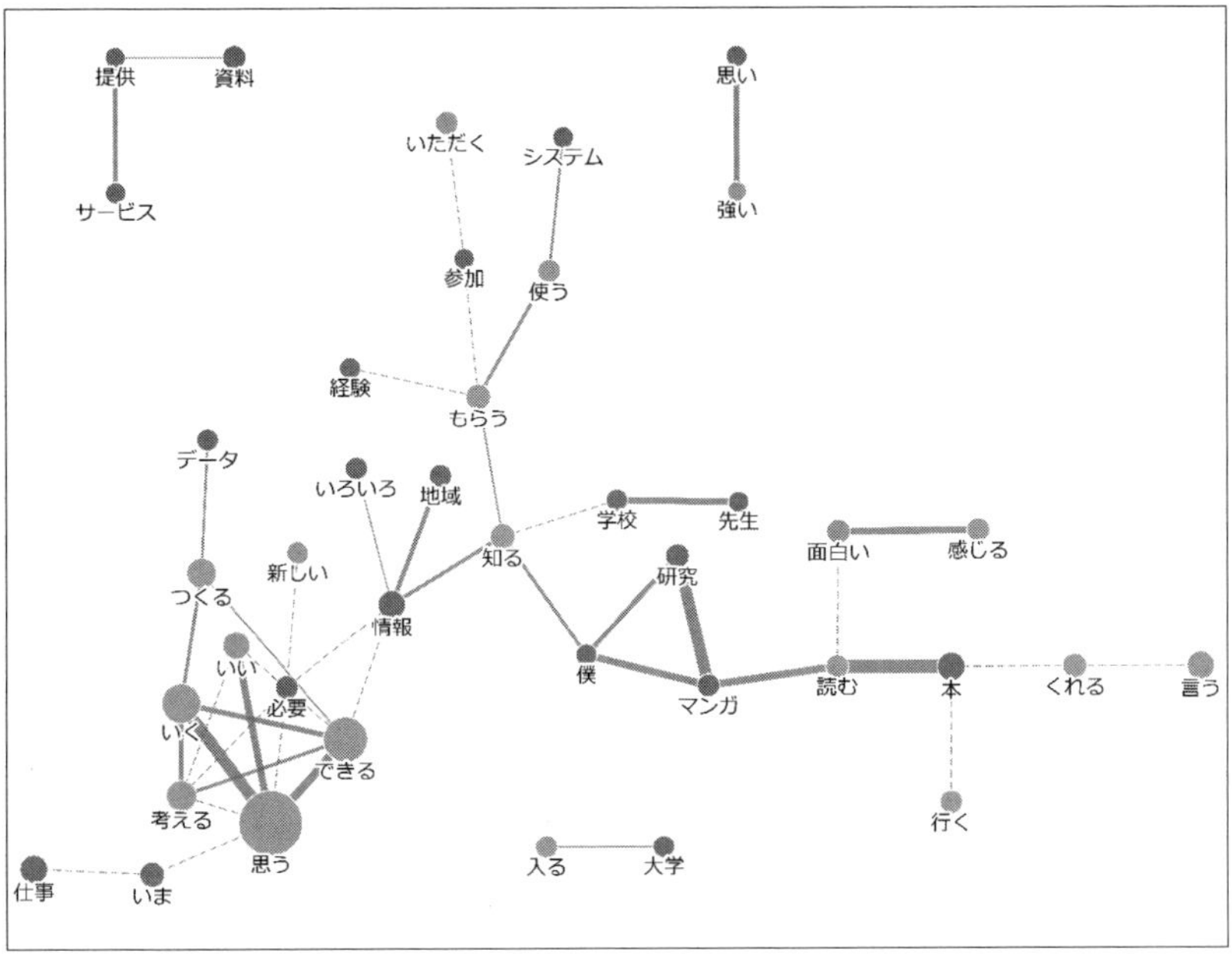

図5　共起キーワード
文章中に出現する単語の出現パターンが似たものを線で結んだ図です。出現数が多い語ほど大きく、また共起の程度が強いほど太い線で描画されます。

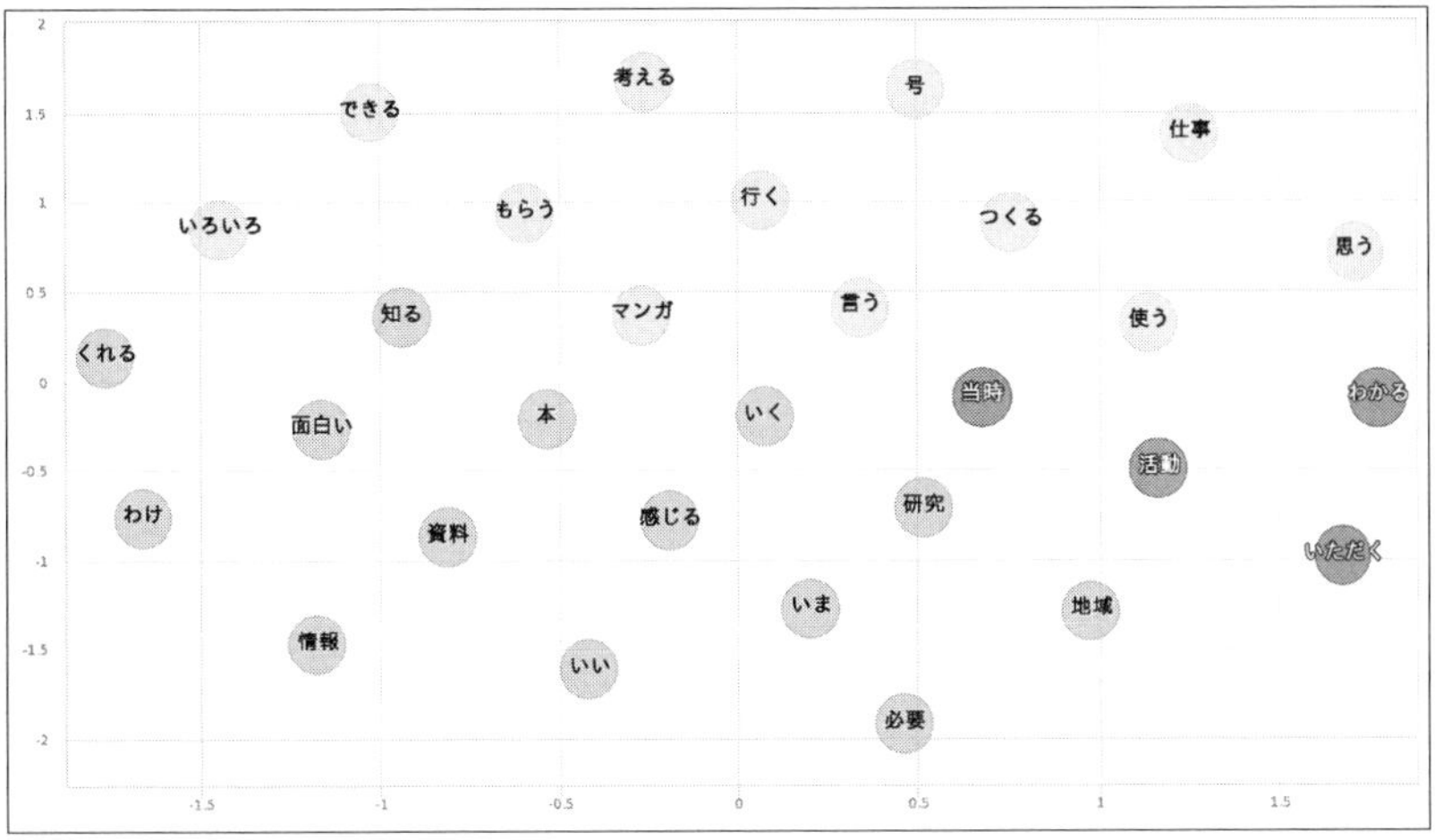

図6　2次元マップ
文章中での出現傾向が似た単語ほど近く、似ていない単語ほど遠く配置されています。距離が近い単語はグループにまとめ、色分けしています。

さん自身で読み解きに挑んでみてください（図4・5・6）。

なお、AIテキストマイニングはユーザーローカル社が無料で提供しています。アンケートの自由回答欄の分析など、多様な活用が可能だと思いますし、実際に私は仕事でも役立てています。この機会にデータの読み解きに挑戦していただければ幸いです。

おわりに

岡本 真

書籍版として再編集した「司書名鑑」は、お楽しみいただけたでしょうか。

本書の読者の多くは、本書を通して「司書名鑑」に初めてふれたことでしょう。過去に「司書名鑑」を読んでいても、全編を読み通すのは初めてという方もいるでしょう。「司書名鑑」との出合いがどのようなものであるにせよ、少しでも得るものがあればと思います。

本書の場合、想定される主たる読者は、①広い意味で司書として働く方々、②司書や図書館に興味・関心をもつ方々でしょう。①に該当する方々にとっては、「はじめに」でも述べたように本書が「ロールモデル」を考える手引になれば幸いです。そして、実は②に該当する方々にも、本書は司書の世界にみなさんを誘うよき手引になると思っています。最近では、アニメやマンガで図書館や司書を重要なモチーフにすることも増えました。また、図書館や司書の役割が作品世界の主要因になっているマンガも見かけます。そういった日常の端々でなんとなく見かける司書の姿の実像を本書から感じ取ってもらえれば、大変うれしいことです。

実際、本書で迫った三十一人の姿は、図書館のなかで働く人々の姿というわけではありません。もう少し広がりがあるもの、いやもっと広い世界へとつながるものです。言ってみれば、情報や知識をどのように役立てて生きていくか、情報や知識を人々の暮らしにどう役立てていくか、という問いを生涯の問いにした人々の思想と行動が描き出されています。ぜひ、本書を読み終えたいま、この点にあらためて注目して読後の振り返りをしていただくと、本書から得るものがさらに数倍の広がりをもってくるのではないでしょうか。

さて、本書の編集にあたっては、過去十年に「ライブラリー・リソース・ガイド」での連載「司書名鑑」にご登場いただいた方々に追加のコメント執筆をお願いしています。実際、半数くらいの方々が登場したころと、所属や肩書が大きく変わっています。所属が変わらないまでも、いまいる場所での居場所・地位に変化がある方も少なくありません。その後の姿を追うというのはドキュメンタリーに見られる手法ですが、本書でもこだわったポイントです。お一人おひとりの人生のその後があることで、再録した当初のインタビューがより光彩を帯びているのではないでしょうか。本書を企画するうえで大事にしたこの意図がかなっていればと願います。

そして、「ライブラリー・リソース・ガイド」での取材から相応の年月がたっているにもかかわらず、この企画にご賛同・ご協力くださったインタビューイのみなさんに心から感謝します。なによりもどなたも変わらずお元気であることは最高の喜びです。ありがとうございました。そして、引き続きのご活躍、大きな励みです。

また、この出版企画に乗ってくださった青弓社のみなさんにもお礼を申し上げます。図書館本は実は出版すれば少し売れるというカラクリというか、よろしくない構造があります。その構造に安易に乗らず、なぜこの一冊を出すのかを考え抜いて本書を編集・出版くださること、頭が下がります。心からの感謝、そして敬意を捧げます。引き続き、きちんと流通して手に取られる本をつくっていきましょう。私も努力します。

最後にお礼をいいたいのは、やはりこの「司書名鑑」をここまで続けてきた「ライブラリー・リソース・ガイド」編集部の歴代スタッフのみなさんです。人の入れ替わりを定期的に挟みながら、ブレなく「司書名鑑」を続け、その第一期的な時期を終えられたのは、ひとえにみなさんのご尽力のたまものです。本書を片手に、この本のもとをつくったのは私だ、と誇っていただければうれしいかぎりです。

以上、謝辞を締めながら、次の「司書名鑑」の始まりがそう遠くないことを祈念して筆をおきます。

[編著者略歴]

岡本 真（おかもと まこと）

1973年、東京都生まれ
アカデミック・リソース・ガイド株式会社（arg）代表取締役、プロデューサー
ヤフーで「Yahoo!知恵袋」のプロデュースなどを担当し、2009年に起業して現在に至る。日本各地で図書館のプロデュースに関わる
著書に『未来の図書館、はじめます』（青弓社）、『ウェブでの〈伝わる〉文章の書き方』（講談社）、共著に『未来の図書館、はじめませんか?』『図書館100連発』（ともに青弓社）、共編著に『ブックビジネス2.0――ウェブ時代の新しい本の生態系』（実業之日本社）など

司書名鑑《ししょめいかん》

図書館をアップデートする人々

発行――2022年11月29日　第1刷

定価――3000円＋税

編著者――岡本 真

発行者――矢野未知生

発行所――株式会社青弓社

〒162-0801 東京都新宿区山吹町337
電話 03-3268-0381(代)
http://www.seikyusha.co.jp

印刷所――三松堂

製本所――三松堂

ISBN978-4-7872-0081-5　C0000